Varia / Feltrinelli

Feltrinelli

ISABEL LOSADA

UOMINI!

Titolo dell'opera originale
MEN!

Traduzione dall'inglese di
CRISTINA VOLPI

Prima edizione in "Varia" aprile 2008

ISBN 978-88-07-49070-5

Nota dell'autrice

Tutte le persone che compaiono nei miei libri sono reali.
In rari casi cambio i nomi per proteggere la loro identità, ma per lo più ciascuno compare così com'è; desidero quindi ringraziare tutti coloro che, in un modo o nell'altro, hanno avuto un ruolo in questo libro.

Quel che già sappiamo
preambolo

Questo non è un libro per quelle donne convinte che trovare un uomo sia la soluzione a tutti i problemi. Sempre che di donne così ne esistano ancora. Personalmente, non ne sono affatto convinta.

Sono passati trentacinque anni da quando Germaine Greer scrisse *L'eunuco femmina* invitando le donne a fuggire dalla condizione di casalinghe miserabili, senza stipendio, con il cervello rinsecchito da giornate intere passate solo in compagnia di marmocchi sotto i cinque anni, fisicamente esauste e sessualmente passive. Quei tempi, per la maggior parte delle donne, sono finiti da un pezzo. Chiediamo di più, stiamo prendendo d'assedio i luoghi di lavoro, pretendiamo stipendi pari a quelli degli uomini e, se necessario, adesso sappiamo comportarci male proprio come hanno sempre fatto loro.

Le donne che conosco – che non rappresentano certo tutti i tipi di donne, ma la maggior parte sì – sono riflessive, energiche e si definiscono spirituali. Ciò significa, se non altro, che si ritengono responsabili dei propri stati mentali; hanno seguito gli sviluppi di quello che un tempo chiamavano New Age Movement; hanno imparato a meditare; hanno scoperto i benefici dello yoga; seguono una dieta sana, prendendosi cura della propria salute; hanno perdonato i genitori per gli errori commessi quando erano piccole; in breve, sanno chi sono e non si aspettano certo che siano gli uomini a trovare risposte alle loro domande.

Eppure... Naturalmente... Continuiamo a desiderare la compagnia degli uomini. Continuiamo a desiderare una vita sessuale soddisfacente, continuiamo a desiderare l'equilibrio naturale che si presenta quando un uomo e una donna stanno bene insieme, continuiamo a desiderare di interessarci agli uomini e, perché no, di essere noi oggetto di interesse. Le donne felici conoscono e accettano tutto ciò. Vogliamo amanti, certo, ma spesso vogliamo più che altro fratelli, amici e complici.

Ecco perché ho deciso di essere chiara: qui non si tratta di cercare un uomo che "ci renda felici", lo so che di uomini così non ne esistono. So che la felicità è dentro di me e che solo io posso esserne la fonte. Ho anche scritto un libro su questo: *Voglio vivere così* parla di tutto quello che dobbiamo fare per essere totalmente responsabili della nostra felicità e per divertirci nel farlo. Il libro successivo, *Datemi retta, qualcosa si può fare (per cambiare il mondo)*, invitava a guardarsi attorno, a impegnarsi nel mondo e a cercare di cambiare le cose, con gentilezza e con il tempo. E via via che mi interessavo alla felicità e al contributo di ognuno in tale direzione, notavo un fenomeno molto strano, a Londra e dovunque andassi, vale a dire l'esistenza di molte donne sole, intelligenti, felici, sicure di sé, dinamiche, instancabili lavoratrici, entusiaste. In parte può essere che siano stati gli uomini ad abbandonarle con l'impressione che le donne non abbiano più bisogno di qualcuno che si prenda cura di loro. Ma non credo sia così.

Personalmente, non conosco uomini single e disponibili ma intimoriti. Il punto è che di uomini single non ne conosco affatto. Escludendo alcolizzati, uomini con gravi dipendenze o quarantenni che non hanno mai fatto un viaggio o lasciato casa propria. Stiamo parlando di uomini in grado di diventare compagni delle donne allegre e sicure di sé che conosco io. Anzi, che conosciamo tutti.

Quindi ecco il mistero. Dove sono? E le donne cosa possono fare per questi grandi assenti?

Il progetto

Insomma, qualcuno doveva pur farlo, no? Qualcuno doveva pur mettersi d'impegno a nome di tutte le single per trovare uomini disponibili per ognuna di noi.

Il punto è questo: tutte le donne sanno che la situazione è così, ma solo una deve risolvere il problema. Sento ogni giorno, da anni, la domanda: "Dove sono finiti gli uomini interessanti?". Le donne che se lo chiedono sono forse pazze, inspiegabilmente esigenti o soltanto deluse? Oppure, la mancanza di uomini interessanti è un dato di fatto? E se così fosse, come rimediare? Non sto parlando di sesso. Se volessero, la maggior parte delle donne potrebbero trovare facilmente un uomo con cui fare sesso. Non è questo il problema. Il problema è trovare un uomo con cui sia bello cenare. Questa si rivela una definizione utile di "interessante". Può essere applicata anche alle donne. Un soggetto dell'altro sesso "interessante" per gli scopi di questo progetto è qualcuno con cui, quando lo si conosce, si vorrebbe uscire a cena e che, dopo essere usciti, si vorrebbe rivedere.

Certo, poi c'è un secondo criterio: dev'essere single. Anche questa parola necessita di una definizione. Single significa "non sposato" – non "separato" da una compagna inconsapevole della separazione –, non convivente con qualcuno e che non abbia una storiella con una persona che in realtà è convinta che la loro sia una relazione seria, a lungo termine e monogama. È chiedere troppo?

Vorrei tanto avere qualche indicazione sul modo di procedere. Che naturalmente non ho. Comincerò da dove tutti ci dicono di cominciare, vale a dire da quei posti che tendo a evitare nella convinzione che una vita in clausura insieme a due amiche suore sarebbe certo meglio che ricorrere a opzioni come: appuntamenti on line (pelle d'oca alta un metro!) ed eventi per single (bisogna proprio essere disperati, vero?). Visiterò qualche agenzia matrimoniale, intervisterò degli esperti ed esplorerò nuovi territori. Intendo passare del tempo in ambienti totalmente maschili, insieme a muratori, motociclisti e agenti di borsa, ovunque si trovino e a patto che la percentuale di uomini sia del 90 per cento. Tanto per vedere se riuscirò a imparare qualcosa di questi marziani.

Sono ambiziosa e non voglio farlo solo per me. Naturalmente sarebbe meraviglioso se, scrivendo il libro, conoscessi un uomo con cui uscire a cena e con cui condividere il letto e tutta la vita... ma voglio fare di più. Voglio risolvere il problema per tutte. Voglio riuscire a dirvi: "Bene, è vero che nelle nostre città ci sono un sacco di gay (il che è fantastico se siete uomini e gay, ma non lo è poi tanto se siete donne ed eterosessuali). Ma non lamentiamoci troppo... ho trovato un posto dove ci sono uomini veri che apprezzano le donne".

Questa settimana mi è successa una cosa strana. Sono salita su un autobus dopo aver fatto qualche sforzo in più del solito per rendermi decente – avevo un appuntamento di lavoro – e un uomo mi ha sorriso. Provate a immaginare. Insomma, non ho più vent'anni e non mi sono nemmeno rifatta il seno. Per un attimo mi sono sentita confusa, così confusa che ho dimenticato di ricambiare il sorriso e sono passata oltre in una specie di estasi, cercando di dare un senso a quell'evento straordinario. A quel punto lui si è voltato e ha detto all'uomo seduto accanto a lui: "*Oh, mais qu'elle est jolie!*". Adesso sì che i conti tornavano. Ovvio: era francese. Non mi pare di aver mai sentito un inglese voltarsi e dire a un amico: "Guarda che carina!". Non succede mai. Può capitare di sentir dire a un uomo: "Ehi! Belle tette!". Ma non è la stessa cosa, vero?

Quindi sto per cominciare a esplorare. Con professionalità e determinazione. Questa è una missione. Farò del mio meglio per metterci coraggio e impegno. Sarò corretta e compassionevole. Non sono contro gli uomini – affatto! –, ma mi piacciono normali, intelligenti e disinteressati a guardare tutti gli sport possibili e immaginabili in tv. Sono troppo radicale? Sarò vulnerabile e onesta. Affronterò la sfida con perseveranza. Non mi lascerò scoraggiare. Andrò avanti finché non scoprirò dove trovare uomini interessanti, e a quel punto potrò chiamare le mie novantanove amiche e annunciare ai miei milioni di lettrici: "Ragazze, esistono! Ecco dove sono gli uomini".

E, chissà, magari ne verrà fuori anche un bel lieto fine...

PARTE PRIMA

La solita strada con qualche diversivo

1.
L'UOMO PERFETTO ASPETTA CHE VI FACCIATE VIVE

Agenzie on line e l'incontro mancato con Greg

Dopo due giorni passati a esplorare le agenzie matrimoniali on line, sono già pronta ad abbandonare il progetto e a cercare un libro sui principi-ranocchio. È assurdo. Qualcuno mi ha detto: "Vai su Match.com, è il più grande e famoso sito di incontri on line", e così ho fatto. Volete sapere se era mia intenzione mandare un'e-mail a Povero&Bello69, UomoDelMistero, Dolceangioletto, TiCercoDonna77 (affetti da calvizie e con i capelli superstiti tinti di rosso)? Posso assicurarvi che la risposta è no.

Questo è un meccanismo che spinge a esprimere un giudizio. Inserendo negli appositi campi che vorrei conoscere solo laureati, senza piercing né tatuaggi, non fumatori e residenti nel raggio di dieci chilometri da Londra, il sistema mi informa che non esistono uomini corrispondenti ai miei criteri.

È il concetto stesso che mi lascia perplessa. Penso che nessuno degli uomini con cui io sia mai uscita avrebbe, sulla carta, soddisfatto i miei criteri di scelta. L'ultimo che ho conosciuto e al quale ho voluto molto bene aveva lasciato la scuola a quindici anni e un mio precedente fidanzato era calvo. Eppure non sceglierei mai un calvo da una fotografia sullo schermo del computer. Sono uscita con quell'uomo per il tipo di persona che era, quindi che fosse calvo non mi importava... Ma dovendo scegliere non vorrei mai un uomo senza capelli.

Sentite qui. Questo è troppo. Ieri, dopo aver parlato di questa ricerca sul mio sito, qualcuno mi ha mandato dei link:

www.love.org/christian_dating.htm
www.veggieromance.com
www.seniorfriendfinder.com
www.petpeoplefishing.com

È stato tremendo. Sono molto affezionata alle mie origini cristiane, ma non consiglierei un sito di incontri cristiano a nessuno, tranne forse a un membro della chiesa evangelica, che non è il mio caso. La sola idea mi riempie di orrore. L'anno scorso sono stata sul punto di innamorarmi di un monaco buddista tibetano... Non siete anche voi dell'idea che su un sito di incontri cristiano non l'avrei mai conosciuto? Questa poi: incontri fra vegetariani? Stanno scherzando?! Io sono vegetariana al 90 per cento, anche se ogni tanto mangio pesce o persino un po' di pollo, se mi capita di essere ospite di amici che l'hanno cucinato, ma l'idea di un sito di incontri pieno di uomini vegetariani mi fa venire voglia di correre a comprare un pezzo di carne sanguinolenta. Ho guardato un po', sempre pronta a ricredermi, ma... Naturuomo e FiorDiLoto proprio non facevano per me. E non li avrei nemmeno raccomandati a qualcun'altra. State pensando male di me, vero?

Per quanto riguarda il sito SeniorFriendFinder, a parte il fatto che non intendo considerarmi "senior" fino a quando non avrò passato i novanta, perché qualcuno dovrebbe volersi definire così? Ho controllato e ho scoperto che per "senior" si intende "sopra i venticinque anni" e che il sito sembra più indicato per chi è in cerca di "coppie o gruppi". Un giorno di ricerche di questo tipo per me sarebbe stato già abbastanza. Tralasciando l'opzione "gruppi", ho inserito "uomini fra i trenta e i cinquanta". Mi esce GiganteBuono: "Volete un uomo nel pieno delle forze per divertirvi e sentirvi sexy?". Oppure c'è Abbracci37: "Mi chiamano così perché mi piace dare abbracci e riceverli". Entrambi avevano inserito delle foto e, per la prima volta nella mia vita, ho visto un buon motivo per non desiderare più abbracci per il resto dei miei giorni.

Che dire poi di *www.petpeoplefishing.com*? Mi piacciono i gatti, e anche i cani, ma non so se vorrei entrare in un gruppo di "PetPeople", ovvero di appassionati di animali. Non so se vorrei mai uscire con qualcuno che si definisse un amante degli animali e basta. Se mi chiedessero di definire la mia personalità, penso che farei una lunga lista di caratteristiche prima di dire di me stessa "Amante dei gatti"... Ecco, facciamo una prova:

Cosa faccio

1. La madre.
2. La scrittrice.
3. L'attivista.
4. L'organizzatrice di campagne sociali.
5. La speaker.
6. L'attrice.
7. La produttrice.
8. La cantante.
9. La presentatrice.
10. La giornalista.
11. Coordinatrice di seminari.
12. La ricercatrice.

Come sono

1. Combattiva (questa è la prima cosa che mi viene in mente adesso).
2. Intelligente (tutto è relativo).
3. Discretamente affascinante (vedi sopra).
4. Attiva (quando non sto seduta al computer tutto il giorno).
5. Compassionevole (tranne che sui siti di incontri on line).
6. Affettuosa (tranne che con Abbracci37).
7. Gentile (ho scoperto oggi il mio limite guardando Kevin-Palla-da-Biliardo).
8. Non troppo sovrappeso (per la definizione di "troppo sovrappeso", date un'occhiata alle foto su questi siti).
9. Spirituale (senza incasellare questa parola da nessuna parte).
10. Sensuale (senza arrivare al punto di TiCercoDonna77).
11. Indipendente (quindi niente uomini che piagnucolano: "Salvami!").
12. Arrogante (ovviamente, visto quanto detto sopra).

Cosa mi piace

1. Il silenzio e la tranquillità.
2. L'intimità.
3. Il cibo dello Sri Lanka.
4. Le conversazioni di qualità.
5. I libri che mi fanno ridere, pensare in modo diverso o entrambe le cose.
6. Il mare e nuotarci dentro quando è tempestoso e pieno di onde.

7. Un pianoforte e un contrabbasso, o una chitarra e la musica dal vivo senza amplificatori.
8. I computer portatili che funzionano bene.
9. Gli alberi vecchi ed enormi.
10. Le pietre.
11. Le montagne. Di tutti i tipi.
12. L'alba, il tramonto, il sole durante il giorno e le stelle nel cielo notturno.

Chi mi piace

1. Chi ama la vita e la vive in pienezza. Correndo qualche rischio.
2. Chi sa ispirarmi perché è divertente, pieno di qualità, ben informato, intelligente, ricco di talento musicale... O chi mi fa pensare: "Mi piacerebbe tanto essere così".
3. Chi si impegna per rendere il mondo migliore.
4. Chi ama il proprio lavoro, qualunque esso sia.
5. Chi è bravo ad ascoltare e anche a comunicare.
6. Chi nutre un interesse sincero per gli altri.
7. Chi è curioso della vita e aperto a nuove idee e a nuove esperienze.
8. Chi capisce il valore della responsabilità di ognuno e non gioca a scaricabarile.
9. Chi continua a voler imparare cose nuove, a qualunque età.
10. Chi non guarda la tv o la guarda poco.

Cose che non tollero

1. Chi fuma, perché fa male alla salute e perché curare chi si ammala di malattie polmonari croniche (causate dal fumo) costa al sistema sanitario nazionale 982 milioni di sterline all'anno*.
2. Chi è crudele e pensa sia giusto comportarsi così.
3. Chi sta sempre davanti alla tv (perché la vita è breve e ci sono così tante altre cose da fare).
4. Chi è razzista, fascista, sessista, xenofobo, affetto da omofobia, da odio per gli anziani, o chi pensa che "io" e "gli altri" siano due cose diverse, senza considerare la natura interattiva dell'esistenza.
5. Il mondo della pubblicità e il suo desiderio di convincerci che senza oggetti la vita non è vita.

* Fonte: National Institute of Clinical Excellence, UK.

6. Gli sprechi.

7. I leader politici del mondo che non offrono sostegno politico al Dalai Lama e al popolo tibetano (so bene che la lista è un po' casuale, ma sto scrivendo nell'ordine in cui mi vengono in mente le cose).

8. I fanatici del calcio. È un gioco, entusiasmante per carità, ma penso che trasformarlo in un culto sia troppo.

9. Il cibo spazzatura, l'architettura sgraziata, i bambini che si annoiano a scuola perché pensano che nella vita l'istruzione sia poco rilevante, le aziende che inquinano...

E la lista potrebbe continuare ancora, non vi pare?

Ehm... vi sembro troppo critica?

Be', il punto è che queste liste comprendono le mie intolleranze, ma non il fatto che sia un'amante dei gatti.

Ci sono una quantità di siti che ci invitano a rientrare in una casellina di qualche tipo.

Pensate a *www.soulfishing.com* per la comunità di colore. A *www.gefiltefishing.com* per la comunità ebraica. O a *www.picantefishing* per la comunità latina. Oltre a siti fetish, per ciccioni e maniaci del sesso. Per non parlare di *www.gifishing.com* (vi chiedono se vi piacciono le uniformi!). E poi ci sono i "genitori"... Io sono un genitore... ma non mi definisco certo così.

Chissà come mai l'idea di tutte queste etichette mi fa rizzare i capelli per l'orrore? Io passo la vita cercando di evitare di etichettare me stessa e gli altri. A una festa è orrendo sentirsi chiedere: "Cosa fai?", o l'inevitabile: "Quanti anni hai?". Insomma... chissene frega? C'è gente di trent'anni, e anche meno, che ha superato questa fase. Si sono chiariti le idee sulle cose, sono già entrati nel gruppo "so cosa mi piace e mi piace quel che già conosco". Non hanno nient'altro da imparare e non impareranno nient'altro. Invece ho un'amica di ottant'anni che suona il pianoforte da favola, viaggia, è piena di interessi, ha una vera e propria passione per la vita e a prima vista sprigiona un'energia fenomenale. Impara cose nuove tutti i giorni.

Di certo in qualche parte nel mondo ci dev'essere un buon sito di incontri on line, uno che tenta di scoprire chi sei invece di infilarti brutalmente in un barattolino con l'etichetta sopra! Io mi rifiuto di iscrivermi a un sito che mi seleziona sulla base del mio atteggiamento riguardo a piercing, tatuaggi e segni zodiacali.

Esisterà almeno un buon sito di incontri on line? Ho fatto una ricerca e tutta internet sembra essere d'accordo sul fatto che il sito di incontri leader nel mondo sia, guarda caso, uno di origine americana chiamato eHarmony. Eppure, sono ancora convinta che le parole "buon" e "sito di incontri on line" non dovrebbero stare nella stessa frase. Senza dubbio anche i siti che avevo già visitato erano gestiti da eHarmony. Ma ho pensato di dare lo stesso un'occhiata. Il sito si offre di trovare qualcuno con cui si hanno ventinove tratti diversi in comune, sulla base di un test della personalità della durata di un'ora. Come se la sera non avessi altro da fare. Ma volevo discernere... e questa era di certo un'opportunità.

A ogni singola caratteristica personale dovevo dare un punteggio da uno a sette. Quanto sono affettuosa? (7?) Quanto sono ambiziosa? (6?) Modesta? (1?) Soddisfatta, divertente, efficiente, competitiva, consapevole? Centinaia di domande del genere. Quali sono le quattro qualità che sceglierebbero gli amici per descrivermi? Be', se chiedeste al mio ex marito...

E poi daccapo, ma questa volta riguardo le qualità che mi piacerebbero in un partner. Livello di energia 1-7, Intelligenza 1-7, Sex appeal 1-7. Non potrei semplicemente rispondere 7 a tutte?

Poi la religione. Con quale delle grandi religioni del mondo mi sento più in sintonia? Ho provato a sceglierle tutte, ma non potevo. Ho provato solo con Cristianità, Buddismo e Spiritualità, ma non funzionava. Allora mi sono rassegnata a scegliere "altro".

Ero esausta. "Certe persone non mi piacciono" (a chi non capita?), "Quando mi arrabbio a volte alzo la voce". Se conoscete qualcuno che abbia cresciuto una ragazza adolescente da solo senza mai alzare la voce, vi prego di mandarmi una e-mail sul mio sito. Vorrei conoscerlo.

Interessi dalla A alla Z. Povera me... Questo però significa che non dovrò incontrare persone a cui piaccia il "collezionismo" o "aggiustare l'auto"? Lo spero bene.

Il questionario mi ha portata allo sfinimento, ma almeno era intelligente. Si saranno davvero messi a guardare le mie risposte a una a una per abbinarmi alla persona perfetta per me, come con le immagini sorridenti di coppie felici di ogni forma e dimensione sull'home page del sito?

Ho completato il mio profilo personale allegando una foto e sono andata a letto. Gli abbinamenti perfetti per me avrebbero cominciato ad arrivare nella mia casella di posta elettronica il giorno dopo.

Quando ho aperto la mail ero nervosa. Non sembravo io perché, anche se avevo messo una foto vera, avevo dato il nome di mia madre, Elizabeth. Eccolo... mi avevano trovato un abbinamento basato sul profilo uscito dal test di un'ora. L'e-mail annunciava "Elizabeth e George... c'è qualcuno che vorremmo farvi conoscere". Eccomi... facevo parte di una coppia. Io e George adesso dovevamo solo entrare in contatto.

Ho aperto nervosamente i dettagli di George. Eccolo là. Il mio principe azzurro cibernetico. Sulla sua barca. O su una barca qualunque. Un'altra fotografia lo ritraeva in penombra vicino a una grossa moto. Mah. Molto strano. Se la barca e la moto fossero state sue, perché avrebbe dovuto pubblicizzarle? Chissà se stava pubblicizzando se stesso o quello che possedeva? E se non erano sue, allora era tutta una fregatura. Se erano sue, era poco saggio. Probabilmente non aveva mai letto che i principi dovrebbero travestirsi da poveri e, solo dopo essersi accertati di essere davvero amati, svelare di essere proprietari di un castello. Di una moto o di qualunque altra cosa. Però viveva in California. Negli Stati Uniti le cose sono diverse. In un certo senso là è considerato normale, e persino consigliabile, far vedere quanti soldi si hanno. Quindi questa gliel'avrei fatta passare. Soprattutto dato che non era né sovrappeso né calvo.

Adesso avrei dovuto mandargli alcune "domande chiuse" scegliendole da una lunga lista che mi avevano inviato. Le domande chiuse sono fantastiche perché non serve pensare. Gli ho chiesto:

"Qual è la tua opinione sulle relazioni a distanza?".

"Quale di queste cose vorresti avere in maggior misura: rispetto, denaro, fama o potere?"

"Quanti libri hai letto l'anno scorso?"

Fin qui tutto bene.

Il giorno dopo arrivano le sue risposte:

"Penso che, se ci fosse intesa, le due persone farebbero in modo di passare insieme più tempo possibile."

"Denaro. Non tanto da diventare straricco, ma abbastanza da poter viaggiare senza la preoccupazione di dover lavorare." Sorrido... almeno è onesto.

E i libri? Segna la risposta: "Più di dodici".

Fin qui... ancora tutto bene. Poi è il momento delle sue domande:

"Se incontrassi la persona giusta, saresti disposta a traslocare?". Sì, lo farei.

"Quanto ti fidi delle persone?"

Queste domande sono facili, quando la risposta è preconfezionata. Ho scelto: "Mi fido delle persone e riesco a perdonare gli sbagli degli altri". Ma poi mi chiede: "Quanto sei romantica?" e qui devo lasciar perdere le risposte già fatte con tutte le varianti possibili da "molto" a "per niente", per dire: "Per essere sincera, ho sempre fatto fatica a capire esattamente cosa si intende per 'romantico'". Facciamo progressi.

La fase successiva è una lista di cose "necessarie" e altre "insopportabili", in cui si può elencare qualunque cosa di cui non si può fare a meno o che non si riesce a soffrire. George dice di volere qualcuno che non abbia paura di rischiare e che viva la vita come un'avventura; qualcuno che sia bravo a parlare e ad ascoltare. Tutto questo va bene. Ma poi passo in rassegna i suoi interessi e fra i tanti nobili e belli vedo "caccia di gallinelle". Orrore. Cosa significa? Va a caccia di donne o uccide creature innocenti? Salto la fase successiva e passo al "percorso rapido". Così potrò evitare i convenevoli, sempre che lui sia d'accordo, e andare alla "comunicazione diretta". Il giorno dopo vedo che ha accettato. "Salve," mi saluta. "Fa un po' paura come cosa. Che ne pensi della musica? Mettiamo che tu possa scegliere tre artisti dei quali, tuttavia, considerare l'intero panorama di opere... chi sceglieresti?"

"Un momento," dico io. "Prima di addentrarci nell'arte e nella musica, vorrei solo chiederti... cosa significa esattamente 'caccia di gallinelle'? Vedo che l'hai indicato come uno dei tuoi principali interessi. Ti prego, dimmi che non significa 'uccidere creature cinguettanti'."

Passa un altro giorno e lui risponde: "Penso che i fedelissimi parlino di 'caccia ai volatili'. Sono convinto che il Grande Spirito ci abbia fatti per cacciare e non per nutrirci di quel che cresce nei campi. Siamo fatti per l'allevamento e la caccia. È la nostra natura. Quindi seguire un percorso spirituale e la nostra natura animale non è poi così male, no? E poi non è sempre il volatile a uscirne deluso. Fidati, un sacco volano via cinguettanti almeno per un altro giorno".

Sorrido. Dovrei forse sottolineare che esiste una differenza qualitativa di un certo rilievo fra "deluso" e "morto"? Sarà meglio non essere troppo sarcastica.

"Mi spiace dirtelo, ma ci siamo lievemente evoluti dallo stadio di cacciatori. Non siamo più costretti a uccidere per mangiare e il 'Grande Spirito' a mio parere crede anche che ogni forma di vita sia sacra (o almeno, una parte del Grande Spirito dentro di me ne è convinta). Come posso pensare di conoscerti meglio se so che un giorno in cui sarai particolarmente all'erta ci saranno delle povere creature cinguettanti che non cinguetteranno più? E, come dicono i buddisti, 'una volta tolta la vita a una creatura, non gliela si può più restituire'. Allora tu sei uno di quelli che trasformano una cosa viva che respira in un mucchio di sangue e penne?"

Lui replica con la stessa energia.

"Tanto per essere chiari... Io non mi diverto a uccidere. A me piace la tradizione che ci sta dietro... il fucile vecchio di ottant'anni, il mio setter inglese e il fatto di instaurare con lui una comunicazione così profonda come solo un uomo e un cane sanno fare. Mi piacciono i rovi e le spine. Mi piacciono i campi e la luce che vi si irradia e mi piace spennare gli uccelli e mangiarmeli. Mi piace usare le piume da legare alle mosche per pescare. Mi piace l'avventura del tragitto per raggiungere un posto adatto alla caccia. Probabilmente sono più attento io alla tutela dell'ambiente della maggior parte delle persone che conosci. Abito in una zona incredibilmente selvaggia e disprezzo chiunque vada a caccia di animali che poi non mangerà."

Bene, quindi è un cacciatore a favore della salvaguardia ambientale. Sempre che una cosa del genere possa esistere. Passa un altro giorno e rispondo:

"Mi dispiace, ma penso che non saremo mai d'accordo. La mia idea di tutela dell'ambiente non coincide con la tua. Se ti piace stare a contatto con la natura, potresti scattare fotografie. Mi vengono in mente un sacco di modi per passare una giornata aiutando a salvaguardare la terra che tanto ami... come leggere una storia a un bambino, portare il cane a fare il bagno... Oppure, se non altro, meglio restare a letto che alzarsi per andare a distruggere qualcosa. Se fossi lì insieme a te, verrei con te e il tuo cane e farei rumore per avvertire gli uccelli che ti stai avvicinando e, se ne uccidessi uno nonostante i miei sforzi, non vorrei mai più fare l'amore con te".

Volevo aggiungere un consiglio: "Invece della barca e della moto che si vedono nelle tue foto, perché non ne hai messa una in cui sorridi con in mano degli uccelli morti?". Ma ho resistito. Invece ho detto: "George, su questo non la penseremo mai allo stesso modo. Io non uccido nemmeno le formiche. Temo che dovremo smettere di scriverci. Questa è la fine della mia prima relazione virtuale. Veloce, vero?".

Lui mi ha scritto "Buona fortuna" e la volta dopo che mi sono connessa aveva chiuso tutto. Dovendo scegliere un motivo predefinito da parte di eHarmony, aveva cliccato su: "Abbiamo valori troppo diversi". Verissimo. Ho aperto il mio contatto successivo e c'era un uomo con in mano un pesce enorme che aveva evidentemente appena pescato, come per dire: "Guardate quant'è grosso".

So di essere ipocrita in questo caso, perché mi è capitato di mangiare pesce e pollo. A volte lo faccio ancora. Mangio il pollo molto raramente e mai la carne rossa, ma il pesce lo mangio, devo ammetterlo: a volte mangio pesce. So che non sarei mai in grado di tirarne fuori uno dall'acqua di persona, dovrei essere sul punto di morire di fame prima di riuscire a togliere un essere vivente dal proprio elemento naturale e dargli un colpo in testa per mangiarmelo. Eppure, a volte al ristorante mi capita di ordinare pesce. Di certo George è più onesto di me. Lui almeno è consapevole della morte di quelle creature e sa di averla provocata con le proprie mani. Invece io sono nel mio bel ristorantino nella mia bella città, tagliata fuori dalla natura, con il mio atteggiamento da santarellina... Lo so, lo so, non ha senso: dovrei scendere dal piedistallo, o smettere di mangiare pesce e pollo. Bene... pare che dovrò eliminare pesce e pollo. Ho già detto in passato di volerlo fare e non ci sono riuscita, ma questa volta prenderò la cosa sul serio, pare che il momento buono sia arrivato. Se voglio che le persone siano corrette e oneste, allora devo dimostrare di esserlo io al cento per cento. Posso perdonare a tutti qualche svista. Ma in questo campo pare proprio che a me stessa non possa perdonare nulla. E tutto questo dopo soli due incontri su eHarmony.com.

Allora apro il nuovo abbinamento con Russ dell'Ohio, quello che sfoggia l'enorme pesce morto come un trofeo, e clicco su: "Non penso che i nostri valori siano compatibili". Insomma, fa anche tenerezza che qualcuno pensi di far colpo su una donna con le dimensioni del pesce che ha preso. Ma non si è accorto che questa sua qualità non è presente in nessuna lista di "qualità interessanti" per le donne che visitano il sito? Passo all'abbinamento successivo. Ah! Eccone uno fotografato con la chitarra in mano. Questo sembra proprio dire a tutte: "Ehi! Io Voglio Vivere Così!". ...Ma poi guardo le sue richieste... "Deve voler mettere su famiglia". Peccato... Da parte mia ho già dato, gli ci vorrebbe tutto l'impegno del mondo per convincermi ad avere un altro figlio, per quanto io adori i bambini. E per questo tizio è un requisito fondamentale. Ci sono un sacco di donne in cerca di un uomo desideroso di avere figli. Deve andare a una di loro... non certo a me. Poi mi sono dovuta chiedere se volevo uscire con un venditore di componenti elettronici dell'Ohio senza fotografia. Direi di no. Oppure con Randy di Boise, nell'Idaho, che indica come principale interesse "l'hockey amatoriale". Per quanto cerchi di essere disponibile, non riesco proprio a immaginarmi a bordocampo a gridare: "Vai, Randy!".

Ancora una volta, questo è il problema delle scelte sulla base di un'etichetta. Naturalmente, se mi fossi innamorata di lui sarei stata felice di andare alle partite e condividere con lui il suo desiderio di correre in giro per un campo, ma dovendo scegliere non lo sceglierei, così come non sceglierei un cacciatore o un "agente immobiliare". Forse sto restringendo troppo il campo. Forse, in teoria, voglio un uomo che vive in città e lavora nelle arti. Eppure, a sentirlo dire, non sembra affatto ciò che voglio. E cosa vogliono tutte le altre donne che vivono in una città? Ci lamentiamo che non ci piacciono i tipi troppo cittadini, ma poi li vogliamo sul serio gli uomini che vivono in campagna? Può una donna che guarda i film sottotitolati uscire con un uomo che lascia senza risposta la domanda: "Qual è stato l'ultimo libro che hai letto?" presumibilmente perché non ne ha mai letti? Potreste vivere insieme a un uomo che non legge libri? È tutto così confuso.

Poi, un giorno, ecco Greg nella mia posta in arrivo, come abbinamento perfetto per me. La mia e la sua personalità erano state passate in rassegna dal rigoroso sistema di analisi dei profili di eHarmony ed era stato deciso che se io e Greg ci fossimo innamorati sarebbe stato "per tanti buoni motivi". Greg vive a Los Angeles, in California, è alto uno e novanta e di professione è "traduttore e regista". Ma... un momento... Greg è un bell'uomo. Fin troppo! Di Greg ci sono due foto in primo piano... ovviamente belle, fatte in uno studio fotografico professionale. La prima cosa che si nota è che ha i capelli. E che sembra sicuro di sé e lievemente orgoglioso. Ha un'ossatura robusta, denti perfetti (ovviamente), occhi castani sorridenti e, nel complesso, un aspetto del tipo "non ti andrebbe di passare il resto della tua vita insieme a me?".

Passo in rassegna la parte sulla personalità. Una delle domande a cui Greg ha dovuto rispondere riguarda le cose che lo appassionano di più. Dice che è appassionato di film, sci, lingue straniere, viaggi, teatro, arte, lettura e ristoranti. La cosa più importante che cerca in una persona è "l'intelligenza". Gli interessi in comune che secondo il sistema di abbinamenti abbiamo in comune sono la musica dal vivo, l'amicizia e le conversazioni. Alcune delle cose senza le quali non può vivere sono "progetti ambiziosi che mi appassionano", i buoni amici e "l'attività fisica". Però! D'un tratto divento più attenta.

In realtà vengo presa dal panico. Guardo la foto mia che ho inserito e ne aggiungo in fretta altre due. Ne metto anche una in cui stringo la mano al Dalai Lama. Penso di poterne andare fiera. E poi non credo che ne trovino tante, là dentro, di foto di qualcuno insieme a Sua Santità. Mentre fisso incredula la foto di Greg chiedendomi cosa ci faccia un tipo meraviglioso come lui su un sito di appuntamenti, il mio amico e inquilino Mark mi si avvicina. "Niente male, il bamboccio," dice.

"Mmm-mm, sto aspettando il suo primo contatto."

"Non ti scriverà mai. È ovvio che è finto, e poi... diciamocelo, non sarebbe mai interessato a te."

"Cosa? Lui è verissimo. È un regista. eHarmony dice che siamo un abbinamento perfetto."

"Allora uscirebbe con attrici dieci anni più giovani di lui. Tu sei troppo vecchia. Sei fuori età. Non c'entri niente con Greg."

"Troppo vecchia, io????"

"Quando vai al mercato per comprare la frutta, non ti fermi mai a guardare i frutti rugosi e appassiti in fondo alla cassetta, giusto? Prendi sempre quelli davanti, freschi, grandi e succosi."

Questo era troppo. Ho guardato l'età. Quattro anni meno di me. (Mi rifiuto di dirvi la mia età, a rischio di autoincriminarmi.) Ma sul sito sono stata onesta. Merda.

"Non risponderà per lo stesso motivo per cui tu non vuoi uscire con un uomo che ha dieci anni più di te."

"A me non importerebbe. E comunque ho solo quattro anni più di lui. E sto cercando un uomo interessante con cui uscire a cena. Fra qualche mese andrò a New York. Potremmo scambiarci qualche e-mail e incontrarci per mangiare fuori, tutto qui. Potrei farlo ridere un po'. O qualcosa del genere."

"Non è questo il punto. Non avrai mai sue notizie."

L'ho ignorato e ho inviato le mie domande chiuse. Ho deciso che sarei stata un po' più frivola e che avrei evitato domande come "Preferisci il rispetto, il denaro, la fama o il potere?", gliene avrei fatte altre più normali: "In una relazione, in genere, di quanto spazio senti di aver bisogno?", "Quanti libri hai letto l'anno scorso?", "Cosa pensi di una relazione seria a distanza?" e "Cosa pensi della suddivisione tradizionale dei ruoli secondo il sesso?". Le domande chiuse sono un po' banali, ma non volevo sembrare troppo insistente e passare subito al "percorso rapido", che mi avrebbe portata direttamente a inviargli un'e-mail. E poi mi sarei anche potuta divertire facendo domande chiuse a Greg. Non volevo essere frettolosa.

"Comunque io sono convinto che non esista," insisteva Mark. "Non hai nemmeno una possibilità su un miliardo di ricevere una sua e-mail che dica qualcosa di diverso da 'Piantala di tampinarmi, vecchia strega bacucca'."

Ecco una grande dimostrazione di fiducia da parte del mio amico Mark. Ma io sono sempre ottimista. Ho scelto di credere che esista. Magari fa il traduttore a Los Angeles ed è stufo di donne stupende dieci anni più giovani di lui. Magari stava cercando qualcosa di "interessante". Ahimè.

Così, mi sono messa in attesa. In casa, Greg era diventato una celebrità. "Greg ha scritto?" chiedeva Mark ogni volta che mi chiamava. All'inizio ero delusa. In fondo, tutti gli altri abbinamenti avevano sempre risposto. Avevo ricevuto "richieste di contatto" da Tom di Charleston, Dan di Denver, Michael di Coppell, John di Delroy, Hubert di Mansfield, Norm di West Chester, Wayne di Honolulu, William di Tallahassee, Mehran di Vancouver e Randy di Lancaster. (Niente "abbinamenti" da eHarmony in questa metà dell'emisfero.) Ma se tutti quegli uomini rispondevano, perché non Greg? Mi alzavo al mattino e mi ritrovavo a controllare se Greg aveva scritto. Di Greg nemmeno l'ombra. Uscivo la sera e tornavo a casa piena di speranza. Di Greg nessuna traccia. Mi guardava dalla lista degli abbinamenti, con quel fisico tentatore in mezzo a tutti quei personaggi con pancetta, cappellino da baseball e occhiali da sole con in braccio gatti o pupazzetti. Ma da Greg nemmeno un'e-mail.

Volevo dimostrare che il cinismo di Mark era fuori luogo e avevo la sensazione che Greg sarebbe stato solo gentile aiutandomi a raggiungere il mio obiettivo stabilendo un contatto. Magari, cliccando ancora una volta su "Invia/ricevi" sarebbe comparso un messaggio. Invece, nessuna notizia. Partivo per il weekend e tornavo a casa. Ma niente e-mail da Greg. Ecco, dunque, com'è andata nelle mie prime due settimane: un microcosmo dell'intero mondo degli appuntamenti. Una quantità di uomini troppo vecchi per me di almeno quindici anni con i quali avevo "differenze impossibili da conciliare" e uno solo che mi sarebbe sul serio piaciuto conoscere ma che evidentemente non avrebbe mai risposto. Eppure, nonostante i commenti sarcastici di Mark, le mie foto non erano poi *tanto* male.

Poi un giorno mi sono connessa e ho visto che Greg si era messo in contatto. Aveva "chiuso" il processo di abbinamento fra noi... come io avevo fatto con tanti altri. C'erano dei motivi da scegliere e lui ne aveva indicati due: "In questo momento la mia vita è troppo complicata" e "Sto seguendo un altro abbinamento". Mark si è messo a ridere: "Con una dieci anni più giovane di te! Ci puoi scommettere!".

La cosa strana è che sono rimasta delusa. Delusa per essere stata respinta da un uomo che non ho mai conosciuto, dall'altra parte dell'Atlantico. Avevo appeso la sua foto su una lavagnetta e in casa il suo nome era diventato familiare come esempio di tutto ciò di buono e di cattivo all'interno dei siti di incontri on line: avrei dovuto "sperimentare" questo tipo di cose e "fare ricerche", eppure ero delusa lo stesso. Mi sono seduta un attimo e ho pensato a tutte le donne che non avevano avuto figli e non erano mai state sposate e che volevano conoscere un uomo molto più di me.

In questi appuntamenti virtuali c'era una crudeltà senza volto che non mi piaceva affatto. Non mi piaceva l'idea di essere scelta innanzitutto in base all'età, o di fare altrettanto con un uomo. Non mi piaceva respingere uomini che sembravano troppo vecchi quando invece, se li avessi conosciuti, magari si sarebbero rivelati perfetti. Non volevo mai più fare una cosa del genere. Due mie amiche avevano passato mesi a navigare sui siti britannici, quindi ho dedicato due settimane anche a quelli. Eppure, è grosso modo lo stesso. Un'assurda perdita di tempo, e nemmeno divertente. In questo senso, tutto ciò va contro la mia filosofia secondo cui è importante passare il tempo in allegria: i siti di incontri on line non sono affatto divertenti. Volevo trovare un modo diverso per conoscere uomini... Ma che contemplasse l'idea di conoscerli in carne e ossa.

2.

I TOM, I DICK E GLI HARRY

Qualche considerazione sugli uomini sposati

Prima di continuare con il racconto, mi rendo conto di dover mettere in guardia le lettrici single da un gravissimo pericolo, facendo chiarezza su un paio di cose. Mi riferisco, naturalmente, agli uomini sposati. So che abbiamo già definito la parola "single", ma dobbiamo essere consapevoli che gli uomini non concordano con la nostra definizione. Quindi sgomberiamo il campo dagli equivoci.

Un tempo, quando ero una donna sposata, sarei stata terrorizzata al solo pensiero di questo capitolo. Le promesse matrimoniali per me erano tutto, erano preziose come la vita stessa. Avrei preferito condannarmi all'infelicità piuttosto che infrangerle. E questa è la posizione, del tutto illogica, di molti. Meglio che tu sia infelice o indifferente con me, che sono tua moglie o tuo marito, piuttosto che felice con qualcun altro, indipendentemente dal prezzo da pagare per questo. E io sono fra i colpevoli di tale atteggiamento. Quando mio marito stava con me, se mi avesse detto: "Con te non sarò mai davvero felice, ma ho conosciuto una persona con cui sono convinto di poterlo essere. Mi lasceresti andare?" avrei pensato che era impazzito. Il suo dovere era rimanere insieme a me. Aveva preso un impegno. Aveva promesso. L'idea che lui si sarebbe potuto realizzare di più con un'altra donna e che io, a mia volta, sarei potuta stare meglio senza di lui non mi sarebbe mai passata per la testa.

Infatti, quando poi ebbe davvero una storia con un'altra, mi trovavo su un piedistallo morale così alto da essere certa che un giorno mi sarei ritrovata nella polvere a guardare in su. Me lo meritavo. Ero stata una buona moglie. Mi ero sposata in chiesa davanti a Dio e a qualunque donna fosse saltato in mente di avere una storia con “mio marito”... be’, probabilmente se l’avessi incontrata per strada le avrei sputato. Ecco quali erano i miei sentimenti nei confronti di quella donna. Ci sono paesi in cui quelle come lei vengono lapidate a morte e, almeno metaforicamente, io allora ero pronta a scagliare la prima pietra.

Ma quei tempi sono lontani e adesso ne so di più. Durante gli anni passati da single ho conosciuto così tanti uomini sposati che ora vedo le cose un po’ diversamente. Un monaco della comunità di Taizé, nella Francia del sud, una volta mi ha detto che per la condizione umana la monogamia è tanto innaturale quanto il celibato, aggiungendo: “Non molti lo sanno, ma è così”. Eppure, penso che molte donne single lo sappiano. Gli uomini sposati ti vengono dietro, ti offrono da bere o ti invitano a cena... Gli uomini sposati sono bugiardi e offrono i propri servigi. Un’amica mi ha detto che il 98 per cento dei suoi amici sposati le ha fatto delle avance. Alcuni le hanno persino dichiarato amore eterno. Quindi ho pensato – giusto per fare un po’ di chiarezza, così che possiate evitare di fare i miei stessi errori – di trasmettervi i frutti della mia esperienza.

Per comodità ho suddiviso la categoria degli uomini sposati in tre gruppi: i Tom, i Dick e gli Harry. Cominceremo evidenziando le caratteristiche del Tom standard, visto che si tratta della tipologia più numerosa e più facile da individuare. Un Tom è diretto e, almeno con le single, non è bugiardo. Parla così:

“Devi capire che io amo mia moglie e non potrei mai lasciarla. Le si spezzerebbe il cuore, senza di me non saprebbe stare”. (Da notare il velato senso di obbligo: “non potrei” invece di “non vorrei” e la moglie dipinta come un peso morto.) A quel punto, quando ti sembra che sia un uomo leale, aggiungerà: “Ma potrei liberarmi oggi pomeriggio verso le due. Posso fare un salto da te?”.

La vita con un Tom è semplice. Non hanno intenzione di lasciare la moglie e ve lo dicono senza mezzi termini, e senza illudervi. Tutto è perfettamente chiaro. Cari, vecchi Tom. Non c’è rischio di innamorarsi di uno di loro, tanto non offrono niente, a parte il proprio corpo. Mi è capitato di identificare chiaramente molti Tom, e la vita con loro è sempre stata semplice. La scelta è una sola... volete avere una storia o no?

Ricordo il primo Tom che ho conosciuto. Io ero una giovane attrice appena uscita dalla scuola di recitazione. Lui aveva ventotto anni. Ricordo che lavoravamo in un teatro a Worcester. Lui mi faceva una corte degna di Cyrano de Bergerac. Mi scriveva lettere appassionate, recitava con me scene d'amore emozionantissime, mi bussava alla finestra la sera tardi, mi mandava fiori e vino, era l'uomo più romantico che avessi mai conosciuto. Da parte mia c'era solo un ostacolo a lasciarmi andare, infatti continuavo a ricordargli: "Sei sposato!".

"E allora? Finché mia moglie non lo sa, non ne soffrirà, no? E di certo non andrò a dirglielo. Lei qui non c'è. Tu invece ci sei. Io voglio te, tu vuoi me... qual è il problema?"

"Non capisci. Hai scelto quella sbagliata... con me non funziona così. Per quanto mi riguarda, questa donna la sento come una sorella, anche se non la conosco. Non mi piacerebbe se lo facessero a me. Come puoi deluderla così?"

Il mio rifiuto sembrava accendere ancor più la sua passione.

"Io ti piaccio, vero?"

"Sì... certo che mi piaci."

"E mi vuoi, vero?"

"Questo non è importante. Te l'ho detto chiaramente." Stupore nella mia voce. "Come puoi giustificare una cosa del genere davanti a te stesso?"

"Non voglio avere rimpianti."

"Non pensi che potresti rimpiangere di essere stato infedele?"

"Certo. Ma io la vedo così. Potrei rimpiangere di aver fatto l'amore con te tutta la notte e potrei anche rimpiangere di non averlo fatto, quindi penso di propendere per la prima e avere rimpianti comunque. Vedi che questa logica infallibile può applicarsi anche a te? Il solo volerti è già un atto di infedeltà. Dato che sono qui, ormai potremmo anche fare l'amore. Che differenza c'è?"

"Cosa?"

"Se dirai di no, poi potresti avere un rimpianto..."

"Correrò il rischio."

"Posso solo baciarti? Ci fermeremo lì. E qualunque altra cosa accadrà dipenderà solo da te. Hai il pieno controllo. Voglio solo che tu sappia che sei la donna più bella e desiderabile dell'intero universo..."

"Fuori! Vade retro, Satana!" A quei tempi ero più biblica di adesso. Ho tenuto a mente quell'approccio per anni. Come tutte le tentazioni migliori, ha un forte elemento di verità. Allora era facile dire di no ai Tom. Li consideravo sconvolgenti. E immorali. Ma allora le cose erano molto più bianche o nere di adesso. Avevo diciannove anni.

Sto tornando indietro con la mente a molto tempo fa... chissà se posso dire di aver mai avuto una specie di storia con un Tom? No, direi di no. Eppure, c'è stata una strana storia fatta di appuntamenti della durata di una sola sera. C'era un Tom che viveva fuori Londra. Prenotava un hotel e poi mi chiamava, di solito dicendomi che si trovava a Battersea Park Road e che voleva invitarmi a cena. Io ero a casa al computer, senza aver parlato con anima viva tutto il giorno (le scrittrici che lavorano e vivono da sole devono essere una preda particolarmente allettante per i Tom), così dicevo: "Va bene... vieni pure". E mi offriva la cena, un mazzo di fiori e una bottiglia di vino. Vi prego di non fraintendere. Non sto fingendo di essere senza macchia e senza peccato. E non vado affatto fiera di questo comportamento. Ma sfido qualunque donna soffocata dagli affanni della vita, ambito in cui sono un'esperta, a dire di no a una cena con un Tom.

Un Tom è un galantuomo, si veste bene, parla bene, capisce le donne. Il mio Tom aveva un talento incredibile. Mi faceva ridere, si interessava a me. Ah, forse dimenticavo di dire che... sua moglie non lo capiva. Ma io non ero tenuta a capirlo. Era tutto molto semplice. Dopo cena veniva da me e rimaneva per un po'... il più delle volte ci facevamo qualche coccola o nemmeno quello. Tutto lì.

Ricordo che dopo la prima serata con un Tom mi sentii in colpa per settimane. Scrissi una lunga lettera a sua moglie, che non avrei mai spedito, solo per ricordare a me stessa cosa avevo fatto. Ho cambiato i nomi e ho cercato di far pubblicare la lettera come avvertimento per le donne sposate. Avevo sempre messo in pratica il principio "fai agli altri ciò che vorresti che gli altri facessero a te" e sentivo di aver tradito questa mia "sorella", una donna che non conoscevo, che senza dubbio aveva fiducia in lui – e in me, anche se non mi aveva mai incontrata. Avevo la sensazione di essermi trasformata in una creatura del tutto diversa: una "donna pericolosa".

Non lo sentivo per mesi. Ma se mai mi veniva in mente di chiamarlo (al lavoro, ovviamente), mi richiamava sempre. E mi voleva davvero bene, anzi so che... me ne vuole ancora. Non gli parlo da anni. Credo che questo Tom abbia un'intesa simile con molte altre donne single. Probabilmente vi starete chiedendo se lo conoscete.

Sapete la storia di Mosè che va sul monte per parlare con Dio? Vogliono discutere dei Comandamenti e Mosè è lì per negoziare a nome degli israeliti. Insomma, si avventura su per il monte e giorni dopo lo vedono tornare giù per il sentiero con in mano le tavole sulle quali Dio ha scritto i Comandamenti. "Ho una bella notizia..." comincia sorridendo, "sono riuscito a convincere il Signore a ridurli a dieci." Mostra a tutti i suoi dieci Comandamenti pieno di orgoglio. "Però ho anche una brutta notizia." Il silenzio piomba sulle tribù di Israele. "L'adulterio è ancora incluso."

È così da sempre. Prima di sposarmi non lo capivo. Venendo dal mondo del teatro, dove tutti andavano a letto con chiunque senza fare tante storie, che una scappatella notturna fosse messa sullo stesso piano di omicidio e furto mi sembrava un po'... be'... eccessivo. Poi, quando mio marito ha avuto una storia con un'altra e mi ha lasciata con una bambina di due anni e mezzo e senza una famiglia alle spalle che potesse darmi una mano, ho cominciato a capire perché il Signore l'aveva considerata una cosa tanto grave. D'altro canto, fare sesso con altre donne anche se ancora sposati con qualcun altro, secondo i Tom non è affatto dannoso, anzi può persino dare uno slancio nuovo alla vita coniugale. Conosco un Tom che è sempre andato a letto con tutte le donne possibili al di fuori del matrimonio. Fino a che punto la moglie abbia idea di ciò che combina non so, perché dopo trent'anni sono ancora insieme. A quanto mi risulta, sono felici. Lei sa che lui non la lascerà mai e lui in effetti non lo farà. Un vero Tom.

Con loro non ho più niente a che fare. Una cena occasionale con uno di loro e poi gli chiamo un taxi per l'hotel. Conosco un Tom "da pranzo" che lavora nella City e siamo buoni amici. Nel suo buffo modo, si interessa a me. Sa che a volte mi sento sola e isolata e, se glielo lasciassi fare, mi "consolerebbe" volentieri. Ma solo di pomeriggio. Mi invita a pranzo ma mai a cena, non viene mai con me da nessuna parte la sera o nel weekend. "Quelli sono momenti per la famiglia," dice, ma se mi venisse voglia di vederlo un pomeriggio durante la settimana potrebbe sempre riuscire a prendere un permesso dal lavoro. Immagino di essere interessante... qui seduta al computer a casa mia. Ma io declino l'invito. "Sarebbe bello vederti, Tom, in circostanze diverse... anzi, forse no."

Una cosa di cui non mi posso lamentare è la penuria di Tom: il mondo ne è pieno. Non so se qualche donna single abbia mai perso la testa per uno di loro, ma per farlo occorre un alto tasso di pazzia. Perché i Tom non ti deludono mai. Come non deludono se stessi. E, nel loro modo di pensare, non deludono nemmeno le mogli. Fanno semplicemente a meno di dire qualunque cosa. È una vita a comparti stagni. E, come direbbe un vero Tom: "Occhio non vede, cuore non duole".

Ma poi ci sono uomini capaci di creare molta più confusione: i Dick. Un Dick è un uomo dallo stato coniugale dubbio e ambiguo. Solo un paio d'anni fa mi sono lasciata confondere le idee da un Dick. Un Dick, per esempio, potrebbe "lavorare molto lontano da casa". Ammette di essere sposato, ma "siamo separati. Naturalmente la vedo ancora, sono obbligato...".

"Quindi state divorziando?"

"Non ce n'è più bisogno. Stando separati per due anni, è automatico. Quindi, sono separato. Va bene così? Posso invitarti a cena?"

Ecco un punto importante. Gli uomini odiano la menzogna diretta. La sentono come un peso sulla coscienza, quindi se possono la evitano. Le parole diventano molto importanti. Un Dick una volta mi ha detto: "Mia moglie non viene più a letto con me". Io, povera ingenua, ho pensato che volesse dire che non facevano più sesso. Siate caute e prestate molta attenzione. Lui non l'ha detto, giusto? Infatti. Ha detto che lei non va più a letto con lui. Immaginate la mia sorpresa quando, a un appuntamento successivo, ho scoperto che lui e la moglie, sposati da quindici anni, copulano ancora regolarmente. Solo che hanno due letti. Che stupida sono.

Poi c'è stato un Dick che ha detto che lui e la moglie erano separati da anni. Ho fatto un errore gravissimo. Ho immaginato che appartenesse alla categoria che stavo cercando. Cioè "i single". Invece no. Solo dopo che uscivamo insieme da sei mesi è saltato fuori che la moglie era del tutto all'oscuro della loro separazione. Viveva nell'illusione che lui "lavorasse all'estero". E ovviamente "tornava regolarmente a trovare i figli". Quindi, ragazze, se mai doveste incontrare un Dick che vi dicesse di essere separato, dovrete chiedergli: "Bene... e tua moglie lo sa?". Con quel Dick in particolare, quando ho scoperto cosa stava succedendo già vivevamo praticamente insieme. "Lo dirai a tua moglie?" Certo, sicuro, ma non quella settimana perché era l'anniversario della morte di sua madre. E nemmeno il mese seguente, perché doveva fare degli esami e non voleva rattristarla... e nemmeno il successivo, perché era Natale. E io mi dicevo: "È compito mio dirgli come vivere la propria vita o come gestire la famiglia? Potrei davvero insistere perché lo dica alla moglie?". Ero molto confusa, finché mi sono accorta che la sua definizione di "separati" non coincideva con la mia e a quel punto ci ho dato un taglio.

Ragazze, diffidate dai Dick. L'espressione "separati" può coprire un'ampia gamma di condizioni. Alcuni non dicono nemmeno di avere una moglie. Vogliono vedere come reagirete voi, nella convinzione che siano single. Una donna che conosco mi ha confidato: "Una volta mi è capitato di ricevere una proposta da un Dick: la moglie non l'aveva mai nemmeno nominata".

Ma con il mio Dick ero sicura, visto che non gli ho mai concesso il mio cuore. Ci siamo divertiti un sacco e, nonostante fosse una sorta di relazione, è risultata innocua. Lui è stato un buon amico, entrato nella mia vita e poi invitato a uscirne. Sono certa che la moglie, che vive all'estero, abbia solo pensato che avesse avuto davvero molto da fare nell'ufficio di Londra. Quindi, qualunque uomo con una definizione confusa del proprio stato coniugale è un Dick.

Ma poi, giusto quando ti sembra di sapere come mantenere le distanze da qualsiasi uomo sposato, ecco gli Harry. Un Harry è molto diverso dai Tom e dai Dick, nel senso che non è un donnaiolo. Non potrebbe mai essere infedele. Ritiene la menzogna diretta impossibile e la menzogna nascosta quasi alla medesima stregua. Non guarda le donne al di fuori del matrimonio, proprio come molte donne non guarderebbero mai uomini sposati. Ma poi, un giorno, succede qualcosa: perdi l'equilibrio e ti ritrovi in ginocchio. Qualunque uomo sposato che non sia un Tom né un Dick e che, per qualche motivo (più probabilmente per mancanza di esperienza), sfida le categorie è per definizione un Harry.

E qui devo smettere un momento di scrivere. E fare un bel respiro. Perché, dovete sapere, io amo ancora il mio Harry. Nonostante tutta la mia conoscenza, saggezza ed esperienza, un pesce-Harry è comunque rimasto impigliato nella mia rete "Alla larga gli uomini sposati" così accuratamente tessuta. È cominciato tutto in modo molto innocente... perché a differenza dei Tom e dei Dick, un Harry non fa mai piani di infedeltà. Mi ha mandato un'e-mail. Uno dei vantaggi e degli svantaggi di avere un sito web è che ogni giorno ricevo un sacco di e-mail. E cerco di rispondere a tutti. Sono rari i messaggi che catturano la mia attenzione in modo particolare, ma quello di Harry l'ha fatto. Quella prima e-mail non era un tentativo di flirt, ma una richiesta puramente professionale. E io ho risposto in modo lievemente meno formale, chiarendo tutti i suoi dubbi. Poi è stata la volta di qualche complimento per i miei libri... Io ho risposto con cortesia. Non mi sembrava appropriato e nemmeno necessario indagare su dettagli della sua vita privata. Abbiamo continuato a scriverci. Poi una sera sono stata presa alla sprovvista... non so se mi ero appisolata o cosa. Ma è arrivata un'e-mail così bella da farmi restare senza fiato. Ero sconvolta. Indipendentemente dalle conseguenze.

Ho risposto. "Harry, nessuno... nessuno mi scrive in questo modo." Poi gli ho detto che se anche fosse stato centoventi chili, con l'alito cattivo e l'acne, e somigliante al gobbo di Notre-Dame, a me non sarebbe importato. Il mio cuore era suo. Fra me e me stavo pensando: "Se poi è paraplegico, o sordo, o con una gamba sola? Davvero non mi importerà?". E ogni volta la risposta era la stessa. Per qualche strano motivo non avevo pensato alla cosa più ovvia. Lui non era nessuna di quelle cose, però era sposato. Ero scioccata e diffidente... ma cos'era lui per me? Un corrispondente simpatico e niente più. Forse avrei dovuto scrivergli: "Smettila di farmi ridere... sei sposato". Ma sfido chiunque lavori in casa a mettere fine a e-mail spiritose e allegre. "E lui cosa voleva?" vi starete chiedendo. Niente di più di quanto volessi io... e-mail che lo facessero ridere ogni giorno. Un po' di intrattenimento e il piacere di sapere che mi stava facendo ridere.

Le e-mail sono terribili. Un mezzo perfetto per introdursi nella vita degli altri. Diffidate. Così non vedevo nessuno dei suoi difetti e lui poteva fingere di essere ciò che volevo io. Non scriveva come un uomo sposato. Avrei per caso dovuto dire: "Mi diverto troppo a ricevere le tue e-mail. Per favore, cerca di farmi ridere un po' meno"? O forse lui avrebbe dovuto dire: "La nostra corrispondenza mi piace tantissimo ma, prima di mandarti anche solo un'altra riga, posso ricordarti che sono sposato?"? Invece mi faceva ridere e portava una gioia immensa al gesto di accendere il computer. In un certo senso, si era appropriato della mia mente. Era così intuitivo, intelligente e sapeva così tante cose su molti argomenti. Mi aveva mandato un pezzo musicale scritto da lui, fotografie scattate da lui. E tutto ciò era stato prima che ci incontrassimo.

Il primo incontro è stato interessante. Lui viveva in Scozia, quindi non dovevo preoccuparmi che capitasse a Londra troppo spesso. "Dobbiamo incontrarci... vieni a cena con me?" Io ero molto, molto diffidente. Voleva vedermi al British Museum alle due del pomeriggio per mostrarmi "qualcosa di stupefacente". Io ho detto di no.

"Di cosa si tratta? No. Non verrò alle due del pomeriggio in nessun posto tu mi proponga. Sei sposato. Ti incontrerò all'ora in cui incontro chiunque altro con cui sto per andare a cena. Ci vedremo alle sette in un ristorante." Probabilmente avrei dovuto rifiutarmi di vederlo. Ma all'epoca ci scrivevamo già da almeno tre mesi. Era diventato la mia principale fonte di risate. Insomma, siamo onesti su questo punto... certi giorni, lavorando in casa, lui era la mia *unica* fonte di risate. Avreste detto di no, voi? A ogni modo, ho pensato che le possibilità che ci piacessimo vedendoci di persona fossero minime. L'alchimia è così strana e, solo perché mi faceva ridere in modo virtuale e artificiale, non significava che mi sarebbe piaciuto vederlo.

Bastava che non fossimo attratti l'uno dall'altra e sarebbe andato tutto bene. Sarebbe stato un buon amico. Avremmo continuato a scriverci e le cose sarebbero tornate al giusto equilibrio. Valeva la pena di vederlo soltanto per esserne certi. Io pensavo: "Dio mio, fa' che sia davvero orrendo". Anch'io ero rimasta intrappolata nella sua rete e penso che pure lui desiderasse che fossi brutta o molto stupida. O mi stavo solo illudendo?

L'espressione "anime gemelle" mi ha sempre infastidita. La considero di un romanticismo zuccheroso. Una ragazza che ha conosciuto e poi sposato un uomo al quale sono molto affezionata ha annunciato: "Ho trovato la mia anima gemella". Io ho pensato: "Be', lo spero... e spero sia lo stesso anche per lui". Ma cosa significa esattamente questa espressione? Nella mia vita ho conosciuto parecchi uomini con cui ho avuto un buon rapporto. Quindi cos'è un'anima gemella? Un rompicapo pseudospirituale? Non si ha forse la sensazione di aver trovato l'anima gemella quando si vive l'infatuazione agli albori dell'innamoramento? Nella realtà queste cose non esistono e nella vita possiamo incontrare molti spiriti simili a noi. Questo era quanto dicevo a me stessa. Ma poi ho conosciuto Harry.

Ricordo il primo sguardo e il sorriso su entrambi i nostri volti. E poi abbiamo cominciato a parlare come se ci conoscessimo non da mesi, ma da decenni. Era così che sembrava. Come se la nostra fosse un'amicizia di vecchia data. Tutte quelle teorie secondo cui avremmo più vite che ci permetterebbero di incontrarci più e più volte, sembravano d'un tratto l'unica spiegazione logica. Una sensazione di familiarità. Di soddisfazione. Del fatto che non avrei avuto più bisogno di niente e di nessuno finché Harry continuava a parlare. O ad ascoltare. (Quanto sono rari gli uomini che sanno fare entrambe le cose?)

Era un paio d'anni più vecchio di me, ma aveva un bel fisico. Un uomo abituato a fare movimento e a non mangiare più del necessario, qualcuno che sa come prendersi cura di sé. Un uomo facile al sorriso e alla battuta e restio alla serietà. Uno che mi sono allungata a toccare come se lo conoscessi da sempre e fosse mio. Ecco come mi sentivo. Ma voi ricordate bene, anche se io l'ho un po' dimenticato, che lui è... sposato. Ragazze, dovete sapere che – ed è qui che si deve fare attenzione con un Harry – non *sembrava* affatto sposato. Quando si incontra qualcuno così, è facile confondersi... Perché nel tempo che passa con voi lui *non è* sposato. È solo lì con voi. Lui aveva quella rara qualità di essere totalmente presente; non c'erano cellulari che squillavano, ricordando a entrambi che esistevano altri esseri umani sulla Terra oltre a noi due.

Dobbiamo essere rimasti al ristorante a parlare e a ridere più di quattro ore... avevamo toccato un milione di interessi comuni. Innanzitutto la scrittura, che era la nostra passione, poi i viaggi – i paesi che ci piacevano di più e perché –, le lingue, la musica, la politica, la religione, la contemplazione della cristianità e del buddismo, il suo lavoro, i miei libri che lui adorava, il pensiero orientale... ma, adesso che ci penso, non ricordo di aver parlato della sua famiglia. Né di mia figlia. A mezzanotte eravamo seduti a casa mia a bere caffè. Abbiamo deciso che sarebbe stato stupido che lui tornasse in hotel. Ci conoscevamo da un migliaio di anni. Non succede spesso di incontrare un'anima che si sa di conoscere, vero?

Prima che subiate choc eccessivi, non c'è stato sesso. In teoria eravamo ancora due estranei. Eppure è possibile sperimentare un'intimità più profonda.

Come ho già detto, il mio Harry mi si era impigliato nella rete.

Nei due mesi successivi la mia vita è diventata follia. Per la prima volta, o almeno così mi sembrava, ero davvero innamorata di qualcuno davvero innamorato di me. È un'esperienza che non scambierei con nessun'altra al mondo. (D'accordo, figlia! Tranne la nascita di un figlio, ok?) Io sognavo lui e lui sognava me. Il mio cuore cantava di gioia così forte che avevo il sorriso stampato in faccia. Stavo vivendo una nuova esperienza di paradiso in terra. Come in quelle canzoni d'amore assurdamente romantiche piene di cliché, mi trovavo su un pianeta in cui un giorno conoscevo Harry, lui amava me, io amavo lui e tutto il resto non importava.

Per Harry le cose non erano così semplici. Il problema con gli Harry è che – ed è per questo che dovete stare molto attente – sono uomini davvero buoni. Non sono Tom o Dick, né lo saranno mai. Non sono pazzi o bugiardi. Non sono in grado di deludere. Una volta tornato in Scozia, Harry, come me, era innamorato e sul punto di impazzire. Voleva lasciare la Scozia e venire in Inghilterra per stare con me. Si sentiva in colpa per causa mia, la cristiana buddista ipocrita che rifiuta l'adulterio. Non riusciva più a sopportare la situazione, così ha affrontato la moglie annunciandole che si era innamorato di un'altra e che se ne sarebbe andato. Io ero sconvolta, impaurita e totalmente esterrefatta.

Mi ero abituata, come una bambina felice, all'idea di una vita con Harry... Non avrei mai immaginato di trovare qualcuno con cui sarei voluta stare in ogni istante e per sempre. Non mi ero mai sentita così amata, capita e desiderata. Non avevo mai portato a qualcuno tanta gioia, né ne avevo mai ricevuta dalla compagnia di un'altra persona. Ero pronta a trasferirmi in Scozia o a Calcutta, se me l'avesse chiesto. Se mi avessero offerto di passare il resto della vita come già era, con i miei amici e tutto quanto, oppure su un'isola deserta con Harry... be', avrei chiamato mia figlia dicendole: "Capisci la mia scelta, vero tesoro?" e lei avrebbe detto: "Sono felicissima per te, mamma... provaci!". Avrei mollato tutto. Sono convinta che questo sia quello stato folle – o, come direbbero alcuni, disfunzionale – chiamato "innamoramento". E io ci ero caduta in pieno, qualunque cosa fosse.

Non avrei mai potuto prevedere cosa sarebbe successo dopo. Dovevo andare in Australia per un mese a presentare un libro. Harry mi ha detto: "Mentre sei via, qui si calmeranno un po' le acque". Quando sono tornata, un mese dopo (nonostante le tante telefonate ed e-mail), lui aveva cambiato idea. "Non posso farlo," ha detto, sembrando improvvisamente molto simile a uno sconosciuto, a un Tom o a un Dick. "Devo rimanere... non posso andarmene... devo essere buono... non posso essere così egoista... devo scegliere... ho scelto. Rimango. Mi spiace."

E improvvisamente vuole diventare mio amico. Amico?!? Come potrei fingere con lui o, ancora peggio, con me stessa, che l'uomo con cui volevo passare il resto della mia vita adesso sia solo un "amico"? Mi sento come se mi chiedessero di vagare alla cieca in una foresta di autodelusione. Con quanti dei miei amici vorrei condividere il letto e conoscerli in modo tanto intimo e intenso? Per esempio mi viene in mente Ann, la signora della lavanderia del quartiere. Lei è mia amica. Chissà se esiste qualche tipo di intervento al cervello per queste cose?

E se anche fossi riuscita a ricollocare Harry nella mia vita come "amico", sarebbe stato un amico che non avrei mai potuto vedere. Sembrava non importasse altro. Tutto quel che avevo imparato grazie alla cristianità, al buddismo, alla meditazione, a un centinaio di ottimi seminari, al mio lavoro, “la felicità indipendentemente dagli eventi esterni”, le mie convinzioni sul contributo di ogni singolo per il bene del mondo, tutto ciò per cui combattevo, era privo di significato. L’unica cosa che volevo era vedere Harry.

Avevo completamente dimenticato la moglie e, ebbene sì, il figlio tredicenne. Tutto ruotava attorno a me. Gettavo la mia rabbia contro me stessa. Cos’avevo fatto? Come avevo fatto a “creare” questa cosa? Alla faccia dei tremendi concetti new age che ci ritengono responsabili di qualunque cosa facciamo. Ero forse troppo forte? O troppo debole? Avevo mandato troppe e-mail? Ero stata io a portarlo sulla cattiva strada? Ho pensato e ripensato alla mia responsabilità personale, accumulando una condanna dopo l’altra. Ho parlato con Harry e sembrava che lui si sentisse in colpa e afflitto. Mi ero trasformata, dalla persona che amava e con cui voleva stare, in un motivo per cui sentirsi in colpa. Io non avevo mai chiesto a Harry di lasciare la moglie, gli avevo solo chiesto di non mentirle. Nel caso del mio Harry, l’idea di andarsene era stata una sua scelta, una sua decisione, ma adesso nemmeno rispondeva più alle mie e-mail.

Sentivo sfuggirmi dalle mani tutto ciò in cui credevo e tutto ciò che ritenevo buono e vero. Non capivo più l’universo. Dov’era tutto quell’amore? Lui non mi chiedeva nemmeno più cosa stavo facendo. “Se quello che c’è fra noi non è amore,” gli ho detto, “allora l’amore non so cos’è.” Voleva solo sapere se mi era passata, in modo da poter smettere di sentirsi in colpa. In un certo senso, ero diventata un errore. Nessuna spiegazione, nessuna chiamata, niente di niente. Ho pianto un po’, convinta nel profondo che fossero stati i miei fallimenti, più che l’amore per la sua famiglia, a tenerlo lontano da me e a negare a entrambi la vita che avremmo potuto avere.

“Cos’ho fatto?” ho chiesto sconcertata, convinta che niente avrebbe potuto guarirmi, a parte dieci anni di terapia sette volte alla settimana con sedute di ventiquattr’ore cadauna.

Un amico mi ha detto: “In realtà non è per niente complicato... Non devi analizzare il tuo subconscio o cadere nella disperazione”.

“Ah, no?”

“No. Nella tua mente ti sei comportata nel modo giusto.”

“Sì?”

“Certo. Vedi, Isabel, se incontrassi qualcuno con l’accento francese ci sono ragionevoli probabilità che te ne accorgeresti.”

"Del fatto che è francese? Certo. Ah, capisco."

"Allora, quando l'hai conosciuto c'era qualcosa che avrebbe dovuto farti capire..."

"Che era un Harry."

"Esatto. C'era un fatto semplicissimo di lui che hai sottovalutato. Era sposato."

Certo. Ecco qual era il punto. Lo sapevo e l'avevo sottovalutato. Si era impigliato nella mia rete ed era un pesce dai colori così vivaci che non ci ho pensato. Sono andata avanti ignorando il fatto e ho permesso a me stessa di innamorarmi di lui. Con tutto il cuore e con tutta l'anima.

Ragazze, funziona così. "Posso invitarti a cena/a pranzo/per un caffè o mandarti qualche e-mail?"

"Be', sembrerà strano, ma posso chiederti se... sei sposato?"

E se la risposta è no, indagate... "Sei separato? Vivi con qualcuno ma state passando un periodo difficile? Sei coinvolto in qualunque tipo di relazione che l'altra persona crede essere monogama?" Potrà sembrare un approccio un po' diretto, ma sono certa che capiranno. Alla fine aggiungete: "Sai, sono single, e mi hanno avvertita...".

Non voglio essere fraintesa. Non sto dicendo che io sono la vittima innocente e che i Tom, i Dick e gli Harry sono i cattivi. Assolutamente no. Ma non è nemmeno vero che le donne single sono il diavolo seduttore in persona, come a volte pensano le mogli. Di certo ero io la prima a volerlo credere, quando ero una moglie. Molte donne sposate, grazie al cielo, sono meno inclini al giudizio e più corrette di me. Sono più sagge. Adesso so che le relazioni umane sono molto complesse e ho smesso di giudicare le persone. "Giusto" e "sbagliato" devono essere gettati dalla finestra, limitandoci a osservare ciò che vediamo e cercando di mostrarci in ogni caso compassionevoli e gentili.

Spero sia tutto chiaro, così da potervi evitare alcune delle avventure che hanno spezzato il cuore a me.

Adesso possiamo continuare con il racconto.

3.

UNA SERATA "PAUROSAMENTE DIVERTENTE"

Eventi per single e Mr GattoMorto

Ho sollevato l'argomento degli incontri on line sul blog del mio sito e sono arrivate un sacco di e-mail. Il numero delle donne che detestavano quel tipo di approccio era di gran lunga superiore a quello di chi aveva avuto un'esperienza positiva; alcune volevano solo "farsi quattro risate" ed erano felici di passare grandi quantità di tempo sulle chat dei siti di incontri per trovare qualcuno con cui uscire; molte erano storie di Tom e Dick camuffati che cercavano un modo per uscire dalla propria situazione o che cercavano una donna ma senza alcuna intenzione di lasciare la moglie; tanti uomini a caccia di sesso. Per chi era alla ricerca di qualcosa di più serio, era più che altro un tormento.

Personalmente, conosco molte donne single. Mi vengono in mente un avvocato, due mamme, tre attrici, due donne che lavorano nell'editoria, un medico, due infermiere, due vicari, quattro studentesse, tre donne d'affari, una nonna, un'insegnante, un'artista, una scultrice, una fotografa, una scienziata... Insomma, mi vengono in mente un sacco di donne senza bisogno di aprire la rubrica. Ma, pensando a queste donne, non mi viene in mente neanche un uomo disponibile che mi piacerebbe presentare loro. Naturalmente conosco un'ampia gamma di Tom e di Dick, di gay (se mi date dieci minuti ve ne trovo un centinaio), di uomini asessuati che non hanno relazioni né con uomini né con donne per motivi non meglio specificati... e, sono sempre di più, di uomini che mentono e vanno a letto con più di una donna (solitamente, di almeno vent'anni più giovane), riconoscendo tuttavia la monogamia, e di questi ne conosco un paio. Ma, ed è strano, di uomini disponibili con cui andrei volentieri a cena... non ne conosco nemmeno uno.

Non si tratta di un problema solo britannico. Quando ero in viaggio per promuovere il mio primo libro, ovunque andassi parlavo soprattutto con giornaliste. In Giappone le donne mi dicevano: "Gli uomini giapponesi non sono granché. A noi piacciono gli inglesi". In Spagna le donne mi dicevano: "Gli spagnoli sono dei maiali... non ci piace uscire con loro". In Italia le donne mi dicevano: "Gli uomini italiani non ci piacciono... dove sono quelli giusti?". Io le fissavo scoraggiata. "Non in Spagna, secondo le donne che ho incontrato la scorsa settimana, nemmeno in Giappone, né in Svezia, né in Germania, né... Non so davvero cosa dirvi." Ed eccomi qui, due libri dopo, con lo stesso problema.

Telefono alla mia amica Celia, un brillante avvocato.

"Celia, conosci molte donne single?"

"Ne conosco cinque che fanno l'avvocato e sono single. Sono intelligenti, hanno una bella carriera, belle case... hanno tutto... tranne un uomo."

"Conosci qualche avvocato maschio interessante?"

"Se lo conoscessi, starei uscendo con lui. Perché?"

"Non so... ci sto pensando."

"Be', quando hai capito come funziona fammelo sapere."

Quindi continuo a pensare e a parlare con donne e uomini. Mi siedo nei bar e osservo le persone. Noto l'enorme differenza numerica fra donne e uomini affascinanti. So che è un test superficiale, ma provate a farlo ogni tanto. Per "affascinante" intendo uomini o donne che non siano troppo sovrappeso, che abbiano pensato per almeno più di trenta secondi agli abbinamenti dei vestiti che indossano, con i capelli in ordine, una camminata dinamica, sorridenti e con l'aria di essere possibili compagni gradevoli per una cena. È una cosa deprimente. Chiamiamo questo gioco PPC, "Persone Perfette per Cena" solo vedendole passare. Il gioco può essere fatto con entrambi i sessi... Osservate la differenza fra uomini e donne all'apparenza interessanti. Non limitatevi a credermi: provateci!

Mi chiedo cosa ci farei con tutto ciò, se la mia professione fosse questa. Missione impossibile. Ne ho parlato con alcune amiche. "Be', è un po' come con il Sacro Graal, no? Nessuno sa dove siano, queste persone."

Poi, mentre continuavo le mie riflessioni, mi hanno invitata a un evento per single. In teoria avrei potuto incontrare degli uomini single, ma la donna che mi ha invitata mi ha detto subito che di solito ci sono donne meravigliose e uomini deludenti. A lei non era mai capitato di incontrare nessuno che potesse lontanamente interessarle, ma continuava ad andarci nella speranza che prima o poi ci avrebbe trovato un uomo di suo gradimento. Questo mi ha ricordato la mia definizione preferita di pazzia: "Fare più volte la stessa cosa, aspettandosi risultati diversi".

I laboratori che ho frequentato (sulla scia della convinzione americana "datti una mossa e cambia vita") erano pieni di cose del genere... Un'altra delle mie preferite, che dev'essere una filastrocca di scuola, dice:

Se fai sempre
Le stesse cose
Avrai sempre
Gli stessi risultati.
Se vuoi qualcosa di diverso
Allora...

[poi si fa un bel respiro e si urla l'ultimo verso fortissimo, in modo da essere sicuri di sentirlo bene]

FAI QUALCOSA DI DIVERSO!

Questo lo si deve urlare perché sembra che tutti continuiamo a fare le stesse cose nell'attesa che, un giorno, le cose cambino. O almeno così faccio io. Chissà se questa mattina sarà venuto Greg a portarmi la posta? No... merda, era ancora il postino.

Naturalmente, quello che voglio davvero è sempre stare con Harry, ma voglio anche dimenticare Harry e non sono mai stata a un evento per single. Allora va bene... posso giustificare mentalmente la questione come non del tutto umiliante perché appartiene alla categoria delle "cose da provare almeno una volta nella vita". Quindi guardo il sito dell'associazione che organizza l'evento, *www.thesinglesolution.co.uk*. Una donna che ci era già stata mi aveva avvertita dei gruppi divisi per età.

"Tutti mentono sull'età, quindi nel gruppo dai trenta ai quarant'anni l'età massima sarà sui quarantasette anni (dopo i quali si è probabilmente già fuori gioco). Ma spesso a queste serate partecipano uomini di almeno cinquant'anni, se non sessanta."

D'un tratto, da che mi ero messa a esplorare questo ambito, la domanda "Quanti anni hai?" sembrava essere diventata una costante. Quando cercavo di cambiare il mondo, nessuno mi ha mai chiesto quanti anni avessi. Sono indignata da un lato per quelle mie amiche cinquantenni che sembrano ventenni, e dall'altro per tutti quegli uomini che vogliono uscire con donne vent'anni (almeno) più giovani di loro.

"La stessa cosa vale per le serate dei gruppi dai venti ai trent'anni," continua la mia amica con tono rassegnato. "L'associazione mi ha lasciata partecipare a una di quelle serate una volta in cui mi ero lamentata del fatto che un sacco di uomini del gruppo trenta-quaranta sembravano sessantenni. Sono andata al gruppo venti-trenta e molti uomini erano evidentemente quarantenni desiderosi di uscire con donne molto più giovani."

Tutta questa conversazione mi ronzava nelle orecchie mentre compilavo il modulo di iscrizione. Ho ringraziato Dio di non aver ancora raggiunto la fine della vita. Cioè i quarantasette anni. La serata si teneva in un wine bar di Moorgate, vicino alla City, luogo scelto probabilmente in modo che chi lavorava nella City potesse andarci subito senza passare da casa. Si pagavano venticinque sterline e la serata comprendeva anche un breve giro di incontri lampo. "La possibilità di conoscere otto uomini per tre minuti ciascuno." Le bevande naturalmente erano escluse, così come il cibo, ma il prezzo sembrava onesto.

La fatidica serata arriva. Trovo il pub, faccio il giro dell'edificio e mi scontro con un uomo che sta evidentemente cercando il mio stesso posto. Oddio, che imbarazzo. Sul cappotto mi lampeggia improvvisamente la scritta: "Sono una povera fallita che non riesce a trovare un uomo: vi prego, compatitemi". Lui vede la scritta e si dimostra dolce e comprensivo. Chiaramente istruito in una scuola privata e con quel classico accento che le americane trovano irresistibile. Ma io no. Sembra (e questo è un giudizio basato solo sulle apparenze, purtroppo però tutto di lui mi fa venir voglia di scappare) impacciato e stupido. Sfoggia un sorriso enorme ed è ovviamente ansioso di essere considerato affascinante.

Tendo la mano, amichevole. Non ci faccio troppo caso, visto che non devo uscire con lui. "Sono Isabel," trillo nel mio solito tono gioioso da cagnolino scodinzolante.

"Oh, di solito non diamo i nostri veri nomi a questo tipo di serate... abbiamo un nickname. Il mio è Giustiziere della Notte."

"Capisco. Io non ho un nickname, quindi il mio è solo Isabel. Che è il mio vero nome."

"Davvero?"

"Certo. Davvero. Perché fingere? Questo marchio dell'essere single... insomma, qualcuno deve pur uscire allo scoperto, no? Intendo dire che i gay festeggiano per le strade e i single si nascondono. Non ti sembra strano?"

"È solo il modo in cui siamo abituati qui."

"Mmm-mmm."

Arriviamo al posto indicato. Al piano superiore c'è il bar per le persone normali, sedute a bere qualcosa con gli amici in allegria. Noi, invece, dobbiamo pagare le venticinque sterline e andare giù a raggiungere gli emarginati dalla società. Faccio un sospiro e mi chiedo se non sia meglio stare di sopra a bere una vodka o un gin. Non riesco nemmeno a parlare con la bionda sorridente in T-shirt addetta a incassare i soldi. Fuggo in bagno, mi guardo allo specchio e mi chiedo dov'è finita la donna affascinante che ogni tanto mi capita di vederci riflessa. Al suo posto c'è una vecchia racchia di novantasette anni che spera vagamente di passare per una di cinquantasette. Ho il mascara che cola perché sono venuta in bici, non mi dona. Tutte le pieghe e le rughe possibili si sono date appuntamento sulla mia faccia per un rave. "Guarda quanto riusciamo a diventare profonde," mi annunciano, salutandomi dagli angoli di quelli che una volta erano i miei occhi.

Sono restia a rispondere al saluto e rimango semplicemente a fissarle scoraggiata. Da qualche parte nella mia testa so che è possibile migliorare la situazione. Un po' di rossetto? No, non voglio sembrare una che ha fatto uno sforzo per essere decente. Metto del burro cacao e cerco di togliere le sbavature di mascara.

"Nessuna di noi ha più venticinque anni, vero?" dice una donna che si sta guardando allo specchio vicino a me.

"Cosa?" Mi guardo attorno, sconvolta dal mio dialogo interiore di lamentele.

"Sono andati ormai, vero? I venticinque anni. Andati per sempre."

"Be', io non li ho. Ma credo che alcune donne li abbiano ancora."

"Oh, certo. Penso proprio di sì."

Ci avviciniamo all'organizzatrice sorridente.

"Sei nuova?"

"Sì..."

"Bene, allora scrivi qui nome, indirizzo e-mail ed età."

Contemplo per un istante la possibilità di strillare: "Cos'è tutta questa ossessione per l'età?", invece compilo il modulo in silenzio e con onestà, dandole le venticinque sterline.

"Per quanto riguarda l'opzione degli incontri lampo, stasera abbiamo la possibilità di un giro di prova..." Mi guarda con comprensione. "In caso ti serva una spinta." Io faccio un sorriso patetico.

L'affollata zona bar sarebbe potuta benissimo essere normale se tutti non avessero indossato cartellini con nomi come (e non vi sto prendendo in giro) PerlaRara, Mike69, GattoMorto, Mister Figo. Uno degli organizzatori mi porge un cartellino.

"Posso usare il mio vero nome?"

"Certo, alcuni lo fanno. Altri preferiscono proteggere la propria identità."

"Perché? Per evitare di essere marchiati come single?"

"Penso di sì."

Qualcuno deve pur fare qualcosa.

Scrivo "Isabel Losada" sul mio cartellino e vado in cerca di un buon bicchiere di vino rosso e della donna che mi ha invitata. Non l'ho mai vista, quindi non ho idea di come sia. Tutto quel che so è il suo nome, che non compare su nessuno dei cartellini. Sento già che non sto facendo la cosa giusta, andando in giro a guardare i cartellini delle donne (la maggior parte dei quali appuntati all'altezza del seno).

Do un'occhiata agli uomini nella sala; proprio vicino a me ce ne sono due che mi fanno desiderare ardentemente di saper disegnare caricature. Sono entrambi magri, quasi calvi e vestiti in modo molto elegante, in giacca e cravatta: gli abiti sono simili e le cravatte, stranamente, entrambe rosse. Le cravatte mi pare siano un tentativo di dare loro un'aria affidabile, ma non raggiungono l'obiettivo. Hanno entrambi occhiali spessissimi e li portano con orgoglio. Magari sono ragionieri, o impiegati di banca.

Uomini e donne sono numericamente quasi alla pari, gli organizzatori sono stati attenti. Mi guardo attorno per vedere se l'affermazione che gli uomini non sono all'altezza degli standard femminili è vera. In realtà non posso dire che lo sia. Non perché gli uomini somiglino a James Bond (che è un bel pensiero) ma perché un sacco di donne, probabilmente me compresa, hanno tutta l'aria di voler essere altrove.

Ci sono "tipi" di uomini immediatamente identificabili. I tipi da scuola privata come quello con cui ero entrata. I tipi fieri di sé che fanno i "gentlemen", come i due con gli occhiali e la cravatta rossa. Gli uomini che si descrivono sempre come "ragazzi", indipendentemente dall'età. Ce ne sono un paio il cui aspetto sembra dire: "Ti piaccio, vero?", cosa difficile da confermare. Ma la maggior parte sembra semplicemente "normale" e tendente a passare inosservata. Uomini che non degnereste di uno sguardo, cosa che penso le donne abbiano sempre fatto finora.

Probabilmente mi starete odiando per la descrizione di questi poveri cristi, dicendo: "Ma chi diavolo crede di essere?" al libro che avete in mano e considerando anche l'idea di gridarlo per farlo sentire a tutti... ma cosa dovrei fare? Bisogna che sia onesta con voi. Forse sono troppo sofisticata. Be', se è così avrò la mia punizione, che sarà quella di condividere il letto con un gatto rosso, un labrador biondo, la borsa dell'acqua calda e un romanzo.

Mi guardo attorno e vedo che è in atto un laboratorio che insegna a fare conquiste. Mi avvicino a osservare con aria di superiorità. Di certo a me non serve. Una decina di donne sono sedute in fila di fronte a un gruppo di uomini mentre un uomo dall'aria gay insegna alle donne a fare gli "occhi dolci". Dice agli uomini che tocca a loro notarli e fare qualcosa quando capita. Adesso serve anche che ci insegnino queste cose?

Ordino qualcosa da mangiare e mi siedo sgranocchiando patatine ed evitando qualunque contatto visivo con qualsiasi uomo. Mi si avvicina una ragazza. "Ah, sei tu Isabel... Mi stavo chiedendo come ti avrei trovata. Mi chiamo Christy. Be', non è il mio vero nome, ma è così che mi conoscono qui. Ti ho iscritta alla prossima seduta di incontri lampo, va bene?"

"Certo."

"Allora? Cosa ne pensi?"

"Penso che gli organizzatori abbiano fatto un buon lavoro. Insomma, c'è tanta gente e non me l'aspettavo, e poi i numeri sono pari e c'è un'atmosfera rilassata, senza troppo chiasso, cosa che a me piace."

"È perfetto, finché non parli con gli uomini. Un uomo laggiù mi ha appena detto che questa è la sua uscita mensile. Tutte le altre sere sta a casa e non vede l'ora che arrivi questa serata. Lo trovo deprimente."

"E cosa fa nella vita?"

"Mi sembra sia una specie di accademico."

Ecco che annunciano l'inizio degli incontri lampo. Le donne si sistemano con un uomo seduto di fronte. Ogni tre minuti gli uomini si spostano. È semplicissimo. Ci sono dieci uomini e cinque minuti dopo ho dimenticato almeno sette di loro. Ma *adoro* questo tipo di cose. Sono molte le cose che mi attraggono... il mio lato infantile adora che le donne rimangano sedute come regine, mentre gli uomini devono continuare a spostarsi. Mi piace poter seguire le indicazioni di mia figlia su come interagire educatamente con chi parla troppo. Di solito dà le istruzioni ai nuovi arrivati in casa mia per interagire con me: "Annuite e sorridete". Sono riuscita a farlo con quello che mi ha parlato per tre minuti del suo lavoro nelle telecomunicazioni e del fatto che possa andare a sciare quando vuole. Mi ha chiesto se fossi mai andata a sciare e io ho risposto di no. Poi un uomo l'ha fatto spostare al tavolo successivo. Un altro mi ha raccontato che preferisce di gran lunga questi incontri rapidi e informali a quelli dove hai in mano un biglietto sul quale mettere delle crocette nelle apposite caselle. "Così è molto meglio, almeno dopo nel bar si può continuare a parlare con le persone che si ritengono interessanti." Il terzo uomo ha parlato della questione della falsa identità: "Il nome vero si dice solo quando si sente una certa alchimia. Penso si tratti di qualcosa di più del semplice nome. Tutti qui hanno una falsa identità".

"Perché, secondo te?"

"Qui puoi essere chi vuoi e proteggere chi sei davvero."

"Allora vieni qui regolarmente?"

"Sì. Mi piace stare in una stanza dove sai che tutte le donne presenti sono single e disponibili."

Alzo un sopracciglio. Ma se n'è già andato.

Non ricordo nemmeno una parola di quello che hanno detto gli altri. Non che fossero sgradevoli. Non mi è sembrato di vedere psicopatici e mi sarei fatta riaccompagnare alla stazione da chiunque di loro. Ma solo alla stazione di Moorgate, non di più.

"Allora?" mi chiede Christy.

"Il sistema mi piace," rispondo io. "E sembrano tutti abbastanza innocui."

"C'è una cosa che potrebbe sorprenderti."

"Quale?"

"Ti ho già detto che l'equilibrio fra uomini e donne si è così sbilanciato da diventare un vero e proprio problema per alcune agenzie matrimoniali? Non riescono a trovare uomini. Alcune stanno riducendo il livello dei controlli e offrono persino un'iscrizione gratuita agli uomini, se accettano di uscire con un certo numero di donne. È vero, te lo garantisco. C'è un'agenzia a cui sono iscritta, e non pago poco, che mi ha fatto uscire con un uomo che mi ha detto di essersi iscritto gratuitamente mentre io avevo pagato una fortuna. E non mi avrebbe infastidita nemmeno poi tanto se poco dopo, parlando di religione, non avessi scoperto che faceva riti satanici. Parlava di Belzebù con un grado di affetto secondo me inappropriato."

Mi metto a ridere, ma non credo ce ne sia motivo.

"L'hai detto all'agenzia?"

"No. Pensi che dovrei?"

"Non posso credere che siano così a corto di uomini da accettare uno che fa riti satanici. Insomma, le pari opportunità sono una cosa, ma presentare una donna single a uomini impegnati nello studio e nelle pratiche sataniche è un'altra, no?"

"Penso di sì."

Poi hanno annunciato il laboratorio che insegnava a fare conquiste. A quel punto sono così di buon umore da essere in grado di provare qualunque cosa. Prendo posto in fondo a una fila e ascolto le istruzioni attenta e divertita.

"La bella notizia, ragazze mie, è che dipende tutto da voi. Cari uomini, loro mandano segnali, tocca a voi riconoscerli e accorgervi di essere i destinatari di quei segnali. Ogni donna ha un semaforo in testa e può essere rosso, arancione o verde. Il verde si riconosce così... signore, ecco cosa dovete fare. Vi metterete a flirtare con l'uomo seduto di fronte a voi." Io guardo avanti e vedo quello delle telecomunicazioni di prima. Mah.

"Ecco cosa dovete fare," continua il tizio, sorridente ed energico, "guardate l'uomo negli occhi e inviategli questo pensiero, mandategli con gli occhi questo messaggio: 'Sei uno sballo'. Mandatelo chiaramente e poi distogliete lo sguardo. È importante che distogliate lo sguardo dopo aver mantenuto il contatto visivo, altrimenti lui si sentirà minacciato. Soprattutto gli uomini di Londra, che sono timidissimi.

"Signori, il segnale è questo. Significa che le piacete. Per questo motivo si chiamano 'occhi dolci', perché se notate degli occhi zuccherini che vi si appiccicano addosso, quello è un segnale. Il problema è che, come sanno bene tutte le donne, gli uomini spesso non colgono questi segnali perché non guardano gli occhi. Signori, imparate a guardare gli occhi delle donne. E non altrove. Funziona anche da un lato all'altro di un bar affollato. Proviamo."

Rumoreggiamento generale.

"Signore, guardate altrove, e quando io dico 'occhi dolci' guardate davanti a voi e mandate il segnale."

Non è facile. Non ho mai mandato prima segnali tipo "vieni, sono tua" a un uomo che non mi interessa affatto. Ma sono qui per fare l'esercizio e penso che, meglio lo farò, più lui imparerà. Quindi al via guardo di fronte a me e fisso il mio dirimpettaio come se fosse un misto fra George Clooney, Pierce Brosnan, Robert Redford, Mel Gibson, Robert De Niro, Al Pacino e Harry tutti insieme. "Sei PROPRIO uno sballo," gli trasmetto, fissandolo intensamente, aggiungendo anche un mezzo sorriso. Poi distolgo lo sguardo e mi concentro altrettanto intensamente sulla ragazza vicino a me. Guardo un po' gli altri uomini, ma senza ritornare a lui con lo sguardo, nemmeno per un secondo.

"Com'è andata?" chiede il tizio agli uomini. Loro si lamentano dell'eccessiva rapidità. "Una donna non vi guarderebbe mai per un tempo più lungo di questo," continua lui. "Avrebbe paura di sembrare una psicopatica, o una davvero disperata."

Sento il tizio delle telecomunicazioni che mi osserva per capire se ho intenzione di guardarlo ancora al di fuori del momento dell'esercizio. Naturalmente no. Ma se devo recitare con lui, sarà meglio impegnarsi. Dopo tutto è solo un esercizio.

"Riproviamo," dice l'istruttore. Tengo gli occhi fissi sulla ragazza accanto a me. "Occhi dolci." Sbatto le ciglia e mando il segnale "Sei TROPPO sexy" meglio che posso. Forse mi soffermo un secondo di più. Poi distolgo lo sguardo. Mi metto a chiacchierare con la mia vicina. "Come andiamo?"

"Il mio non sa nemmeno che donna deve guardare." Pazzesco.

"Adesso prego i signori di spostarsi, così vedrete come un'altra donna lo fa diversamente." Gli uomini si alzano e si spostano. Quello che doveva guardare la mia vicina ha l'aria disorientata. Io gli faccio un gesto finché mi vede e si dirige verso di me. Almeno adesso sa dove guardare.

"Ancora una volta: 'occhi dolci'."

Lo guardo. "SEI..." faccio del mio meglio, "uguale a Johnny Depp." Ho giusto il tempo di notare un'aria perplessa sulla faccia del tizio senza capelli e con la pancetta di fronte a me, prima di guardare altrove e ricominciare a parlare con la mia vicina.

"Non guardarli oltre il tempo stabilito," le dico, "altrimenti li confonderai ancora di più."

Penso che per alcune sia stato più difficile che per me. Dieci anni da attrice professionista dovevano pur tornare utili prima o poi. Ricordo una volta di aver fatto un provino come Jane Eyre alla scuola di teatro. Solo che il mio Rochester era un ragazzo che odiavo con tutta l'anima. E il sentimento era reciproco. Lui recitava nelle scene d'amore con un'eccessiva quantità di movimento di braccia; saltava su e giù per il palco, incapace di stare un attimo fermo nello stesso posto, e mi avrà concesso un contatto visivo anche inferiore a quello che io avevo appena offerto al tizio di fronte a me. Lo detestavo. Era più facile mandare segnali di "adorazione" al mio dirimpettaio.

"Signori, spostatevi un'altra volta," dice l'istruttore. "Vedete come i segnali sono diversi, cambiando donna? Eppure si tratta sempre di occhi dolci."

Mi avventuro in una domanda. "Sono certa di aver sentito da qualche parte che, se si guarda un uomo e si mantiene il contatto visivo, lui verrà direttamente verso di te. O magari era un'indicazione per un uomo? O forse era in un film?"

"Una cosa del genere può funzionare in America o in Australia, ma a Londra gli uomini scapperebbero di corsa se capitasse a loro. Sono troppo intimoriti. Fare in modo che un uomo vada da una donna dopo averne ricevuti i segnali, per quanto sia una sfida, è giustappunto il mio lavoro."

"Ma se un uomo ha troppa paura di avvicinarsi a una donna che sta flirtando con lui, come farà a uscire con qualcuno?"

Le donne si mettono a ridere. Poi ridono gli uomini.

"Per fortuna, non è la mia materia... Questo è un laboratorio per imparare a flirtare. Bene. Facciamolo ancora un paio di volte."

E così via. È molto interessante ritrovarsi con tutte queste informazioni. Certe cose le sapevo già, ma non nello specifico come le insegnava lui.

"Dunque, signore, se lo fate e lui non vi si avvicina, potete rifarlo una seconda volta per la stessa durata. Se ancora non capisce, allora mandategli una rapida occhiata del tipo 'Sei scemo o cosa?'. Se ancora non viene, o è tremendamente timido o è bell'e stecchito e si muove grazie a fili invisibili come una marionetta."

"Possiamo avvicinarci noi, se lui non si decide?" chiede una ragazza.

"Certo." Perché dovreste volerlo, però?

"E se lui non ci parla?"

"Aiutatelo chiedendogli qualcosa che lo sblocchi."

Per esempio? "Cosa significa 'GattoMorto' sul tuo cartellino?"?!

La seduta termina e mi si avvicina subito un uomo il cui cartellino dice Alto, Bruno e Irresistibile, il che è molto interessante, visto che non lo è. Nemmeno una delle tre cose. "Sei stata bravissima durante l'esercizio," mi dice, e noto un problema di alito cattivo. Povera me. Spero che se dovessi mai avere l'alito cattivo, qualcuno me lo facesse notare subito. "Grazie," rispondo, resistendo alla tentazione di aggiungere: "Sono un'attrice". Invece sorrido: "È stato interessante, no?". Lui mi offre un bicchiere di vino e io rimango a chiacchierare un po' con lui e con molte altre donne e qualche uomo per il resto della serata.

Ecco la mia prima esperienza di evento per single e di incontri lampo in un colpo solo. È stata una bella serata e penso che la consiglierei agli uomini come modo per conoscere una donna. Non tutte le donne presenti erano donne con le quali avrei voluto cenare se fossi stata un uomo, ma direi che almeno un terzo di loro sembravano allegre e interessanti. La serata non era stata niente male, l'organizzazione simpatica, le attività divertenti. A Christy no, ma a me la serata non è dispiaciuta affatto.

Eppure mi sentivo orrenda, artificiale. È quella sensazione di consapevolezza che ti coglie sul palcoscenico quando sai che stai recitando male, oppure quando hai una macchia sul vestito e pensi che tutti la stiano guardando. Il fatto che gli uomini sapessero che "tutte le donne erano disponibili" rendeva la cosa vagamente umiliante e il fatto che tutti avessero nomi falsi era, secondo me, preoccupante. In definitiva, non consiglierei serate del genere a nessuna donna che conosco. E di certo non c'era nessun uomo sul quale avrei "appiccicato" i miei occhi dolci nella speranza che potesse sostituire il cane, il gatto, il romanzo e la borsa dell'acqua calda.

4.

IL TIPO SBAGLIATO DI LAMENTELE

I limiti di preconcetti, statistiche e agenzie matrimoniali

Non intendo partecipare a weekend o a vacanze per single. Se l'uomo che il destino ha in serbo per me va a un weekend per single, allora gli astri dovranno mettersi l'anima in pace perché io finirò per morire vecchia e sola. Anche se non sono affatto convinta di poter morire in solitudine perché ho così tante amiche nella stessa situazione che, se non troveremo mai l'uomo con cui vorremmo cenare, quanto meno potremmo trasferirci tutte insieme in una grande casa che diventerebbe il quartier generale di un gruppo di vecchie pazze. Ci vestiremmo tutte di viola. E avremmo una marea di gatti. Coltivare cannabis in giardino sarebbe un imperativo categorico. I vicini direbbero: "Cosa combineranno mai lì dentro?". Così saremmo certe di essere oggetto di numerose conversazioni. E di notte potremmo correre nude in giardino... e fingere di essere streghe e fare enormi falò e strani rumori per spaventare i bambini del posto. E daremmo regolarmente dei party, con fiumi di champagne, per celebrare che nessuna di noi sia sposata con un uomo che sta in pantofole, guarda troppo cricket alla tv e apre bocca una volta ogni tanto.

Ricordatemelo, perché volevo ancora un uomo? Ah, sì, adesso mi ricordo: perché, soffrendo di eterno ottimismo, sto ancora sperando di trovarne uno che non guardi il cricket, ed ecco perché non andrò a nessun weekend per single. Il pensiero mi assilla e so che è sbagliato giudicare prima del tempo – peraltro, sono certa che esistano weekend e vacanze per single divertentissimi –, ma, solo per questa volta, posso permettermi di starne fuori? Ho intenzione di perdermeli, ok? Avrei paura che lo stesso uomo che esce una volta al mese solo per la serata per single facesse anche la sua unica vacanza annuale partecipando a una per single. Vi prego di inviare le vostre lettere di protesta all'editore per il mio ritratto stereotipato, datato e poco accurato delle vacanze per single, insieme al racconto di come avete conosciuto il vostro Amore, la vostra anima gemella, a un weekend per single. Adesso che ho deciso di non andarci, è ovvio che lui sarà là. Ma correrò il rischio.

Voglio fare questa cosa divertendomi. Di conseguenza, dovrò provare con qualcosa di diverso. Impresa che si sta rivelando ben più ardua di quanto mi aspettassi. Il problema è che le voci girano. Ogni donna di un'età compresa fra i venti e gli ottant'anni con cui parlo ci tiene a farmi presente che la mia missione è destinata all'insuccesso, che là fuori non ci sono uomini single con cui valga la pena uscire, che il fatto che io non conosca nessun uomo interessante non è per niente insolito.

La mia amica Sally è convinta che la mia partita sia persa in partenza. Dice che di uomini interessanti non ne esistono. Cosa più preoccupante, ne ha le prove...

"Isabel, prova questo test."

"Cioè?"

"Fai a un uomo qualunque questa domanda: 'Conosci un uomo single fra i venticinque e i, diciamo, cinquantacinque anni con cui, se fossi una donna single, vorresti uscire?'. Scoprirai che già con la prima parte della domanda avranno qualche difficoltà, ma poi quando arrivi alla seconda precipiteranno proprio nella disperazione. La maggioranza dirà: 'Conosco un uomo single', e poi, quando gli chiedi se vorrebbero uscire con lui, li vedrai esitare e dire qualcosa come: 'Be', non proprio, è una persona carina ma ha quarantacinque anni e vive con la madre. Che non sarebbe grave se avesse ritraslocato lì da poco... il punto è che non se n'è mai andato'. O qualcosa del genere... prova."

Così ho inviato la domanda per e-mail a un gruppo di dieci amiche e dieci amici sposati.

"No."

"No."

"No."

"Non mi viene in mente nessuno con cui vorrei uscire. Ne conosco uno, ma avrà cinquantasette anni. Però conosco tante donne interessanti."

"No."

"Isabel, la cruda verità è che non conosco nessun uomo affascinante e lontanamente appetibile – neppure al di fuori di quella fascia d'età –, e nella mia esperienza quasi tutti gli uomini single sono single per ottimi motivi..."

"Ne conosco uno. Non è il tipo per cui farei follie, ma è sensibile e ha un lavoro, e sono certa che per molte potrebbe essere un buon partner. Può contare, anche se io personalmente non sarei interessata a lui? E in ogni caso è l'unico che conosco."

"Cara Isabel, questa è una domanda a cui posso rispondere senza nemmeno fermarmi un secondo a prendere fiato: no."

"Adesso sono di nuovo una donna single e non conosco uomini che prenderei in considerazione per uscirci, nemmeno fuori dalla fascia trentacinque-cinquantacinque anni, che sarebbe quella adatta a me."

"No." Questa è la risposta di un uomo sposato. "La maggior parte degli uomini che conosco non hanno alcuna speranza di piacere a una donna."

Povera me.

"Ne conosco uno... ma in realtà non vorrei uscirci neppure io. Di certo non è adatto a uscire con nessuno che abbia una convinzione politica sia pure vagamente di sinistra."

Questo era interessante.

"Conoscevo un uomo disponibile. Molto bello. Dopo la fine di una relazione, si è iscritto a un'agenzia matrimoniale e adesso vive insieme a una donna molto più giovane di lui, che ha conosciuto tramite l'agenzia... Nel giro di un mese scarso."

Incredibile.

Un amico di cinquantatré anni ha risposto così: "Non ne conosco. Nemmeno uno degli uomini single di mia conoscenza è in grado di gestire una relazione. Per riuscirci servono esperienza, maturità e saggezza. Soprattutto, poi, non hanno senso dell'umorismo. Alle donne piacciono gli uomini capaci di farle ridere, ma il loro è un tipo di umorismo molto più sofisticato di quello maschile. La maggioranza degli uomini che conosco hanno un senso dell'umorismo elementare se non, oserei dire, stupido. Quindi, se fossi una donna non vorrei uscire con nessuno di quelli che conosco".

Quest'ultima affermazione può risultare forse un tantino drastica e si tratta, come vedete, di un mio amico che preferisce la compagnia femminile... Comunque, dal punto di vista di una donna l'ho considerata una risposta degna di attenzione. Anche se non esattamente incoraggiante.

Inoltre, c'è una complicazione: "Dipende da cosa intendi per 'single'. Io ho un amico di quarantasei anni che si è separato l'anno scorso, ma attualmente se la fa con una ballerina russa di ventiquattro. Be', per essere precisi, con *due* ballerine russe. La scorsa settimana lei gli ha chiesto se gli sarebbe piaciuto provare un ménage à trois con un'amica".

Io ho risposto:

"Potrà mai questo tizio abbandonare i suoi bagordi sessuali a favore di una relazione matura con una donna della sua età? Non credo proprio".

"No. Nemmeno io lo penso. A essere onesto, molti tra i miei conoscenti hanno alle spalle storie simili. Purtroppo è una faccenda molto comune, e con il flusso di immigrati in cerca di passaporto la quantità di relazioni di questo tipo non potrà che aumentare. Penso ci si trovi di fronte al declino dell'importanza della famiglia. Gli uomini non vogliono una moglie affettuosa e monogama (così pare) se possono averne tre giovani e scattanti. Il consumismo si è imposto sulla relazione stessa. Perché faticare per la qualità, quando il prezzo dell'amore è così basso?"

Io continuo a essere convinta che esistano uomini di quarantasei anni disponibili almeno a uscire con donne sulla quarantina. Ho sentito che Shere Hite – che ne ha circa sessanta – esce con un uomo vent'anni più giovane: che sia il caso di guardare l'altra faccia della medaglia? Una donna mi ha detto: "Isabel, dato che è notorio che gli uomini raramente diventano più saggi con l'età, perché non uscire con loro quando sono più giovani?".

Sempre più interessante. State a sentire.

"Isabel, questa non è una risposta alla tua domanda. La mia risposta è no, mi spiace... Non conosco nessun single che inviterei a casa mia a cena. Ma ho pensato che questa storia ti sarebbe piaciuta. Voglio raccontarti di mio padre, settant'anni. L'anno scorso mia madre era stata ricoverata in un ospedale specialistico di un'altra città, così quando è morta mio padre ha dovuto prendere l'aereo. Quando è tornato, all'aeroporto c'era una donna, anche lei sui settanta. Si era portata dietro la figlia, forse per non sembrare troppo sfacciata. Era stata una cara amica di mia madre. Insomma, da allora sono sempre stati insieme e tre mesi dopo si sono sposati. Una volta superato lo choc, mi ha fatto quasi ridere. La signora non ha perso tempo, vero?"

Non era questo il tipo di informazioni che stavo cercando. Ci doveva pur essere qualcuno che conoscesse un uomo la cui moglie non fosse necessariamente morta nelle ultime ventiquattr'ore.

Poi, finalmente, un segno di speranza.

Questa risposta viene da un amico sposato. "Uno lo conosco. Ha quarantatré anni. È divorziato. La moglie l'ha mandato via di casa l'anno scorso. Ha due figli, affidati alla ex moglie."

"Non è che va a letto con una o più ventiquattrenni?"

"Non che io sappia."

Ora sarete orgogliosissimi di me. Non ho chiesto: "Perché pensi che la moglie l'abbia mandato via di casa?". Mi sono attenuta alla mia domanda e ho continuato: "E pensi sia a posto... Insomma, se fossi una donna prenderesti in considerazione l'idea di uscirci?".

"Sì, lo farei. Eravamo compagni di scuola ed è il padrino dei miei figli, quindi penso sia fantastico."

Perfetto. Nel giro di una ventina di e-mail si può fare. Non gli ho chiesto come si chiama... non era questo lo scopo del test. Volevo solo sapere se ne esisteva almeno uno.

Chiunque egli sia, sarebbe di certo divertito se leggesse questa storia. Eppure, uno solo non è un gran risultato. Così ho chiesto a un'amica che mi doveva un favore di venire con me in biblioteca a cercare delle statistiche vere. Quanti uomini disponibili ci sono nel Regno Unito?

A parte il divorziato di cui sopra, penso siate ancora convinti che non ce ne siano, vero? Lo sapevo, e perciò ecco le prove. Le statistiche non dimostrano molto, ma almeno possono aiutarci a ridimensionare un po' quelle convinzioni. Pronti, via, allora.

Trascino la mia amica Jenny in biblioteca per consultare le statistiche nazionali e metterci al computer a studiare le cifre. I dati dell'ultimo anno dimostravano che solo in Inghilterra e in Galles c'erano più di 12,5 milioni di uomini single.

"Certo, Isabel, ma la metà ha meno di diciannove anni," dice Jenny, sbirciando da dietro la mia spalla.

"Senti, vediamo di essere positive," dico io. "Sto cercando di essere di incoraggiamento."

"Okay, ma attieniti ai fatti."

Studiamo le cifre.

"Guarda qui... Divorzio: gli uomini divorziati che si sono risposati quest'anno sono 83.554..."

Sorrido.

"Jenny, secondo te tutti questi uomini uscivano con le loro attuali mogli mentre erano ancora sposati con le prime?"

"Chissà. Le donne divorziate e risposate sono 81.770." Quindi quasi pari. Mi sono chiesta se quei divorziati si fossero risposati fra di loro. Cos'è successo alle altre duemila donne? Ho continuato a leggere...

"Cause avviate da donne: 114.665. Da uomini: 51.691. Significa che il divorzio è voluto dalla donna il doppio delle volte?"

"Sembrerebbe di sì. Oppure che gli uomini sono più pigri? Ogni anno dal 1981 alle donne sono stati concessi il doppio dei divorzi rispetto agli uomini. Guarda qui." Jenny passa in rassegna le cifre... motivi del divorzio... "68.859 casi di 'cattivo comportamento'."

"Mi piace. Probabilmente non avranno portato fuori la spazzatura, no? Sbatteteli fuori, ragazze."

"57.476: separazione per due anni."

"Significa che non volevano prendersi la briga di discuterne."

"286: combinazione di più di un pretesto."

"Questo invece vuol dire che erano determinati a discuterne. Secondo me gli avvocati adorano questo tipo di cause."

"654: diserzione."

"Probabilmente, significa che sono semplicemente usciti di casa senza lasciare un recapito."

"16.831: separazione per cinque anni."

"Evidentemente, a questi non interessa se sono ancora sposati o no. Un ammasso di Dick."

"Cosa?"

"Niente, niente."

"E infine, 32.084: adulterio."

Pare che non siamo bravissimi nelle relazioni, non trovate?

"Ma dove sono i dati sugli uomini single?"

"Ecco. Uomini nell'anno in corso. Single, divorziati e vedovi: 4.899.000. Donne: 3.893.000. Eccoli qua. Un milione di uomini in più. Circa."

"Ed è il gruppo dell'età giusta?"

"Dai venticinque ai cinquantacinque."

"Ci sono un milione di uomini spaiati?"

"No."

Jenny si era seduta a un computer per fare una ricerca intelligente. "Il 'Times' del 4 febbraio cita alcuni dati che mostrano 39.261 coppie dello stesso sesso. Ciò significa che lo 0,318 per cento delle coppie totali sono omosessuali. Ma queste sono solo le coppie gay che convivono."

"Ehi, aspetta un momento... Forse mi ricordo le statistiche sui gay. La National Survey of Sexual Attitudes and Lifestyle afferma che ce ne sia all'incirca uno su dieci."

"Davvero? E che definizione danno di 'omosessuale'?"

Ho controllato. "Nella ricerca definiscono omosessuale qualcuno che abbia avuto relazioni omosessuali per tre anni o più. Ho anche chiesto ad alcuni amici gay, che mi hanno confermato la percentuale del 10 per cento come veritiera, benché forse sia anche più alta per via dei molti che non lo ammettono."*

"Allora dobbiamo toglierne ancora un centinaio dal totale."

Aiuto.

"Poi ci sono gli uomini in carcere... di certo più delle donne, no?"

"Le statistiche nazionali dicono che quest'anno ci sono stati 69.600 carcerati e 4400 carcerate."

Un momento... il carcere? Ecco un posto in più. Perché non suggerire a un'agenzia per single una campagna pubblicitaria? "Sei di natura incline al perdono? Non ti importa se l'uomo della tua vita non ha tenuto una condotta sempre impeccabile? Sei felice di lasciarti il passato alle spalle? L'agenzia cerca donne affidabili desiderose di incontrare migliaia di uomini single. Non cercate troppo lontano: cominciate a visitare il carcere per un motivo diverso." Così la parola "non disponibile" acquista un significato nuovo. O no?

Torniamo alle statistiche. "Allora, Jenny, riusciamo a farci un'idea anche vaga? Se abbiamo un milione di uomini single ai quali togliamo il 10 per cento di omosessuali e la popolazione maschile delle carceri – tenendo presente che non si tratta di una scienza esatta, visto che alcuni gay potrebbero essere anche carcerati –, e poi sottraiamo la cifra che pensi corrisponda agli uomini che convivono, quanti ne restano?"

"Abbiamo circa il 25 per cento su 900.000 che convivono. Cioè 225.000."

Jenny fa i conti a mente.

"Quindi???"

"Facciamo circa 70.000 in carcere, ne restano 605.000. Molto approssimativamente."

* Nonostante *The Kinsey Report* avesse affermato che nel 1948 fra il 30 e il 40 per cento degli uomini eterosessuali aveva avuto almeno un rapporto sessuale con un altro uomo. Quindi la cifra da allora era diminuita.

"Certo. Ma è pur sempre una cifra che mi piace: 605.000 è una cifra che mi piace molto."

"Ah, sì? Perché?"

"Perché è diversa da zero."

"Questo è vero. Matematicamente parlando è di gran lunga maggiore di zero."

So benissimo che la ricerca non è stata esattamente di natura accademica. Non corrispondeva con precisione agli standard di un dottorato. Ma cos'altro ci serve sapere?

Ci sono centinaia di migliaia di uomini single là fuori! Perché allora, se ce ne sono tanti, per le donne è così difficile trovarli? Ho pensato di andare a chiederlo a un professionista, così ho cercato Mary Balfour. Mary gestisce l'agenzia matrimoniale più famosa di Londra, la Drawing Down the Moon, dal 1986 e da allora ha visto letteralmente migliaia di donne single e notevolmente meno uomini varcare la soglia del suo ufficio... Eppure, è riuscita ad abbinarne una quantità incredibile. Ho pensato di andare a fare quattro chiacchiere con lei e vedere se tutti quegli anni di esperienza fossero in grado di fare un po' di luce su questa faccenda, sul più grande dei misteri moderni.

Per fortuna la rete di mezzi pubblici di Londra ha fatto in modo che l'autobus 49 arrivasse direttamente dalla porta di casa mia su Battersea Park Road a quella dell'agenzia nella super trendy High Street Kensington. Gli uffici di Drawing Down the Moon sono all'ultimo piano... Tanto per accertarsi che i fumatori incalliti si siano dileguati prima dell'ultima rampa di scale. Io non fumo, eppure gli otto piani mi hanno lievemente provata. "Riusciamo sempre a individuare i fumatori appena apriamo la porta," mi dice Mary sorridendo.

Mary Balfour è rossa di capelli, ha il corpo e il viso morbidi, tondi e rassicuranti. Mi sembra sulla cinquantina e ha un'aria gentile e priva di pregiudizi. Sembrava del tutto naturale, senza alcun ricorso a ritocchini, Botox e quant'altro sia disponibile sul mercato per far dimostrare trentacinque anni a una donna di cinquantacinque. Aveva l'aria felice ed era evidente che il suo lavoro le piace. Mi ha fatta entrare in una stanza decorata con gusto e subito è arrivata una collega a portarci caffè e biscotti. Poi Mary mi ha chiesto qualcosa di me e ho notato che mi ascoltava con attenzione. Questa capacità di ascoltare è diventata così rara che, quando mi capita di sperimentarla, mi affascina sempre. Naturalmente mi trattava in modo molto professionale, con un uso magistrale di linguaggio del corpo, tono, timbro della voce e tutto il resto. Solo che io non ero lì per iscrivermi all'agenzia. Ero lì per attingere alle sue conoscenze e alla sua esperienza.

"Allora, Mary... Dove sono gli uomini?"

Gira voce che le agenzie matrimoniali siano in crisi perché le donne sono in esubero rispetto agli uomini con un rapporto di otto a due. Ma non avevo i mezzi per verificarlo e non volevo nemmeno chiederlo a Mary, perché questo era il suo lavoro e, anche se le voci fossero state vere, non mi sarei certo aspettata che lo ammettesse. Ma potevo chiederle delle tendenze generali.

"Come mai ci sono così tante donne che non riescono a trovare un uomo?"

"Il primo fattore da considerare è l'età." Ho tirato fuori la penna e ho cominciato a prendere appunti come una furia. "Gli uomini vogliono uscire con donne più giovani e le loro fantasie riguardano età sempre più basse. Una percentuale considerevole cerca donne almeno dieci anni più giovani. Dobbiamo impegnarci per neutralizzare questa tendenza."

Stavo pensando: "Dieci anni?". Non è così che diceva Christy alla serata per single, e nemmeno quel mio amico che conosce un uomo che se la spassa con due ballerine. Loro erano più orientati sui vent'anni in meno. Mary ci andava più piano.

"In secondo luogo, gli uomini non sono così attenti alle relazioni impegnate come le donne e sono poco inclini ad ammettere il bisogno di una dipendenza emotiva. Naturalmente sono interessati ad averne una, ma non cedono. In più, gli uomini non hanno fretta, mentre le donne sì. Vedere la quantità di donne che vengono qui e si iscrivono a trentanove anni e tre quarti è buffo. Il ticchettio dell'orologio biologico è ormai agli sgoccioli, cosa che rende gli uomini comprensibilmente nervosi."

"Ma anche gli uomini hanno un orologio biologico, no?"

"Certo. Ma il loro non comincia a farsi sentire almeno fino a quarantasette anni. E a quel punto si cercano una donna di trentacinque, che è ancora buona. Di conseguenza, può essere difficile convincere un uomo di quarantatré anni a conoscere una donna di trentanove, anche se secondo noi sarebbe perfetta per lui. Ha paura... e non gli si può dare torto. La maggior parte degli uomini che vengono qui hanno un amico che è stato fregato. Lei gli aveva detto che prendeva la pillola e quindi potevano fare sesso non protetto, ma un bel momento si scopre che è rimasta incinta e così lui si ritrova ad avere con lei una relazione per la vita, che lo voglia o no. Perciò gli uomini hanno molta paura. Quasi tutti conoscono qualcuno a cui è successa una cosa del genere."

"Ma continuo a non capire come questa storia dell'età possa far sì che là fuori non ci siano uomini."

"Tutto parte da qui. Le donne sulla cinquantina, che spesso sono ancora belle e all'apice della carriera, non sono interessate a uomini ultrasessantenni. A meno che non siano ricchi, famosi o carismatici."

"È interessante questo desiderio di uomini carismatici. Non vogliono solo che siano ricchi."

"No. In realtà molte delle donne che vengono qui hanno il proprio denaro. Non hanno bisogno di uomini ricchi, vogliono solo che abbiano un po' di soldi per sé in modo che, per esempio, se lei desidera andare in vacanza non debba ritrovarsi costretta a pagare anche per lui."

Di certo, per iscriversi all'agenzia devono essere piuttosto ben messe. La gamma di servizi offerti da Drawing Down the Moon parte da novecentocinquanta fino a un massimo di ottomila sterline all'anno per i servizi completi e personalizzati. Il prezzo offre a tutti una sorta di protezione... Chiunque dovrebbe essere finanziariamente autosufficiente per permettersi l'iscrizione, quindi questo tutela i membri dal pericolo che qualcuno si iscriva solo per andare a caccia di denaro altrui.

"Poi c'è il fattore omosessualità. Indipendentemente da quello che dice la gente, la nostra esperienza personale è che esistono più uomini che donne omosessuali. Una volta abbiamo tentato di aprire una sezione per gay e un anno dopo aveva duecentocinquanta uomini e diciotto donne omosessuali. Alla fine ho restituito alle donne il denaro perché non riuscivamo a trovare nessun partner per loro. O forse le donne sono solo più brave a trovarseli da sole. Non so."

"Quindi gli uomini iscritti eterosessuali sono meno delle donne?"

"Sì. Non possiamo nasconderlo. Per noi è più difficile trovare uomini che donne. Adesso mandiamo in giro dei cacciatori di teste, o meglio, di cuori. Sguinzagliamo il nostro staff femminile in cerca di uomini agli eventi sociali, culturali, professionali, alle mostre e alle serate per single. Andiamo a caccia di cuori e siamo felici di farlo. Siamo sempre in cerca. Ieri sera ero a una festa e c'era un uomo solo con un libro, ho usato il libro come scusa per avviare una conversazione con lui. Un uomo solo con un libro è molto probabilmente un single. Io lo faccio di continuo. E li porto qui. Mio marito mi trova imbarazzante."

"Però non manderesti mai i cacciatori di cuori al pub del quartiere, giusto?"

"No. Le donne che vengono qui cercano uomini intelligenti e disposti a impegnarsi. E di questi ce ne sono pochi. Di uomini interessanti. Lo sanno tutte." Lei sorride.

Immagino che una verifica professionale sia rassicurante.

"Ho trovato una definizione di 'uomo interessante'. E anche qualche uomo che me l'ha approvata." Gliela dico: "Un uomo interessante è un uomo con cui, quando lo conosci, senti che ti piacerebbe uscire a cena e con cui, dopo averlo fatto, saresti felice di uscire di nuovo. Come ti sembra?".

"Bella, ma devi tenere a mente che molti uomini al primo appuntamento sono orrendi. Sono nervosi, e di solito non fanno che parlare di sé. Le donne devono sentirsi un po' responsabili per questo, perché siamo state cresciute per essere buone ascoltatrici, quindi ci sediamo lì sorridenti e gli diamo tutti i segnali che gli fanno capire quanto è affascinante sentirlo parlare, mentre in realtà il nostro pensiero è: 'Quand'è che la finisce?'. Dobbiamo imparare a interromperlo dicendo: 'Allora adesso vuoi sapere tu qualcosa di me?' o qualcosa del genere."

"Ma così non si tenta di cambiare un uomo? Fin dal primo appuntamento? Senza lasciarlo comportarsi com'è in realtà? E prendendoci noi tutte le responsabilità? Non sembra un inizio interessante."

"No. Si tratta solo di prendersi la responsabilità che viene dalla propria esperienza senza lasciare che lui si butti giù. La prima volta che sono uscita con mio marito, lui era reduce da un periodo difficile e parlava solo dei suoi figli. Ma se l'avessi giudicato da quel primo appuntamento, non starei per festeggiare vent'anni di vita felice insieme a lui."

Mi piace questa storia. D'altro canto, alla nostra prima (e ultima, a dire il vero) cena insieme Harry aveva parlato tantissimo e questo non mi aveva impedito di innamorarmi di lui, perché il contenuto delle sue chiacchiere era coinvolgente e pieno della sua passione per la vita e io sarei potuta rimanere una notte intera ad ascoltarlo. Completamente diverso da: "Adesso ti racconto tutto della mia società di telecomunicazioni" che avevo sperimentato alla serata per single.

"Così non si incoraggiano le donne ad adeguarsi a qualcosa di inferiore ai loro desideri?"

"No. Non penso. Donne e uomini possono essere sofisticati quanto vogliono, ma dopo il terzo o quarto appuntamento. Soprattutto le donne sono tremende nello scartare gli uomini all'istante, e più invecchiano, più diventano selettive. Le psicoterapeute sono le peggiori... arrivano con una lista di qualità. Sanno esattamente cosa cercano e non sono affatto flessibili. Poveretti gli uomini che non sono ritenuti conformi alle loro aspettative. Di solito, quelle donne si domandano 'Chissà se riuscirei a vedere questa faccia sul cuscino vicino al mio per il resto della vita?' prima ancora di essere uscite a cena con loro. Tirano tutte le conclusioni troppo in fretta."

"Ma i vostri clienti non vedono le informazioni dettagliate e i curriculum delle persone prima di uscirci insieme?"

"No. Non glielo lasciamo fare, altrimenti scarterebbero tutti. Il più delle volte facciamo noi gli abbinamenti e invitiamo le persone a uscire insieme almeno due o tre volte. Quando ci chiama qualcuno e dice: 'Questo è carino... Mi piacerebbe averlo come amico... ma non è l'uomo giusto per me', il significato vero dell'affermazione è che quello sarebbe l'uomo perfetto per lei, ma non corrisponde al suo ideale romantico e dunque non è disposta a dargli nessun'altra possibilità. Se gli concedesse due o tre appuntamenti, potrebbe anche decidere di voler continuare a vederlo."

"Cosa rispondete all'accusa secondo cui gli uomini interessanti non si iscrivono alle agenzie matrimoniali?"

"È così. Ma andiamo noi a caccia di tipi del genere."

Per me è tutto molto confuso. Avrei pensato che nei vari ambienti maschili si spargesse la voce che in queste agenzie ci sono più donne che uomini, e che quindi gli uomini avrebbero fatto la fila per venirci. A quanto pare non è così.

"Quindi avete sempre più donne che si iscrivono e meno uomini?"

"Ieri ho risposto a qualche chiamata di persone che volevano iscriversi. Sette donne e un uomo. Parlando con loro sono riuscita a offrire una collocazione all'uomo e una alle donne. Non accettiamo tutte le iscrizioni. Non possiamo prendere qualunque donna oltre i quarantacinque anni, perché sappiamo di non poterle aiutare. Invece possiamo prendere gli uomini fino ai cinquantadue."

Mi sono messa a ridere. "Quindi una donna di quarantacinque anni è fuori gioco, giusto?"

"Stiamo pensando di portare l'età massima a quarantasette, l'anno prossimo. In genere io incoraggio le donne meno giovani, fra i cinquanta e i sessanta, a provare con internet. E poi abbiamo un altro servizio, per 1350 sterline all'anno, con il quale troviamo alle donne almeno dodici appuntamenti interessanti per un pranzo o una cena. Per un uomo ne troveremmo molti di più."

Mi piace tutto questo. Chissà se gli scapoloni d'oro di Aberystwyth, per esempio, lo sanno? Che tutto quel che devono fare è iscriversi e scegliere una donna di Londra accuratamente selezionata che aspetta solo loro per uscire a pranzo?

"Quindi ci sono uomini che non riuscite ad aiutare?"

"Sì... i fumatori. Per i fumatori non troviamo nessun abbinamento. La maggior parte delle donne sa che un uomo di sessant'anni che fuma è incline ad avere problemi di erezione. Questione di circolazione, sai."

Meraviglioso: "maschio, sessantenne, denti ingialliti, puzza di fumo e difficoltà sessuali, cerca donna, venticinquenne, per amicizia e altro". Ecco la verità dietro gli annunci.

Ho guardato l'orologio. Mary mi stava generosamente regalando molto del suo tempo.

"Allora, prima di andare, Mary... Qual è la vostra dritta per le donne di tutto il Regno Unito e di tutto il mondo per conoscere gli uomini? Cosa devono fare?"

"Amicizia," ha detto. "Coltivare l'amicizia. Potresti finire per uscire con qualcuno che è amico di qualcun altro. Alla fine è una questione di numeri. Più uomini incontri, più uomini conosci, e se non funziona e non trovi un uomo con cui vorresti una relazione, almeno hai un sacco di nuovi amici."

"Mary, se io mi iscrivessi avresti un uomo per me?"

Lei sorride professionale. "Quanti anni hai?"

Mi metto a ridere. "Oddio! È una casellina quella che vedo apparire attorno a me?"

"Non posso abbinarti se non mi dici quanti anni hai."

Mentre uscivo, ho notato che lo staff era composto di sole donne.

"Come mai non ci sono uomini che lavorano qui?"

"Gli uomini non vogliono lavorare nelle agenzie matrimoniali."

"Perché no? Voi fate psicologia. E gli uomini diventano psicologi."

"Sì, ma a quanto pare non per fare abbinamenti. Cerco sempre personale maschile e femminile e capita che alcuni uomini vengano ai colloqui, ma di solito sono pochissimi e meno preparati delle donne. Quindi, dovendo scegliere fra un candidato maschio di scarsa qualità e una donna con grandi capacità, tu a chi daresti il lavoro?"

"Be', alla donna, immagino," ho detto io. Ma allo stesso tempo pensavo che avrei cambiato il tipo di pubblicità. Avrei cambiato lo slogan. L'avrei formulato in modo da rendere allettante il lavoro anche per gli uomini che, fra le altre cose, sarebbero magari riusciti a portare più clienti maschi: "Volete una donna che riesca a stimolare il vostro principale organo sessuale? (Il cervello, ovviamente.) Volete un ottimo servizio? Mettete alla prova gli esperti".

Non mi iscriverò all'agenzia matrimoniale. Non posso permettermela, e anche se potessi non mi attira l'idea di uscire con un uomo che qualcun altro ha deciso che mi sarebbe piaciuto. Non ho trentanove anni e tre quarti. Ho amiche che si sono iscritte e che mi hanno raccontato di aver incontrato soprattutto rispettabili uomini della City. Non riuscivo a farmi venire in mente nessun uomo con cui fossi mai uscita che l'agenzia avrebbe preso. Tutti troppo selvaggi e anticonformisti.

Invece, entrare negli ambienti in cui si trovano gli uomini sembrava più divertente. Questa dev'essere una parte della soluzione del problema. Comincerò a collezionare uomini single come amicizie senza complicazioni, come consiglia Mary. Devo andare dove ci sono gli uomini per imparare qualcosa su di loro. Andrò sul campo come una scienziata o un'etnografa e li studierò. Passerò del tempo con loro e prenderò appunti. Poi vi comunicherò fedelmente le mie annotazioni e osservazioni. Magari con questo studio del genere maschile riuscirò a capire un po' meglio gli uomini e a usare queste conoscenze per aiutarci a individuare i migliori.

PARTE SECONDA

Analisi di esemplari di sesso maschile nel loro habitat naturale

1.
“EHI, AMICO, TI VA UN TÈ?”

I lavori manuali

Un mondo esclusivamente maschile che trovo molto interessante è quello dei lavori manuali: edilizia, idraulica, carpenteria, cose del genere. Non fraintendetemi, non sto dicendo che li consideri sessualmente attraenti, anzi non c’è niente che mi faccia venire voglia di strapparmi i vestiti di dosso in uomini che, generalizzando alla grande, hanno tutti la pancetta, il sedere mezzo fuori dai pantaloni e leggono il “Daily Sport”. Sono attratta da loro in quanto uomini perché hanno delle abilità ben precise e lavorano sodo.

Potrà sembrarvi strano. So che in questo libro dovrò affrontare una certa parola, e un certo concetto, molto temuti. La parola, tanto per cominciare, è “classe”. È buffo, questo è il mio quarto libro: sia esplorando la vita delle suore del ventunesimo secolo, sia la spiritualità new age, sia i modi in cui ognuno di noi può lasciare il segno, la classe sociale era irrilevante. Chiunque può svegliarsi un mattino e decidere di farsi suora o monaco, oppure di essere più felice, o di fare qualcosa per cambiare il mondo. Lo sfondo sociale non fa differenza; si tratta solo di punti di partenza diversi, ognuno con le sue sfide specifiche. Ci sono molte situazioni in cui, anche nel Regno Unito, sono felice di poter dire che la classe non ha alcun peso.

Parlando di ambienti maschili, tuttavia, l’argomento “classe” non si può evitare. E chi svolge un lavoro manuale rimane, per definizione immagino, appartenente alla classe operaia. Sono rari i casi in cui uomini “di ceto medio” riescono a garantirsi determinate entrate, e questo non suscita mai, a quanto pare, molta ammirazione. Eppure, io la penso diversamente. Vengo dal cosiddetto "ceto medio" (non sono assurdi, questi gruppi?) e nella mia vita ho conosciuto molti attori, scrittori, poeti, artisti, scultori e persino accademici. La maggior parte degli uomini con cui sono uscita appartenevano all'ambiente artistico ed erano quasi tutti senza un soldo.

La cosa peggiore di essere un attore, soprattutto un attore disoccupato – e se fai l'attore lo sei per la maggior parte del tempo –, è che si ha una capacità di cui a nessuno interessa un fico secco. Alla fine di una giornata avrete risposto a qualche annuncio e fatto qualche telefonata nella speranza di trovare il prossimo lavoro. Dopo una giornata lavorativa molto spesso non ci sono risultati, a parte la preoccupazione di come pagare la prossima bolletta.

Ho un'amica che era sposata con un musicista. Lei non lavorava per accudire i tre figli piccoli, vivevano in estrema povertà e il marito se ne stava lì seduto a strimpellare sulla tastiera senza mai portare a casa un soldo. Questo succede molto più raramente nelle famiglie operaie perché – d'accordo, questa è un'altra generalizzazione – hanno meno paura della fatica e non esitano a sporcarsi le mani. Quell'uomo avrebbe potuto fare l'idraulico per quattro giorni alla settimana, mantenendo la famiglia al di sopra della soglia di povertà, e ne avrebbe avuti ancora tre per comporre musica.

Vogliamo parlare della tipica – e stupidissima – convinzione del ceto medio che un giorno di duro lavoro sia in qualche modo "al di sotto" della nostra portata? La cosa interessante poi è che, con un sacco di gente che si lamenta perché è disoccupata o ha uno stipendio troppo basso, il Regno Unito è a corto di almeno 25.000 idraulici, e un idraulico può guadagnare 40.000 sterline all'anno o più. Che ne dite?

Come mai certe categorie di uomini oggetto del nostro studio sono così restie a svolgere un lavoro manuale? Forse alcune di noi dovrebbero smettere di essere così snob e cominciare a prendere in considerazione anche questi uomini, che fanno qualcosa che va oltre il picchiare chiodi. Allora ho pensato di andare a dare un'occhiata per voi. Ecco il primo tentativo di scoprire cosa fanno gli uomini veri nel fine settimana, mentre noi siamo impegnate a meditare.

Due minuti su internet sono sufficienti per trovare un corso di un weekend, *Introduzione all'idraulica*. Ci avrei scommesso che non era un posto da donne. Ho chiamato James del PPL Plumbing

Training (*www.ppltraining.co.uk*) e lui mi ha confermato che in effetti al corso ci sarebbe stata solo un'altra donna.

"Dov'è la vostra sede, James?"

"A York."

"Ah. Ok. Mi servirà qualcosa di particolare? Ho già una tuta da lavoro."

"Allora solo un paio di stivali robusti."

"Perfetto, ho anche quelli. Basta così?"

"Sì. Ti invieremo noi tutti i dettagli. Devi presentarti sul posto alle dieci."

La cosa buffa di un corso di idraulica è che non si rimane seduti in cerchio dopo essersi presentati e dopo aver detto che cosa ha portato ognuno a partecipare al corso proprio in quel momento della vita. Nessuna traccia di materassini, candele o rituali introduttivi.

"Una tazza di tè? Un caffè?"

"Grazie."

Il capo, James, ha un sorriso affabile, anche se ha l'aria di voler essere altrove. C'è anche un altro istruttore, Kevin, con un sorriso ancora più grande e desideroso di rendersi utile.

"Normalmente sono un insegnante di storia. Insegno storia contemporanea, ma faccio anche un po' di idraulica. La verità è che, se smettessi di insegnare, facendo l'idraulico potrei dimezzare le ore di lavoro e raddoppiare lo stipendio. Per ora faccio entrambe le cose." Meglio ignorare un simile commento, a questo punto della giornata.

Cinque tipi dall'aria un po' arrogante vengono dalla GNER Electricians. I loro capi hanno deciso di farli partecipare a un corso di idraulica. Loro non sembrano affatto entusiasti. C'è un giovane dello Zimbabwe che sta cercando un nuovo lavoro. Un certo Rob sta ristrutturando casa sua e vuol capire cosa combinano gli idraulici. Poi c'è un giovane di nome Happy e l'unica ragazza oltre me, che è venuta al corso per non farsi più fregare dagli idraulici. Ma naturalmente so tutto questo solo perché faccio un sacco di domande. Non ci sono state presentazioni di alcun tipo. C'è anche un terzo istruttore, John, che è silenzioso e attento. Fa il muratore, ma da un po' di tempo si occupa anche di manutenzione degli immobili e così è finito a insegnare idraulica a tempo perso. Questi istruttori evidentemente hanno per le mani un business molto redditizio.

James si mette in moto e comincia l'introduzione. Come diventare un idraulico. "Adesso fate così. Fate un risucchio di disapprovazione con la bocca, scuotete la testa, assumete un'aria di irrimediabile disperazione e dite: 'Non sarà un lavoro facile. Mi spiace, ma ci vorranno almeno tre giorni. Non so se riusciremo ad avere tutti i pezzi. Sono molto costosi. Sono obsoleti. Non sarà certo una cosa economica, mi spiace tanto'."

Risucchi di disapprovazione a non finire. Spettacolare.

Tutti ci mettiamo a raccontare qualche storia dell'orrore sugli idraulici e poi siamo pronti per la "lezione" del mattino. Uso le virgolette perché non posso certo dire che fosse "accademica". A una velocità ovviamente inadeguata perché qualcuno potesse imparare qualcosa, James ci ha fatto una panoramica per entrare in argomento e per capire cosa comporta questo lavoro. È evidente che si tratta di qualcosa di più che unire due tubi; in teoria, un idraulico dovrebbe conoscere a menadito il drenaggio e il sistema delle acque, oltre a essere al corrente di tutti i sistemi di riscaldamento, e ad avere la capacità di identificare e risolvere qualunque problema abbia un impianto idraulico. Ma il punto è questo: a differenza degli elettricisti, che sono sottoposti a una regolamentazione e devono presentarsi con un biglietto da visita che ne attesti l'appartenenza alla categoria, l'idraulico può farlo chiunque.

Io potrei uscire dai miei due giorni di corso, mettere un'inserzione sulle Pagine gialle e presentarmi a casa vostra in tuta con in mano la cassetta degli attrezzi e un'aria da professionista, e voi non battereste ciglio.

L'introduzione è una miniera di informazioni che sono certa interesserebbero a molti diciassettenni a cui nessuno dice mai queste cose: "Chiunque può lasciare la scuola a sedici anni e a diciassette starà già guadagnando 12.000 sterline all'anno, a ventuno avrà la 'regolamentazione delle acque' – un permesso riconosciuto dalle società di impianti di riscaldamento – e sarà al volante di una Bmw".

Strano mondo. La maggioranza dei ventunenni di ceto medio possiedono solo debiti enormi negli studi e un diploma in qualcosa che per trovare lavoro non è di alcuna utilità. Non hanno nessuna capacità pratica per guadagnarsi qualcosa. Così finiscono per accettare lavori ai quali non sono interessati, solo per pagare l'affitto, passandosela molto peggio dei coetanei della classe operaia che fanno lavori manuali.

Ecco una notizia utile in caso conosciate qualcuno desideroso di arricchirsi: "Installando impianti a pannelli solari si fanno un mucchio di soldi".

Oppure: "C'è grande richiesta di idraulici donna perché sono considerate più affidabili e leali".

James passa alle questioni pratiche e si mette a parlare di giunti: "Noi non ci occupiamo di saldature, ma con i nuovi ritrovati non è un problema. Tutte le case nuove sono di plastica. Fra dieci anni non vedrete più nemmeno un tubo di rame o di materiali simili. Soltanto plastica". Adoro tutto ciò.

Poi eccoci in piedi pronti per cominciare. Io devo mettere insieme delle tubazioni con due gomiti da quindici millimetri a novanta gradi, due T uguali, un riduttore e una valvola d'arresto da ventidue millimetri usando raccordi e giunti di compressione. Uno spasso!

Come si fa a tagliare il rame senza conficcarsi il cutter in un piede? Come si fa a tenere fermo il giratubi con una mano e girare una chiave a forchetta con l'altra? Come si può fare in modo che i tubi siano inseriti bene e i raccordi stretti a dovere? Questa è roba da uomini. È strano, ma concentrandomi per un'ora su una cosa di questo tipo non mi passa per la mente un solo pensiero né una singola emozione. Essere uomo ha i suoi vantaggi... Nei laboratori femminili non è mai così. Poi sottopongono la mia opera alla pressione dell'acqua e, inevitabilmente, l'acqua esce dai giunti e tutti si fanno due risate. So di incarnare alla perfezione ciò che si aspettano da una donna.

Per pranzo un panino veloce e poi mi fanno vedere il lavoro del pomeriggio: collegare un lavandino. Lo osservo con orrore. Un cubicolo spoglio con un tubo a un'estremità e un'immagine sulla parete di come dovrebbe essere alla fine del pomeriggio. Collegato, appunto. Con tubi di rame e giunti compressi. Con tutte le finiture del caso. E i rubinetti.

"Non serve il cervello di un arcivescovo, la pazienza di un santo però sì," mi dice allegramente Kevin osservando le mie manovre attorno all'aggeggio.

"L'abbiamo scelto apposta per te," dice James. "È il più difficile."

Grazie mille, James. Il lavandino è dentro un mobile fissato al muro e, quindi, inaccessibile. Bisogna sdraiarsi per terra e scoprire come diavolo si faccia a far arrivare un giratubi fino ai rubinetti.

"Come dovrei riuscire a farci entrare questa roba?"

"Ah, ti serve una chiave speciale."

Che stupida a non averci pensato.

"Perché questo qui non ci entra?"

"Isabel, per collegare un rubinetto ti serve una cosa chiamata connettore di rubinetti."

"Servirebbe a spingere in dentro questa roba, giusto?"

"Con l'aiuto di un po' di lubrificante magari, mia cara." Certo, a quello avrei anche potuto arrivarci da sola.

Lavoro per due ore. È faticosissimo. Adesso so perché gli uomini che fanno questo lavoro aspettano con tanta ansia la pausa per il tè. Dopo mezz'ora ero già pronta per una pausa di venti minuti. Pur di non farmi vedere grondante di sudore, cerco di stare calma e di fare l'idraulico zen. Mi guardo attorno e i tizi dello GNER hanno tutti finito. Mentre io lottavo con la mia chiave regolabile, erano stati messi insieme un water e un lavabo, dai rubinetti di un altro lavandino adesso usciva acqua e la ragazza era riuscita a sistemare la sua vasca da bagno... Solo io e Happy eravamo ancora presissimi.

Poi mi viene in mente una cosa che ha del portentoso. Per questo lavoro mi pagano a ore: più tempo ci metto, più mi pagano. Il fatto che stia lavorando più lentamente di tutti, mi trasforma in quella che guadagnerà di più. Un lavoro straordinario. Immaginate la stessa cosa in qualsiasi altro ambito. Nell'insegnamento, per esempio: "Mi spiace, mi ci è voluto tutto il weekend per correggere un solo compito, c'erano così tanti errori che ho dovuto metterci tutta la mia attenzione". In odontoiatria: "Per un'estrazione? Direi grosso modo cinque ore, prendere o lasciare". O persino nel mio lavoro... "No, mi spiace... dite all'editore che ci ho messo una settimana per scrivere quella pagina, quindi me la pagherà in seguito separatamente." Troppo forte. Ma nell'idraulica funziona davvero così.

D'altra parte è un lavoro durissimo, quindi il desiderio di finire, prendere i soldi e andarsene è forte. Il testosterone che c'è in me sembra essersi risvegliato. Non voglio solo essere un idraulico... voglio essere anche un bravo idraulico e non voglio finire per ultima. Fortunatamente per me, Happy ha qualche problema con i gomiti, quindi non vengo sottoposta a un'umiliazione totale. Finché aprono l'acqua. Ancora una volta, cinque dei miei giunti perdono e uno spara acqua come nei cartoni animati.

"Ok, James... quello devo essermi dimenticata di stringerlo."

So benissimo cos'ho sbagliato. Al corso sono una novellina. E come idraulico sono ancora a livello amatoriale.

È tutto così diverso in questo mondo di uomini. Si avverte chiaramente un senso di noncuranza. Tutti loro sono qui per i soldi e nessuno finge che non sia così. Nessuno si ferma alla fine della giornata per prendere un tè insieme. Si defilano tutti e la mattina dopo alle dieci siamo di ritorno. Riesco a scambiare due chiacchiere veloci con l'altra donna, Alex.

"Il fatto è che mi stanno costruendo la casa," dice in modo piuttosto mascolino, "e mi ritrovo sola con tutti questi uomini. Non è che pretenda di fare chissà cosa, ma non voglio che mi freghino. Guarda ieri pomeriggio... ho installato una vasca da bagno e ci ho messo due ore e mezzo. Quindi nessun idraulico riuscirà mai a farsi pagare tre giorni interi per una vasca, giusto? Gli dirò così: 'Senti un po', io non sono un professionista, eppure ho installato una vasca da sola in un pomeriggio'. Pagherò il corso con quel che guadagno non facendomi fregare dagli idraulici."

La logica alla base di tutto ciò mi piace. A voi, no?

La seconda mattina ci raccontano qualcosa sui sistemi idraulici e su come scorre l'acqua in una casa. Forniture dirette e indirette. Sapete perché non si dovrebbe *mai* bere dal rubinetto del bagno? Ricordo di aver litigato per questo con il mio primo marito (in casa lo chiamiamo Uomo pantofola). Io insistevo nel dire che dal rubinetto del bagno non si dovrebbe bere, perché sono cresciuta con la convinzione che fosse "acqua diversa". Ma naturalmente non sapevo perché. Il mio ex, invece, diceva che ero fuori di testa e che l'acqua era la stessa.

Ebbene, adesso – vent'anni dopo – so perché io avevo più ragione di lui. Sentite qui. L'acqua è la stessa, ma quella della cucina viene direttamente dalle tubature della strada. L'acqua è (abbastanza) fresca e pulita. I coraggiosi possono anche berla. (Meglio non sapere come fanno a "depurarla"!) Ma l'acqua del rubinetto del bagno magari è rimasta tre giorni in un serbatoio, il più delle volte scoperto. Attenti ora. Quando finite di leggere, andate a controllare. In fondo al serbatoio è molto probabile che ci sia un piccione morto, resti di qualche creatura che vive o è vissuta nei dintorni... topi, pipistrelli, scoiattoli, uccelli di ogni tipo, mosche e così via. Tutto ciò si è trasformato probabilmente in un paio di centimetri di schifezza in fondo al serbatoio che noi chiamiamo educatamente "deposito". Con quell'acqua voi vi lavate i denti.

Insomma, la qualità dell'acqua di quel serbatoio non è la stessa di quella del rubinetto della cucina. Quindi, cicca-cicca-bu-u, Uomo pantofola! (Vi sembra che non abbia ancora superato il problema? Nooo! Cosa andate a pensare?) A ogni modo, date un'occhiata. Vedete se riuscite a trovare un idraulico coraggioso che vi liberi del vecchio serbatoio e ve ne installi uno nuovo. Dovreste continuare a evitare di berla, ma almeno potete farci il bagno tranquilli.

E allora eccomi qui, seduta ad aspettare il lavoro del pomeriggio – equipaggiare un bagno intero con giunti di rame compressi usando tubature flessibili per il lavandino –, quando mi squilla il telefono. È Harry.

Immaginate la scena. Isabel Losada in tuta da lavoro (blu, larga, sciupata e macchiata di vernice) e stivaloni con la punta di acciaio, un attrezzo per piegare i tubi in una mano e il cellulare nell'altra, che si precipita fuori a sedersi sul prato. Attorno a me compare un'inaspettata nuvola rosa, gli usignoli cinguettano e, non si sa da dove, si diffonde una musica celestiale.

Cosa mi ha detto? A dire la verità, non ne ho idea. Non ricordo. Penso qualcosa di poco significativo tipo: "Come stai?". Ma sono così incredibilmente felice di sentire la sua voce che non riesco a cancellarmi dal viso un sorriso più grande del pezzo di tubo che ho appena piegato. Adoro la sua voce. Certo, sono felice che non possa vedermi. Non indosso esattamente il genere di abiti con cui spererei di far impazzire un uomo.

Poi deve riattaccare e dice che richiamerà dopo. Per che cosa? Io ho un bagno da sistemare. Allora – e so che sarete orgogliosissimi di me – metto il telefono nella borsa e vado a installare il bagno. Ci sono un sacco di tubi da collegare e giunti da stringere, e maledizione a me se questa volta a uno solo verrà in mente di perdere una goccia d'acqua. Non rimango seduta con aria patetica e infantile ad aspettare che suoni il telefono, tralasciando i miei doveri idraulici... mai e poi mai! Insomma, una donna ha il proprio orgoglio e per qualche strano motivo non voglio che James, John, Kevin e nessun altro dei miei colleghi idraulici finiscano il lavoro per me. Anzi, li delizio con un'esibizione spontanea di *Singing in the rain*, mentre tutti gli altri si limitano a portare avanti il proprio lavoro.

Perché sono così a corto di qualunque tipo di logica e buon senso? Perché dovrei essere così felice di sentire la voce di qualcuno che non posso vedere e con cui non potrò mai stare? Il mio compito è quello di dimenticare quell'uomo, non di mettermi a cantare perché ha telefonato. Perché dovrebbe piacermi un altro essere umano al punto che solo sentire la sua voce che non mi dice niente di particolare mi dà l'energia necessaria per installare una vasca da bagno e un lavandino con ogni giunto a regola d'arte? Oh, mio Dio, ho appena finito un bagno intero con una mano sola.

"Ehi, sei stata brava," dice Kevin aprendo il rubinetto per testare il mio lavoro e rimanendo sorprendentemente asciutto. "Messo il nastro isolante a tutti i giunti?"

"Tutti fatti, capo."

"Bene, ti darei un altro lavoro. Faresti delle ossiacetileniche?"

"Certo. Ma cosa sono?"

"Stiamo parlando di saldature."

A quel punto, quest'uomo assurdo mi porge una fiamma ossidrica enorme. "Per il prossimo esercizio con James devi fare quello che hai fatto ieri mattina, ma con i giunti saldati."

Questi sono impazziti. Insomma, mettere in mano una fiamma ossidrica al gruppetto di elettricisti è una cosa, ma darla in mano a me è tutt'altro! Niente guanti, niente maschera, non mi hanno nemmeno detto di legarmi i capelli. Mi rendo conto che devono aver avuto davvero pochissime donne a questi corsi.

All'improvviso mi ritrovo a saldare insieme pezzi di metallo sventolandomi attorno una fiamma che non è nemmeno visibile. Non sarebbe stato poi così male se, ogni volta che provavo a spegnerla, avessi saputo da che parte girare il rubinetto.

"Dall'altra parte," mi dice uno degli elettricisti allarmato.

"James, penso proprio tu debba tenermi d'occhio con questa roba in mano. Sono un pericolo per me stessa e per gli altri." James mi ignora e si allontana. Io vado avanti, solo che adesso, dopo tutte le volte che ho già toccato il metallo, sento meno le bruciature.

"Se vuoi puoi mettere i guanti per applicare il lubrificante. Quella roba non ti fa bene alle mani, anche se noi non ci facciamo troppo caso." Perché è ancora considerata una cosa da duri mettersi ogni giorno direttamente sulla pelle una sostanza cancerogena?

Mi chiedo se non sarebbe peggio, se la fiamma mi toccasse le mani inguainate in un paio di guanti di lattice. Chissà se si scioglierebbero e mi si brucerebbero le mani, con tutto il lattice sopra? O magari sarebbe peggio bruciarsele senza guanti? A un corso di tai chi non mi era mai capitato di dover fare queste considerazioni.

Osservo il rame cambiare varie sfumature di colore e mi congratulo con me stessa per essermi concentrata sulla saldatura e non sulla telefonata di Harry. Sposto uno straccio in modo da non dargli fuoco. Chissà, magari ci sono speranze per me in un mondo di uomini. Sto facendo qualcosa di utile. Poi eccoci al varco. James apre l'acqua e... fatto. Scompaiono tutti, tranne me, Alex e Happy.

James arriva con dei certificati: "Attestato della PPL Plumbing

Training per Isabel Losada, che ha frequentato un corso intensivo di due giorni di introduzione all'idraulica". Invece avrebbe dovuto dire: "...che ha bagnato tutti solo un paio di volte e ha evitato di dare fuoco a cose o persone".

"Torni a Londra adesso?" mi chiede Happy.

"Volete un passaggio fino alla stazione di York, voi due?" propone Alex. Ecco, questo è tutto quello che si può ottenere dopo due giorni passati insieme a quei tizi.

Sono felice di fare il viaggio con Happy. Ci sediamo per terra nel corridoio di un treno affollatissimo di ritorno a Londra e mi racconta la sua storia. "Sono nato e cresciuto a Nairobi e ho una laurea in business administration. Adesso guadagno venticinquemila sterline all'anno come manager di un grande negozio di elettrodomestici, ma facendo l'idraulico potrei raddoppiare quella cifra. Sto per trasferirmi in Australia. Io sono di religione Sikh e a Perth c'è una grande comunità."

"Capisco. Allora hai organizzato tutto? Quando lascerai il tuo lavoro?"

"Subito dopo il corso di quattro settimane. Il mio stipendio raddoppierà e a mia moglie farà piacere."

"Allora sei sposato?" Anche conoscere uomini single da considerare amici è difficile.

"Sono sposato da tre anni e ne ho venticinque. Prima che me lo chieda, non è stato un matrimonio combinato, è stato un matrimonio d'amore. Così è meglio, visto che tanto tutte le donne sono uguali."

"Davvero?"

"Penso di sì. Se riesci a capire una donna e cosa vuole, sei a posto."

"E gli uomini? Anche loro sono tutti uguali?"

"No. Ogni uomo è diverso."

"Allora tu capisci le donne?"

"No."

"E tua moglie?"

"No."

"Bene. Quindi dato che tutte le donne sono uguali e tu non le capisci, posso chiederti cosa pensi che lei vorrà sapere quando tornerai a casa?"

"Vorrà sapere cos'ho fatto per tutto il weekend. Ogni dettaglio. E vorrà sapere se al corso ho conosciuto qualche donna."

"E se io stessi tornando a casa da un uomo? Cosa vorrebbe da me?"

"Vorrebbe qualcosa da mangiare, una birra, una scopata e poi una bella dormita."

"Davvero? Cena e una scopata? Non avevi detto che tutti gli uomini sono diversi?"

"Infatti. Per me non dovrebbe per forza essere tutto così rapido. Per esempio."

Sono rimasta seduta ad ascoltarlo per quasi tutto il viaggio verso casa. Era bello sentire i pensieri di Happy su uomini e donne, lui che era cresciuto a Nairobi. Diceva che qui gli uomini gli sembrano tutti pigri, anche nella sua comunità. "Nessuno di loro vuole lavorare sodo per guadagnarsi da vivere." È vero. Di certo nessun asiatico di seconda generazione che conosco nel Nord di Londra è diventato idraulico... ma ne conosco qualcuno con un po' di debiti da pagare.

"Tu cosa ne farai della tua esperienza da idraulico di un weekend?" mi chiede Happy mentre ci fermiamo a Euston.

"Non so. Sto pensando di esplorare quest'area ancora per un po'. Conosco un tizio di nome Steve che fa il costruttore. La sua prospettiva sulla vita è del tutto diversa dalla mia e da lui ho imparato tantissimo. Sto pensando di dargli un colpo di telefono."

"In cantiere?"

"Sì. Non sono del tutto incapace. Ho fatto un corso di idraulica di due giorni."

"Al momento non mi servono idraulici. Stiamo ristrutturando un appartamento. Sai installare pannelli fenolici?"

"Certo che sì." Sarebbero?

"Bene, allora. Forza lavoro del tutto inutile senza esperienza e senza muscoli. Fanno trenta sterline al giorno. Lo stesso che do a mio figlio e ai suoi amici quando vengono ad aiutarmi. Ti va bene?"

"Perfetto, Steve."

"E dovrai dormire in cantiere."

"Ehm... con gli altri... uomini?"

"Abbiamo una roulotte. Ti metterai lì. Parlerò io con i clienti."

"Okay. Poi volevo anche fare due chiacchiere con qualcuno dei ragazzi. Di donne, uomini e cose del genere."

"Hanno tutti un'opinione su qualsiasi cosa. Anche se potresti restarne scioccata. Facciamo lunedì?"

"Okay."

Lunedì ho indossato la tuta e mi sono presentata al colloquio con Steve.

"Quindi cosa staresti facendo?"

"Etnografia. Studio le specie nel loro ambiente."

"Capisco."

"Qual è il mio compito?"

"Sei brava a mescolare?"

"Mmm, certo, quello lo so fare."

"Bene, metti nella betoniera quattro badilate di sabbia da costruzione e una di cemento Portland per tre volte di fila. Così ottieni una roba detta malta. Ogni tanto ti capiterà di sentire qualcuno gridare: 'Allora! Si va a Malta o no?'. Vuol dire che non ne hanno più. Poi vedi quei blocchi di Thermalite?"

"Sì, Steve."

"Quei cinquanta ci servono su nell'appartamento. Quando avrai finito di fare la malta, puoi cominciare a portarli su per le scale."

Mi ha fatto fare un giro per il cantiere. "Stai sempre attenta alla testa. Visto che è un lavoretto semplice qui non portiamo elmetti rigidi, ma in un cantiere più grande siamo obbligati a farlo e vedrai perché, se non stai attenta. Questa cosa si chiama trappola." In un cantiere una trappola non è tanto il rischio di incontrare un Tom o un Dick, quanto quello di inciampare in un'asse o di mettere il piede in un buco che ti fa passare dal primo o secondo piano direttamente a terra così in fretta che non te ne accorgi neppure. Poi sono arrivati i primi ragazzi. Chissà perché nei lavori manuali gli uomini vengono così spesso chiamati "ragazzi", indipendentemente dall'età...

"Lui è Dave, un conciatetti, e questo è il suo socio, Spud."

"Ciao. Bella tuta." Avevo la tuta tutta macchiata di vernice e sembrava una vera e propria opera d'arte moderna dipinta con le dita.

"Ecco John, Jim e Bob. Anche lui si chiama Dave, e questo è Steve. Non ti dico cosa fa ognuno di loro perché quando non guardo in realtà non fanno molto, comunque ti sorprenderebbe sapere quanti conciatetti si chiamano Dave."

"Allora..." ha detto uno dei Dave, "sei qui per farci il tè, giusto?"

Figuriamoci! Già riportata al mio ruolo femminile ed erano appena le otto del mattino. Ho sorriso. "Mi pare di capire che fare il tè è compito del cliente. Garantire un sacco di soldi e di tè ogni ora, giusto? Io invece mescolo la malta."

"Già, l'abbiamo sentito dire."

Alla fine erano abbastanza simpatici. Dovevano esserlo. Dopo tutto, ero un'amica di chi a fine giornata dava loro lo stipendio. A parte questo, il mio dovere era quello di lavorare a testa bassa come un mulo per un paio di giorni finché fossi riuscita a farmi accettare almeno un pochino da almeno uno dei ragazzi. A nessuno di loro era mai capitata una donna in cantiere, quindi dovevo cercare di non essere patetica.

Due giorni dopo i cinquanta blocchi di Thermalite erano al secondo piano, i muscoli delle braccia mi si stavano sviluppando e mi è venuta in mente qualche campagna pubblicitaria:

"Soffrite di insonnia? Dimenticate i farmaci... portate Thermalite su per due piani di scale."

"Ragazze, le vostre braccia non sono abbastanza toniche? Dimenticate il programma ultrastressante della palestra. Provate a mescolare malta."

"Stufi del lavoro d'ufficio? Volete stare di più all'aperto? Andate in Galles con un pacchetto tutto compreso 'vacanza-lavoro': tanto imparate, tanto guadagnate. Vi serve soltanto un repertorio infinito di battutacce."

"Come si chiama un uomo senza braccia e senza gambe che sa suonare il piano?"

"Non so, Dave."

"Cazzone musicista. E se va a farsi una nuotata?"

"Penso che lo scoprirò presto."

"Cazzone natante."

Ahimè.

"Come si chiama un cane senza zampe?"

"C'è qualcosa che dovrei sapere della sega troncatrice?"

"Non lo si chiama, perché tanto non verrebbe!" grida uno degli Steve.

"No, si chiama Cannone," dice uno dei Dave.

"Scusate, ma mi sono persa." In realtà, stavo tentando di tagliare dritto un pannello fenolico da quarantacinque millimetri. Dopo tutto, quella sarebbe stata la casa di qualcuno.

"Perché i cannoni se li fa tutti i giorni per tirarsi su di morale."

"Come si chiama una prostituta iugoslava?"

Ho pensato di non addentrarmi nella spiegazione che quell'aggettivo non esisteva più, dal momento che non esisteva più il posto. "Non oso immaginare."

"Ciuccia Cazziskaia."

Penso che quello fosse il loro standard abituale di quando in cantiere non c'erano donne. Potevano andare avanti così per ore. Vi garantisco che ognuno di loro aveva un repertorio di cinque ore di battute simili.

A volte, quando c'era un momento di calma, riuscivo a fare un po' di conversazione vera. Uno, che chiamerò Bob, anche se non è il suo vero nome, mi ha sconvolta con opinioni che, come mi ha detto poi Steve, non erano per niente insolite nell'ambiente in cui lavorava e viveva.

"La natura delle donne è cercare di controllare gli uomini. Qualunque cosa tu voglia fare, c'è una donna che cerca di impedirtelo."

"Tipo?"

"Tutto. Anche andare al pub o alla partita. In un modo o nell'altro, la mia ex moglie cercava di farmi smettere di giocare a calcio."

"Perché, secondo te?"

"Perché era convinta che avessi troppa libertà. Ero troppo felice."

"E perché lei non voleva che tu fossi felice?"

"Penso che tutte le donne non vogliano che gli uomini siano felici. A livello inconscio. Se un uomo va in palestra due volte alla settimana, si diverte troppo. Io mi guarderei bene da una donna che è contenta di lasciarmici andare. Probabilmente significa che sta combinando qualcosa. La maggior parte dei miei amici sono divorziati, perché la moglie aveva una storia con un altro."

"Perché succede, secondo te?"

"Credo che le donne si annoino, mentre un uomo si adatta alla vita domestica."

O forse perché sempre più donne tendono a rifiutare il ruolo tradizionale di amante e angelo del focolare?

"Pensi che i tuoi amici condividerebbero il tuo punto di vista?"

"Senz'altro. La moglie che ho adesso era brava prima che ci sposassimo, quindi ho pensato che con lei sarebbe stato diverso, invece no."

"Dimmi una cosa. Visto che nei tuoi due matrimoni il comun denominatore sei tu, non pensi ci sia qualcosa che *tu* avresti potuto fare diversamente?"

"No. Tanto le donne non cambiano."

Non avrei mai potuto fare qualcosa per lui. In realtà lui non me lo stava chiedendo e ormai dovrei aver imparato a non dare consigli non richiesti. Ma quella sensazione di amarezza senza un briciolo di senso di responsabilità pesava molto più di dieci blocchi di Thermalite di Steve.

"Be', per quanto possa valere la mia opinione, penso che in una relazione sia possibile trovare felicità, parità e libertà."

"Ah sì? Su che pianeta?"

Da qualche parte fra Marte e Venere, penso. "Ti va un tè?"

Quella sera sono andata al pub con Steve. Stavo riflettendo sulle relazioni umane, cercando di dare un senso all'incapacità di amarci davvero l'un l'altro mediante la continua ricerca della felicità di chi amiamo.

"Devi capire che il 99 per cento degli uomini della classe operaia fanno un lavoro che detestano."

Steve, in quanto appartenente alla classe operaia, nato e cresciuto in una zona socialmente molto povera, aveva tutti i diritti di esprimere un'opinione.

"Gli uomini diventano macchine sganciasoldi." Teneva lo sguardo fisso sul bicchiere. "Ecco perché se la prendono con le donne, che hanno determinato questa situazione. L'uomo viene valutato in base alla quantità di denaro che porta a casa, che poi la donna spende, accumulando debiti e usando la carta di credito del conto comune."

"Tutto qui?"

"Prova a leggere il 'Daily Sport' tutti i giorni per vent'anni senza un briciolo di istruzione."

"Ma agli uomini della classe operaia – so benissimo che sto generalizzando, ma parliamo della tua esperienza personale – piacciono le donne?"

"A qualcosa servono... per crescere i figli e per una scopata il venerdì sera. È alle donne che non piacciono gli uomini, perché non le rispettano."

"Perché no?"

"A te piacerebbe un uomo che odia il suo lavoro, ti incolpa di tutto, legge il 'Daily Sport' e vuole solo andare al pub a bere e che quando torna a casa ubriaco e puzzolente si lamenta perché tu non vuoi lasciarti scopare sotto il suo dolce peso per non più di un minuto?"

"E poi non riesci nemmeno a dormire perché russa come un maiale? Però! Bella immagine hai dipinto."

"Diciamo che non si aspettano granché l'uno dall'altra. Non ci sono molti pensieri in una vita del genere."

Quello che non capisco è perché la noia non li porti a fare qualcosa di diverso, invece di limitarsi a incolpare l'altro di ciò che non va nella loro vita. Ma naturalmente non si tratta solo di una tendenza della classe operaia. Una delle cose belle di non avere un partner è la chiarezza. Se la mia giornata non va come avrei voluto, la colpa può essere solo mia. Non ho altra possibilità, a parte essere certa che sono al cento per cento responsabile di tutto ciò che succede nella mia vita.

Il giorno dopo, mentre facciamo una pausa dalla posa di pannelli resistenti all'umidità per la pavimentazione a incastro, trovo la risposta più ovvia a tutto ciò parlando con uno dei ragazzi, che stava vivendo una relazione nuova e bella. John faceva quel lavoro dall'età di diciassette anni: "Faccio tutto, tranne i cavi. Faccio anche un po' l'idraulico. Il peggio che ti può capitare è che ti bagni un po'. Con i cavi, invece, il peggio che puoi fare è ammazzare qualcuno".

"Lavori sodo. Ti ho visto."

"Non particolarmente."

"La sera non sei sfinito?"

"Una cosa normale. Mi faccio una doccia e mi siedo sul divano a guardare la tv per un'oretta."

"Dopo un'ora la spegni?"

"No. È sempre accesa. Tutti quelli che conosco la tengono sempre accesa."

"Come dici? Tutte le persone che conosci tengono la tv sempre accesa, tutta la sera?"

"Sì, certo. E anche tutto il giorno. Anche se non la guardano, è accesa."

"Quindi è questo che fai ogni sera?"

"No. A volte mi siedo in giardino con una birra. Non c'è molto altro da fare."

Avete voglia di farglielo sapere voi cos'altro può fare? Scrivete a:

"Cosa Può Fare John Di Sera?"
John (amico di Steve)
Kabiray Builders Ltd
Somerset House,
Castle Street,
Alyn Crescent,
Caergwrle,
Wrexham LL12 9DR

Perché, a meno che riceva un milione di risposte, di certo non ci crederà mai.

"John, ti piace la tua vita?" Era piacevole lavorare con lui. Era calmo e affabile e rimaneva ad aiutare Steve a sistemare quando tutti gli altri se n'erano andati.

"Ogni tanto è un po' un pugno nello stomaco. Quando lavori da solo perché non vai d'accordo con gli altri."

"Questo è buffo, John."

"Dovresti provarlo."

"John, io faccio la scrittrice. Gli scrittori devono andare d'accordo con se stessi. Tutti devono andare d'accordo con se stessi."

È comparso Steve.

"Non lavorate oggi, voi due? John, puoi farle vedere come si fa a usare la sega laser senza tranciarsi le dita? Quei pannelli devono essere tagliati e non vogliamo sangue in cantiere. Il cliente non sarebbe contento."

Così ho avuto da fare per il resto del pomeriggio. Incredibile, stavo costruendo tre stanze in un sottotetto. Con un po' di aiuto.

Una sera mi hanno invitata al pub, dove sono uscite un po' di storie di vita vissuta. Non credo siano cose inventate. Penso sia tutto vero. Sul fatto di scoparsi le clienti, per esempio. Ho sentito vari racconti e ho riso un sacco.

"Quindi pensate che la maggior parte dei costruttori si scopino le clienti?"

"Certo. Tutti quelli che ne hanno la possibilità, e la maggior parte ce l'ha."

"Lavori a contratto e sai che, se fai le mosse giuste, l'opportunità arriva. Di solito i mariti lavorano in ufficio, perché sono gli unici che possono permettersi il nostro intervento. Usano il computer tutto il giorno e sono pallidi, flaccidi e patetici e in genere non sono capaci nemmeno di fissare una mensola."

"Non sanno fare un tubo."

"Non sanno nemmeno lubrificare un raccordo filettato."

"Insomma, arriva il costruttore, le scoperchia la casa e due settimane dopo la signora si ritrova con tre stanze nuove, gli estrogeni sono alle stelle ed è pronta a dare al costruttore tutto ciò che vuole."

"Ovviamente questo non vale per tutte le clienti a casa da sole tutto il giorno."

"No. Certo."

"Ma per la maggior parte, sì."

“Quindi è per questo che il più delle volte quando fa caldo lavorate senza maglietta?”
“Lavorando ci si scalda.”
“E le clienti si scaldano a guardare.”
“Insomma, quanti di voi hanno fatto sesso con una cliente?”
“Non si può dire.”
“Naturalmente.”
“Ci sono due tipi che conosciamo, che lavorano insieme: il più vecchio va con le madri, il più giovane con le figlie.”
“Diciamo che hanno un discreto successo.”
Più tardi ho chiesto di nuovo a Steve: “Ma Steve, è tutto vero?”.
“Sì.”
“E tu? Anche tu vai a letto con le clienti?”
“Io no. Ma non sto dicendo di non averne avuto la possibilità. Più e più volte.”
Mi sono messa a ridere. Steve era un caro amico, ma non l'avevo mai considerato come oggetto del desiderio. “Come mai non sei come gli altri?”
“Le donne mi piacciono troppo. Non ho mai voluto approfittarne. A questi ragazzi le donne non piacciono sul serio, ma non lo ammetterebbero mai. Non immagini nemmeno quanto possano essere superficiali gli uomini. O vaghi, quando vogliono. È proprio vero che gli uomini pensano col cazzo.”
“Ma sarà vero solo ogni tanto, no?”
“Non capisci come gli uomini sono diversi dalle donne. Hai fatto troppi di quegli strani laboratori. E adesso vedi bontà in tutti, ma certi uomini non hanno proprio niente di buono. Nei cantieri grandi capita che prendano di mira un diciassettenne appena arrivato al primo giorno di lavoro, magari attaccandogli un giratubi al sedere o sporcandolo con quello che trovano in giro.”
“Tipo?”
“Vernice lucida, molto spesso.”
“Una specie di strano rito di iniziazione?”
“Esatto. E di solito con molta violenza.”
“Ma non si tratta di aggressione? Gli uomini non vanno in prigione per aver aggredito ragazzi di diciassette anni?”
“Lui non dirà una parola, altrimenti non potrà mai più lavorare. Il giorno dopo deve tornare, tenere la testa alta e fingere che non sia successo niente.”
“Hai ragione. Ma penso di capire gli uomini abbastanza bene, perché cerco sempre somiglianze fra noi; insomma, tutti vogliamo amare ed essere amati, no?”

"Amare?" Si è messo a ridere. "È la stessa cosa del sesso? L'amore è un'area femminile. Dimentichi la natura. Gli uomini devono spargere seme il più possibile. Le donne invece devono cercare di tenersi un uomo vicino per crescere i figli. E gli uomini sono spesso dei bruti."

"Tu no."

"Se necessario posso diventarlo. Quando ero nella Raf, un tizio ha cercato di fare il bullo con me. Sapevo di dover fare una scelta, sottomettermi a lui e poi a tutti gli altri oppure guadagnarmi rispetto dandogli una manica di botte. Quindi ho rischiato di ucciderlo. Ma non l'ho fatto." Sorride. "Poi non mi ha più dato fastidio. Non posso dire di averlo fatto volentieri, ma era così che funzionava."

Avrei dovuto rimanere scioccata o ammirarlo di più? È vero, io non penso a queste cose. Non ho mai considerato la capacità di provocare dolore fisico grave come ingrediente essenziale del fatto di essere un uomo. Ma forse una delle cose che le donne in un certo senso sanno degli uomini che presentano un lato femminile molto spiccato è che non hanno imparato a sopravvivere in mezzo agli altri uomini. Forse questi uomini lo sanno bene e quindi non hanno il benché minimo rispetto di sé. Eppure mi dispiace continuare a parlare degli uomini in un contesto violento. Non avrei voluto dover affrontare questa cosa... ma è necessario. Gli uomini sono più aggressivi per natura o si tratta di puro condizionamento? Sospetto che per il 90 per cento si tratti di condizionamento, ma al momento, come dice Steve, le cose stanno così e basta. Immagino che se siete uomini avrete dovuto affrontare competizioni e litigi, e i veri assassini, quelli senza compassione, non sono quelli che si trovano sul ring ma sui posti di lavoro.

È interessante per me che, adesso che ci penso, due dei miei eroi, cioè Gandhi e il Dalai Lama, siano entrambi non solo pacifisti (nonostante a nessuno dei due manchi il coraggio) ma anche famosi celibi. Quando Muhammad Ali era all'apice del successo, erano i ragazzi o le ragazze ad appendersi il suo poster in camera?

"Te lo dico io chi sa un sacco di cose di donne e di combattimenti... Domani devi fare due chiacchiere con Steve il Conciatetti."

Il giorno successivo, dopo un paio d'ore di lavoro mi è stato permesso di rubare per un po' Steve il Conciatetti, un tipo di bell'aspetto di età indefinibile, con un certo fascino e pieno di fiducia in se stesso. Mi dava l'idea che non dovessi andarci troppo per il sottile.

"Allora... Steve mi ha detto che sei stato un po' in giro." Se scrivessi fiction non ci farei certo un romanzo alla Gabriel García Márquez su questi ragazzi, e comunque avrebbero tutti nomi diversi. Li chiamerei Steve il Conciatetti, Jack il Fusto, ma dato che questa è una storia vera e il suo vero nome è Steve, non ho scelta.

"Mi piacerebbe sentire il tuo parere su un argomento su cui ho molto riflettuto. Il combattimento."

"È così che ho fatto i soldi."

"Di che tipo? Boxe?"

"Più o meno. Ma senza guanti. È illegale." Mi strizza l'occhio. "Però pagano bene ed è facile fare soldi. Non sai mai con chi devi combattere... potrebbe anche essere uno di cento chili."

"E tu sei...?"

"Settanta. Hai visto *Fight Club*, vero?"

"Sì. Ma pensavo fosse solo un film. Sinceramente, credevo che i combattimenti illegali si facessero solo con i galli."

"No. Anche con gli uomini. Ovunque."

"Quindi non tentano nemmeno di abbinare i pesi? O l'esperienza?"

"No, ci si trova in un luogo nascosto da qualche parte e si combatte finché uno dei due non si alza più. Se è grosso in poco tempo non avrà più fiato, quindi bisogna continuare a tirare pugni."

"Capita che muoia qualcuno?"

"Ci sono tre punti in cui, se ti colpiscono, ci resti secco. La tempia, il pomo d'Adamo e il setto nasale. Quindi non conviene colpire lì. Combattendo senza guanti basta dare una bella botta per buttarlo giù e poi è andato. Per tutto il tempo del combattimento la gente scommette, è una cosa che adorano: più sangue c'è, meglio è. Soprattutto le donne impazziscono, più sangue c'è, più gridano."

"Non succede mai che le donne si mettano a piangere?"

"No, gridano eccitate."

"E le vostre mogli?"

"Non vengono. Non è il tipo di cosa a cui si invitano parenti e amici. Nessuno sa chi sei. Tu arrivi, cominci a combattere e la gente scommette. Quella è solo gente che ha i soldi. Si parla di migliaia di sterline e le scommesse vanno avanti fino alla fine del combattimento. Per esempio, se punti mille su di me e io vinco, puoi vincerne tremila. Ma se perdo, perdi tutto anche tu. Non è un bel modo per vivere."

"Allora... so di fare una domanda stupida, ma... perché lo fai?"

“Per i soldi. Quando hai debiti, l’unica cosa a cui pensi sono i soldi. È il solo modo per uscirne. Hai paura, tremi tutto, ma poi ce la fai. Mentre combatti non pensi a niente. Ma alle mogli non piace. Ecco perché ne ho perse così tante. Non riuscivano a sopportare di vedere la mia faccia ‘in disordine’.”

“Steve, quante mogli hai avuto?”

Mi sorride. “Sette.”

“*Sette* mogli?”

“Certo, e anche qualche fidanzata.”

Se, come dice Samuel Johnson, un secondo matrimonio è il trionfo della speranza sull’esperienza, può essere che un uomo che si è sposato sette volte sia la dimostrazione della sconfitta della conoscenza di sé?

“Figli?”

“Tredici.”

“Mi prendi in giro.”

“No, davvero.”

“Tutti da donne diverse?”

“Due con la prima... e dopo tutti da donne diverse, sì.”

Devo sorridere, a malincuore. Quell’uomo è una macchina sfornabambini piena di fascino. Chiunque voglia avere un bel bambino ma non voglia più rivederne il padre, scriva a Steve il Conciatetti, amico di Steve...

“Quanti anni hanno?”

Lui comincia con slancio: “Ventiquattro, ventidue, dodici, sei, otto... no, aspetta”. Sembra perplesso.

“Oddio, non saprei, in realtà alcune di queste non sono mogli, sono fidanzate.”

Ecco perché non scrivo fiction. Insomma, se mi fossi inventata una cosa del genere il mio editor mi avrebbe detto: “Isabel, è assurdo. Quel che scrivi deve avere una certa credibilità”.

Io l’ho guardato, cercando di nascondere i punti esclamativi che mi uscivano dalla testa, e chiedendomi come facessero tutti quei figli senza il padre e quanto mi avrebbe dato un’associazione per la tutela dell’infanzia se avessi comunicato loro il suo indirizzo.

“Stavi dicendo che alle tue mogli non piaceva che tu combattessi, giusto?”

“Dicevano: ‘Non farlo’, ma quando tornavo a casa e mettevo sul tavolo i soldi sorridevano, perché c’erano di nuovo soldi da spendere. Erano lì sul tavolo. Sai che forse è la prima volta che parlo di queste cose? A ogni modo, adesso non combatto più.”

"Non ti credo. Lo dici solo perché è illegale. Perché ti saresti ritirato?"

"Perché adesso ce ne sono tanti più forti di me. Quando lo facevo avevo le capacità e l'esperienza. Adesso ho passato l'età per combattere."

"Capisco. Be', questo lo credo. Quanti anni hai?"

"Non te lo dico. E tu?"

"Nemmeno io te lo dico." Strano, era affascinante, eppure mi chiedevo come aveva fatto a convincere sette donne a sposarlo e altre sei ad avere un figlio con lui.

"Adesso che opinione hai delle donne?"

"Mi piacciono. Mi sono separato bene da tutte le mie mogli. Non sono mai stato infedele a nessuna di loro. Le ho sempre trattate con rispetto."

"Allora perché le hai lasciate? Tutte?"

"Non ci amavamo più. Se in casa non c'è amore, per i figli non va bene. Se i genitori non dormono più nella stessa stanza... I bambini sono i primi a capire le cose."

"Ma non pensi di averli feriti lasciandoli?"

"All'inizio, sì, ma meglio ferirli un po' che ferirli di continuo con due genitori che non si amano. Meglio l'amicizia. Le donne sono magnifiche, non sono state create solo per cucinare e pulire. Assolutamente no. Una volta erano gli uomini che comandavano, adesso sono le donne, ed era ora."

Ecco un improbabile paladino dei diritti femminili. Mi chiedevo cosa avrebbero detto in proposito le madri che stavano crescendo da sole i suoi figli e quali effetti avrebbe avuto tutto ciò su di loro. Chissà.

"Quindi, Steve, al momento sei single?"

"Sì."

Ed ecco il primo uomo single che incontro da quando ho iniziato la ricerca... qualcuna di voi vuole un appuntamento con lui? Ma Steve non ha certo bisogno del mio aiuto.

"Non lo sarò per molto, sto per catturarne una."

"Catturarne una? Ne hai in mente una in particolare?"

"Certo. L'ho vista al pub."

"Quanti anni ha?"

"Trentotto."

"Lo sa che hai avuto sette mogli?"

"Certo. Io non mento mai, non c'è motivo, tanto poi lo scoprono."

Insomma, sul fatto di spargere il proprio seme in lungo e in largo, questo era l'uomo con maggior successo in termini evoluzionistici che avessi mai conosciuto.

"Allora qual è il tuo consiglio per gli uomini, Steve?"

"Le donne vogliono essere ammaliate finché non le si cattura e poi bisogna trattarle con rispetto."

"Tu come fai a catturarle?"

"Le seduco. Basta che mi metta al bancone del pub, una donna viene da me dicendomi: 'Hai degli occhi bellissimi', ed è fatta... l'ho catturata."

"Qual è il tuo consiglio per le donne riguardo agli uomini?"

"Stare attente. Ci sono in giro un sacco di idioti."

Per tutta la settimana avevamo fatto una gara di utilizzo creativo della pistola sparapunti. Prima era stata la volta di vari utensili e materiali da costruzione. Poi eravamo passati a scatole, scarpe e vestiti: sostanzialmente, tutto ciò che poteva essere graffato, se lasciato incustodito per un attimo, veniva graffato. A un certo punto, mentre uno dei ragazzi più giovani, Jamie, lavorava in piedi su un'asse ascoltando la radio, uno dei due Dave gli ha fissato le scarpe all'asse con la sparapunti.

L'espressione perplessa che ha fatto quando si è accorto di non potersi più muovere è stata pazzesca e io ho riso come una matta. Dovevo aspettarmi che ben presto sarebbe arrivato il mio momento. Tutt'altra cosa per me. Jamie ha semplicemente convinto quattro degli uomini a sollevarmi e ad appendermi al muro graffandomi la tuta. Io strillavo come un'ossessa, in piedi su una sedia con le braccia e le gambe imprigionate nelle loro mani, mentre due o tre graffette mi venivano sparate nella tuta. Poi hanno tolto la sedia e mi hanno lasciata lì appesa. Ridevo, ma non riuscivo assolutamente a liberarmi. Non so con che cotone facciano quelle tute, comunque vi garantisco che non si strappava nemmeno un po'.

"Adesso basta! Niente più tè per nessuno! E nemmeno malta! Ve ne accorgerete, quando arriverà la mia vendetta."

Il mio amico Steve, il capo, sorrideva, consapevole del fatto che appendermi al muro in quel modo era un gesto di approvazione nei miei confronti.

"Bel lavoro, ragazzi. Mi sbagliavo quando dicevo che non fate mai niente di buono. In effetti c'era un po' di disordine in giro. È una regola di sicurezza del cantiere, Isabel, quella di non lasciare mai niente in giro. Bisogna tenere tutto in ordine. Comoda?"

"Comodissima."

"Bene. Allora andiamo a mangiare. Che ne dite, ragazzi?"

E se ne sono andati, lasciandomi lì appesa. Era stata una bella settimana. Ormai era venerdì e mi rendevo conto che un po' mi dispiaceva lasciarmi alle spalle la semplicità di quelle conversazioni. Certo, il lavoro era stato faticoso, ma mi sentivo bene e in forma e la trasformazione che avevamo compiuto su quell'edificio in una settimana era incredibile. Be', dico "avevamo" come se il mio contributo fosse stato determinante. Ma vi garantisco che a Gresford nel Galles c'è una casa in cui gran parte dei pannelli isolanti sono stati tagliati e installati dalla sottoscritta. Intanto, mi chiedevo se prima o poi sarebbero tornati a tirarmi giù... E cercavo inutilmente di liberarmi.

Cosa stavo imparando degli uomini, in tutto ciò? Fino a quel momento, solo la più ovvia delle lezioni. Mi piacciono e sono profondamente diversi dalle donne. Anche se forse non è così ovvio, dato che molte delle mie amiche si lamentano che gli uomini non comunichino come le donne, invece di godersi le differenze. Stare lì appesa era certo meglio che guardare su internet fotografie di uomini, o avere una conversazione con gente della City in giacca e cravatta. Anche se quel giorno avrei saltato il pasto.

Poi è comparso Steve il Conciatetti. "Serve una mano?" Ha tirato fuori una pinza e mi ha rimesso la sedia sotto i piedi, togliendo senza fatica tutte le graffette in circa sei secondi. "Grazie."

"Scendi per quella scala. Tu non mi hai visto."

"Certo che no."

Mi sono avviata per il prato. "Allora, vediamo un po' chi si è messo a fare il tè!"

Di tutti gli uomini con cui ho parlato di donne nell'intera settimana, quello che mi ha colpita di più è stato, l'ultimo pomeriggio, Dennis, l'addetto agli infissi.

"Dennis, Steve mi ha detto che ti sei risposato e che faresti volentieri due chiacchiere con me su questo."

"Be', la prima volta avevo sposato la donna che amavo fin dall'infanzia, ma si è rivelato un tremendo errore. Così poi mi sono risposato, io ho quarantatré anni e mia moglie ne ha trentacinque ed è molto carina. È così che vanno le cose, no?"

"Dici?"

"Certo. Se metti dieci persone attorno a un tavolo, almeno la metà di loro, se non di più, risulterà divorziata."

"Ero convinta che due su tre rimanessero insieme."

"Sì, ma tanti di loro sono infelici e si limitano a tirare avanti come possono. Tirano fino a cinquant'anni senza mai essere felici. Io sono convinto che dopo un divorzio si impara una lezione importante."

"Allora perché sono così pochi quelli che decidono di dare una svolta?"

"Penso per pigrizia. È più facile tornare a casa e mettersi davanti alla tv. La gente fa le cose facili... e poi muore. Soprattutto gli uomini. Sono i peggiori."

"Perché sono peggio delle donne?"

"Perché sono vigliacchi. Quindi, anche se un uomo ha una storia con qualcuno tenderà a negarla e a rendere la vita impossibile alla moglie, finché sarà lei a essere costretta a decidere per lui."

"Questo è vero, Dennis. Ho visto le statistiche nazionali e posso dirti che la gran parte delle pratiche di divorzio sono avviate dalle donne."

"È ovvio. Più si invecchia, più ci si sposa, giusto? E poi si divorzia e ci si risposa di nuovo."

"Davvero è così? Io consiglio sempre di stare alla larga dagli uomini sposati."

"Come mai?"

"Se un uomo o una donna sono sposati e sono ancora insieme, probabilmente è perché lo vogliono."

"Così non tieni conto del fattore del 'tirare in lungo'."

"Se una coppia non è felice dovrebbe separarsi e ognuno dovrebbe vivere per proprio conto, senza arrivare alla separazione solo se uno dei due tradisce l'altro."

"Ah, sì? E su che pianeta succedono queste cose?"

Quella era la seconda volta in una settimana in cui avevo l'impressione di dovermi trasferire su un altro pianeta. Da qualche parte fra Marte e Venere, dove le relazioni fra le persone sono completamente diverse.

"Dunque secondo te io do troppo valore al matrimonio? Tu sei a favore del divorzio."

"Certo che sì. C'è troppa gente che la tira in lungo per niente."

Cosa ne pensate? Sono stata troppo cauta nei miei avvertimenti sugli uomini sposati?

Per un Tom avere una storia dopo l'altra fa semplicemente parte del "tirare in lungo". Non cambierà mai. Ma forse i Dick e gli Harry almeno stanno tentando di farla finita con questo tirare in lungo. Potreste pensare che questa storia di evitare lo stile di vita "casa-tv" sia solo un mio sciocco avvertimento alle donne single basato sulla mia esperienza personale. Ho sentito dire che a New York ci si riferisce al primo matrimonio come a un "matrimonio d'inizio". In fondo, forse è lì che siamo tutti diretti.

Penso che, in generale, Dennis abbia ragione e che il secondo matrimonio sia più felice del primo. Immagino che, se quelle seconde mogli non fossero pronte a correre rischi (morali, etici, pratici), sarebbero molti di più i casi in cui tutti "tirerebbero in lungo". Come abbiamo visto io e Jenny, gli uomini divorziati che si sono risposati l'anno scorso sono stati 83.554... e qui si parla solo di secondi matrimoni ufficiali. Le statistiche mostrano che sono le donne a dare il via. Gli uomini, secondo Dennis, sanno solo sabotarli, i matrimoni. Non riescono semplicemente a mettersi seduti e a dire con calma: "Ho conosciuto una persona con cui sono convinto di poter essere più felice. Mi lasceresti andare?". Forse perché noi donne dobbiamo ancora arrivare al punto di riuscire a rispondere con la stessa calma: "Certo. La tua decisione mi rattrista, ma sono felice di aver passato con te dieci anni della mia vita. Sii felice. Il mio amore ti accompagnerà".

Magari qualcuna di noi potrebbe anche riuscire a manifestare al partner questo tipo di amore incondizionato, anche nel momento in cui gli sente dire di volersene andare. Personalmente, conosco un paio di donne in giro per il mondo che amano il marito con passione, eppure non riuscirebbero comunque a rispondere così.

Ora so bene cosa state pensando: "Una cosa molto conveniente, Isabel, che se si avverasse porterebbe Harry a stare insieme a te". Ma qui Harry non c'entra. E nemmeno io. È il principio che conta. Può essere che Dennis abbia ragione sul fatto che siano in tantissimi a limitarsi a tirare in lungo? E in tal caso significa forse che il divorzio non è più una brutta cosa?

Adesso un divorzio andrebbe festeggiato?

Era venerdì pomeriggio e Steve il capo era impegnato in qualcosa. Mentre tutti lavoravano al primo piano, lui era in mansarda. Ho dato un'occhiata giusto in tempo per vederlo fissare alle travi del tetto l'ultima delle paghe settimanali, in contanti, con una sparapunti. Ogni mazzetto di soldi aveva attaccato un foglietto con scritto un nome.

"Forza," mi ha detto mentre toglieva di mezzo l'ultima scala e l'attrezzo per rimuovere le graffette, "devo uscire di qui. Nascondi questa, ok?" E mi ha passato la pinza per togliere le graffette.

"Quelle sono le paghe della settimana? Ma come fanno a prendere i soldi senza strapparli, se gli porti via la pinza per togliere i punti?"

"Sarà un giochetto. Quasi impossibile direi, soprattutto visto che gli sto portando via anche le scale."

Siamo scesi con una scala e lui l'ha messa nel furgone. "Vuoi un passaggio fino alla stazione? Ecco la tua paga: ho dimenticato di graffettarla a una trave."

Mi ha lanciato una mazzetta di banconote.

"Sbrigati a metterli in borsa, così non vedono. Svelta!"

"Ciao a tutti e buon weekend. A lunedì," ha salutato allegro.

"Ehi! Un momento!" ha urlato uno dei Dave. "Dove sono le paghe?"

"Niente paura, ci sono tutte, con i nomi e il resto. Le ho lasciate in mansarda."

Siamo partiti giusto in tempo per vedere qualcuno di loro che si chiedeva perché ci stessimo portando via le scale.

2.
TANTE HARLEY SOTTO IL SOLE

Una pausa con i biker

Volevo trovare un ambiente completamente maschile in cui tutti quegli stupidi gruppi "di classe" fossero mescolati... qualcosa in cui ci fossero molti uomini ma senza differenze di classe. Ma volevo anche una cosa diversa dal guardare uno sport in tv. Di questo parleremo più tardi.

Il caso vuole che vicino a casa mia ci sia un negozio enorme che vende Harley Davidson. Si chiama Warrs e mi è capitato di entrarci con qualche amico solo per dare un'occhiata alle moto. Le automobili non mi entusiasmano granché... la gente ne parla troppo e, secondo il mio modesto parere, stanno distruggendo il mondo. Nemmeno le biciclette mi fanno impazzire, anche se la bici è il mio principale mezzo di trasporto. Una motocicletta normale, poi, non è altro che una bici più grande e rumorosa senza nemmeno il beneficio dell'esercizio fisico. Ma una Harley è tutta un'altra cosa.

Non è per la pubblicità... sarebbe stupido. Sono le moto in sé. Sono frutto di una genialità artistica e di una tecnica eccelsa. Insomma, sono una donna, eppure persino io rimango a bocca aperta quando vedo una Harley. A quanto pare, esistono persone che ne possiedono una.

Mi è sembrato un ambito degno di essere esplorato. Sono determinata a stare lontana dalle donne per un po'. Scuola di danza, teatro, società televisive, case editrici, seminari, club di lettura, laboratori di scrittura, di tai chi, di sesso tantrico, persino il volontariato... Tutte le cose che ho fatto negli ultimi dieci anni hanno un tasso di estrogeni pari al 100 per cento. Come mostra Lorca nella sua sorprendente opera teatrale *La casa di Bernarda Alba*, le donne senza uomini impazziscono, e la mia vita ne è una dimostrazione chiarissima.

Urgeva un'uscita con soli uomini. Sapevo che i proprietari di Harley Davidson, proprio come quelli di Morris Minor, avevano un club. Be', in realtà l'unica analogia che mi viene in mente fra i proprietari di Morris Minor e quelli di Harley è forse il fatto di essere iscritti a un club. Un'occhiata rapida al loro sito è bastata a confermarmi che l'Harley Owners' Group locale era molto vivace e sul punto di organizzare un'uscita di un'ottantina di chilometri proprio per quel fine settimana.

Ho telefonato a un tizio che si faceva chiamare Toppa, strano nome per un biker. Magari per via di un vecchio squarcio nella sua tuta di pelle? Non mi sembrava il caso di chiederglielo. Non dovevo divagare.

"Pensi ci sia qualcuno che vorrebbe portarsi dietro un passeggero?"

"Chiamerò Big Dave... vedo cosa posso fare."

Big Dave mi ha richiamata quasi subito. "Certo che puoi venire... hai un casco?"

"No."

"Ok. Allora porterò io qualcosa per te. Partiamo da Greenwich."

"Verrò con i mezzi pubblici, quindi come faccio a...?"

"Allora ci vediamo a Lewisham Station. Domenica. Alle nove. Puntuale. Noi non siamo mai in ritardo."

"Certo, ci sarò."

E in effetti è andata così.

C'è un modo più semplice di questo per conoscere un nuovo gruppo di uomini?

Mi sono messa in marcia incredibilmente di buon'ora per una domenica mattina, attraversando parti di Londra che non avevo mai sentito nominare. Come Muchute, che, vi giuro, è sulla piantina. Salgo su un treno deserto e apro uno dei tanti libri che troverete in appendice. Sono determinata a diventare un'esperta e a offrirvi il frutto dei miei molti mesi di studi.

Il libro si apre dove avevo lasciato il segno, la mia attenzione è attirata da una domanda. "Siete davvero pronte ad 'aprire il vostro cuore' e a incontrare il compagno ideale?" Rimango a fissare queste parole. Anche se mi viene spontanea qualche battuta sul tipico approccio new age americano, mi rendo conto che la domanda contiene una certa dose di verità.

Quel maledetto libro vuole farmi "aprire la porta del cuore" (panico!). Lancio un'occhiata alla mia porta. C'è appeso sopra un grosso cartello: "Privato". Mi stupisco, non sono preparata a un segnale del genere. Sono abituata a vedere la porta spalancata a tutta una serie di strane persone che entrano ed escono. Sotto, in piccolo, c'è scritto anche: "Accesso permesso a Harry". E c'è un enorme lucchetto che, a quanto pare, ho attaccato alla porta e di cui ho dato la chiave solo a lui. Rimango a fissare la porta chiedendomi: "Davvero rivoglio indietro la chiave? Davvero voglio aprire la porta?".

No. È assurdo, ma persino la sola vista del nome di Harry sulla porta mi riempie di gioia. Com'è ridicolo il cuore degli esseri umani. Chissà se risponderà a qualche sorta di logica? "Harry non è disponibile!" ricordo alla porta. Ah, se solo il lucchetto svanisse nel nulla al suono di queste parole. Invece non succede niente. Vedo se riesco almeno a socchiudere la porta e scopro qualcosa di strano. Con il lucchetto ancora chiuso in modo che nessuno possa entrare, riesco comunque ad aprire un po' la porta per far passare l'aria. Forse è un piccolo progresso. Almeno, qualunque cosa ci sia all'interno, non ammuffirà.

Sono scesa dal treno e ho visto tre moto enormi. In piedi lì vicino c'erano tre uomini, enormi pure loro.

"Ciao, sono Dave. Anche lui si chiama Dave, e lui è Pete." (Sul serio. Non ho cambiato i nomi.)

"Piacere, Isabel."

Big Dave non si è smentito nemmeno per un secondo. Era un grande in ogni senso. Aveva testa calva da manuale, occhiali da sole Dirty Dog a specchio così che non riuscissi a vedergli gli occhi e un sacco di tatuaggi. Mi sentivo felicissima e al sicuro. L'altro Dave era più magro e Pete una via di mezzo. Avevano tutti un'età indefinita sopra i quarant'anni e, dato che tutti indossavano una quantità impressionante di indumenti di pelle nera decorata con vari motivi Harley, non era facile distinguerli l'uno dall'altro.

"Bene, Isabel, ecco casco e guanti. C'eri mai stata prima su una di queste?"

"Su una Harley? Mai. Sono stata su altre moto ma non è la stessa cosa, giusto?"

"No. Penso che la troverai comodissima."

Il retro della moto di Dave era come una poltroncina imbottita con i braccioli.

"Devo fare qualcosa? Inclinarmi come fai tu quando facciamo le curve o cose del genere?"

"No, su queste non serve... goditi la corsa e basta."

Big Dave è salito sulla moto e io mi ci sono arrampicata, tentando di non perdere femminilità. Poi siamo partiti per raggiungere gli altri.

Abbiamo preso la strada per Greenwich, dove c'erano circa altri ventotto vecchiardi vestiti di pelle vicino a masse di metallo lucente sotto il sole. Ogni giubbotto nero aveva la sua decorazione personalizzata, il davanti era pieno di borchie e il retro di aquile e nomi dei vari club. Mi sono guardata attorno in cerca di donne. Di motocicliste non ce n'erano, ma tre erano passeggere e oggi non era il caso di parlare con loro. Avevo tutto ciò che mi serviva... una giornata intera con un sacco di uomini da sfruttare al meglio. Fantastico.

Quando c'eravamo tutti, hanno messo a punto gli ultimi dettagli per non più di quattro minuti. Io e Big Dave avremmo chiuso la fila, quindi io ero "l'ultimo uomo" e mi hanno dato un giubbotto fosforescente in modo che nessuno potesse non vedermi. Era fortissimo stare sulla moto di Big Dave, visto che lui era uno degli organizzatori. Lo conoscevano tutti. L'uomo che avrebbe aperto la carovana è venuto a salutarmi e a stringermi la mano. Mi chiedevano come mai mi trovassi lì e io rispondevo che stavo "esplorando qualche ambiente maschile".

"Uomini e donne hanno spesso difficoltà a incontrarsi," ho spiegato, rendendomi conto che mi avrebbero preso per pazza, "quindi sto cercando di scoprire dove sono gli uomini."

"E le donne dove sono?" mi ha chiesto un tizio.

"A fare yoga. Per lo più," ho risposto io. Lui ha fatto una smorfia. Ovviamente, meglio vivere e morire scapolo che imparare a fare yoga.

Poi tutti hanno firmato un documento che sollevava il club da qualsiasi responsabilità in caso di incidente: le formalità erano finite. Già mi rendevo conto del motivo per cui la compagnia maschile può rivelarsi un cambiamento piacevole. Se fossero state trenta donne, cinque sarebbero arrivate in ritardo, nove sarebbero state preoccupate per qualcosa che non andava nella moto, una avrebbe chiesto di tornare prima per poter andare a casa a dare da mangiare al cane, qualcuna avrebbe chiesto che strada avremmo fatto e suggerito un'alternativa spiegando i motivi per cui sarebbe stato meglio così, altre due avrebbero chiesto cosa sarebbe successo se si fosse rotta una moto (anche se non toccava a loro preoccuparsene) e, mezz'ora dopo, avremmo tutte dovuto sapere dove ci saremmo fermate per pranzo e se avremmo trovato bevande analcoliche e cibo vegano. Qui invece nessuno ha fatto domande... Subito in sella!

Chi guida una Harley è sicuro di sé e pronto a mettersi in mostra. Non aspetta altro che raccogliere piccole folle attorno alla sua persona. Dove c'è un gruppo di Harley splendenti arriverà ben presto anche un gruppo di persone che le ammirerà dicendo: "Che meraviglia!". E quando i biker metteranno in moto, non solo la gente potrà assistere a un bello spettacolo, ma potrà anche goderne il rumore. Quando siamo partiti c'è stato una specie di boato, ma i biker erano così eleganti e i passeggeri così ben vestiti che nessuno ci ha fatto caso. Dato che ero in fondo, avevo il piacere di vedere la lunga fila di moto rombare davanti a noi sotto il sole.

Il pubblico che assisteva sembrava confuso. I biker sono per tradizione gente che fa paura... ma non noi, evidentemente. Quando la donna sull'ultimissima moto saluta con la mano, i bambini guardano i genitori chiedendosi se è giusto salutare così. Dato che io ero sull'ultima moto, salutare amichevolmente i passanti era una piacevole responsabilità. Avevo giusto il tempo di incrociare gli occhi delle persone e salutare. I bambini erano entusiasti. Le coppie di mezza età rispondevano al saluto con un sorriso e poi, ogni tanto, capitava qualche anziana signora in preda al terrore. "Io? Salutare te? Sei vestita di pelle nera, io e il mio cane non prendiamo nemmeno in considerazione l'idea di salutarti. Sei una poco di buono." Io sorridevo ancora di più e continuavo a salutare.

Potrà sembrare strano, ma era bellissimo. Quando le moto cambiavano corsia mantenevano una formazione rigida ed era impressionante vederle spostarsi di qua e di là. Adoravo di non sapere dove stessimo andando. Il percorso, secondo la prospettiva di una donna su queste cose (bisognerebbe scardinare alcuni di questi stereotipi), era qualcosa del genere: strada, una galleria, un cartello che diceva "Benvenuti a Essex", un sacco di campagne splendide e poi abbiamo disturbato la quiete di molti paesini sperduti con nomi come Much Haddam e Baldock. Poi ho visto la versione maschile del percorso. Diceva così: A102(M), A12, M11, A120, A10, A505. È più chiaro adesso? A me non importava dove stessimo andando. Al pensiero di andare da qualche parte in quel modo ero perfettamente rilassata.

A chiunque stia pensando, ancora una volta, che "Isabel è pazza. Io non farei mai una cosa del genere", devo dire che non avevo per niente paura. I proprietari di Harley erano utenti della strada modello. Si attenevano a un codice etico molto rigido, non superavano mai una certa velocità e le auto che si inserivano nella colonna di moto venivano trattate con la più assoluta civiltà. Nessuna moto superava mai quella davanti. L'ordine in cui siamo partiti è quello in cui siamo arrivati.

Ero a bordo di una moto con un motore da 1450 cc, qualunque cosa significhi, che chiamavano Ultraglide, e in effetti andava che era una meraviglia. Avevo la strana sensazione di stare seduta su una poltrona mobile. Penso di aver sentito al massimo un paio di volte in settanta chilometri quello che, esagerando, potrei definire un sobbalzo. Tanto per accentuare la sensazione paradisiaca di tutto ciò, Big Dave aveva sulla moto un impianto stereo. Viaggiavamo su un veicolo senza pareti e senza tetto, eppure riuscivo a sentire ogni singola parola di tutte le canzoni. Ero felicissima. Tanto per accertarsi che me ne rendessi davvero conto, Phil Collins cantava: "*Oh, think twice, it's another day for you and me in paradise*". Ma non ce n'era bisogno. L'avevo già capito da sola che quello era il paradiso.

Giunti a destinazione, abbiamo scattato qualche foto di gruppo. Io ho fatto il migliore dei miei sorrisi. Tre donne e ventotto uomini. Nella mia vita non sono mai stata in un gruppo con proporzioni del genere. Ed ero entusiasta del cambiamento... gli uomini non erano belli, erano per lo più sovrappeso e probabilmente di età media attorno ai quarantanove anni e tre quarti. Ma si divertivano con semplicità. Erano bambini con i loro giocattoli.

Poi per pranzo siamo andati tutti a un pub del posto. Ci siamo seduti in un giardino idilliaco a goderci un pasto semplice e il buon umore dei biker.

"Cosa ti porta qui?" Tutti mi hanno guardata.

"Sto frequentando dei posti in cui ci sono molti uomini, per cercare di imparare qualcosa," ho detto. "Le vostre mogli non vengono mai?"

"Mia moglie è contenta che io abbia un hobby," ha detto uno di loro. "Preferisce così che vedermi tutto il giorno a casa seduto davanti alla tv."

"Certo. Quindi venite qui per allontanarvi dalle mogli?"

"A me piace il fatto che io salgo sulla moto e mia moglie no."
"Capisco."
"Una volta io ho portato la mia ex moglie," ha detto un'altra tuta di pelle nera. "Ho abbassato le sospensioni al massimo e ho preso una strada piena di pozzanghere. Così ero certo che non sarebbe voluta venire mai più."
"E quella è stata l'esperienza sessualmente più appagante che avesse mai avuto da quando era sposata con lui."
"A noi piace stare lontani dalle donne."
"Che ti dicono roba tipo: 'Perché non dipingi un fiore sulla moto?'." Risate generali. "Oppure: 'Prova a farla rosa'."
"Se avessi ucciso mia moglie invece di sposarla, a quest'ora sarei libero."
"E in prigione avresti fatto più sesso."
"Che tu lo volessi o no."
"Per questo non vorrei andare in prigione; non voglio essere comandato."
"Lo dici tu."
Io stavo lì seduta ad ascoltare in un misto di divertimento, orrore e confusione quello che aveva tutta l'aria di essere una sorta di repertorio di sane battute misogine e omofobiche. Forse vi starete chiedendo se misoginia e omofobia possano avere qualcosa di sano. Penso di no, non più del razzismo o di qualunque battuta alle spese di altri... e comunque avevo la sensazione che non dicessero sul serio. Non ero convinta che davvero odiassero i gay e, ancora di più, le donne. Anche se, come dice Germaine Greer in *L'eunuco femmina* – che stavo rileggendo per inserirlo nell'elenco delle letture in appendice –, a un certo punto gli uomini odiano le donne. Era tutto molto oscuro.
"L'altro giorno mi sono fermato a un semaforo e un tizio di fianco mi ha detto: 'Oh, una Harley. Ti va di bere qualcosa?'."
Sono scoppiati tutti a ridere. Era difficile non ridere e non mi impegnavo nemmeno tanto per riuscirci. Era strano. Non era un'omofobia aggressiva. Sembrava più un giocoso mettersi in mostra.
"E ci sei andato?" ho chiesto. "Cos'è successo?"
"Si è svegliato in un vicolo con una calza in bocca e un preservativo nel culo."
Non lo trovavo divertente. Tutto era sempre più oscuro. Mi chiedevo se forse tutte quelle battute contro i gay non avessero solo lo scopo di dimostrarmi che loro non lo erano. Perché allora non toccare direttamente l'argomento?

"Signori..." ho detto con un sorriso educato. "È corretto presumere che qui siate per lo più eterosessuali?"

"Sì. Ma ci vestiamo tutti di pelle e passiamo un sacco di tempo a pulire e a lucidare."

Altre risate e uno ha incrociato le braccia facendo un gesto con cui intendeva dimostrare di non essere affatto gay.

Non ho potuto fare a meno di notare che i due che facevano più battute antigay erano quelli che sembravano più gay di tutti.

"Le raccontiamo del Cillit Bang?"

"No!" ha detto qualcuno.

Big Dave non diceva niente. Se ne stava seduto con la testa fra le mani e un'espressione di disperazione.

"Avete mai sentito parlare di candeggio anale?" (Ormai era meglio smettere di individuare chi diceva cosa.)

"No. Io uso ancora i criceti."

"Il termine giusto è *felching*."

A quel punto ho pensato di sollevare l'argomento delle donne.

"Conosco un centinaio di donne single," ho detto. Quando lo dico, gli uomini rizzano le antenne.

"Ad alcune di loro potrebbe divertire fare un giro in moto, una volta. Se lo chiedessi a qualcuna... uno di voi avrebbe piacere a portare un passeggero?"

"Niente donne grasse." Altre risate.

"Prego? Non mi sembra di vedere nessuno qui che conduce una vita di stenti."

"No, a noi piacciono le donne di peso."

"Ma non ci piacciono le ciccione. Le moto non ce la fanno," ha detto un tizio molto grasso.

"E poi non voglio trasportare nessuna donna che si rasi più di me."

Anche qui tutti si sono messi a ridere. Era troppo. Ho un'amica che ha sofferto di uno squilibrio ormonale per anni e a un certo punto ha dovuto radersi. Per lei era una condizione insopportabile... ma mi sono morsa la lingua.

"Io voglio conoscere una donna amante del rugby."

Altre risate. "Impossibile."

A quel punto ho sorriso. "In realtà una delle donne single che conosco adora il rugby e dice che gli uomini si sentono spesso intimoriti quando scoprono che sul rugby ne sa più di loro. Tu come reagiresti?"

Se n'è andato.

"Cos'ho detto di male?" ho chiesto.

"Vuole un uomo, ovvio." Ancora risate. Di nuovo a parlare di gay così in fretta?

Si è intromessa una voce più moderata.

"Ehi... J.K. Rowling... cosa stai scrivendo?"

"Che un sacco di donne si lamentano che è difficile conoscere gli uomini."

"Le donne si lamentano e basta," ha detto uno degli antidonne.

La battuta più divertente della giornata.

A questo punto non voglio darvi una brutta immagine di questi uomini. Dave non aveva detto una parola. E ce n'erano anche un paio di altri: Andrew, calmo e gentile, che ascoltava e osservava... pronto a intervenire, credo, se qualcosa fosse andato storto.

E altri, seduti più in là, che non volevano prendere parte a queste... "spiritosaggini".

"Ehi, questa scrivila. È buona."

"Ok."

"Cosa prendono a pranzo gli asini di Blackpool?"

"Non so..." ho detto io. "Cosa prendono a pranzo gli asini di Blackpool?"

"Un'ora di pausa."

Si sono messi tutti a ridere. Ho guardato Andrew, che mi ha fatto un sorriso di compatimento senza dire niente. La storia continuava.

"Anche quelli in spiaggia?"

"Allora..." ho sorriso, ignorandoli. "Vi piacerebbe se invitassi un'amica ogni tanto?"

"Molte mogli non sanno che le moto hanno un sedile per i passeggeri. Si possono nascondere."

"Mia moglie non mi lascerebbe venire, se sapesse che mi porto una ragazza per un giorno intero."

Cosa significa "Mia moglie non mi lascerebbe venire"? Veramente le donne dicono agli uomini cosa possono e non possono fare? Gli uomini permettono davvero alle donne di impedire loro di divertirsi, come dicevano al cantiere? Le relazioni fra uomini e donne sono realmente così cattive?

"Ma dai," ha detto uno, "sarebbe bello avere qualche donna ogni tanto. Tengono lontane le mosche dai panini."

"Non lo pensa sul serio," mi ha sussurrato qualcuno all'orecchio.

"Certo. Capisco." Ma in realtà non capivo affatto.

"Sentite, sto dicendo semplicemente che se c'è qualcuno di voi che vuole trasportare un passeggero, io penso di conoscere qualche ragazza a cui piacerebbe passare una giornata con voi. Tutto qui."

"Magari potrebbe essere un'idea da mettere sul sito," ha detto Dave. "Dovremmo controllare con l'assicurazione e tutto il resto."

"Ok."

"Quindi dove pensate che dovrebbero andare le donne per conoscere più uomini?"

"A fare lap dance?"

"Per le donne è facile conoscere uomini."

"Davvero?"

"Certo. Devono solo mettersi un po' in tiro e accorciare la gonna."

Allora lo dirò alla mia amica femminista e laureata da poco.

Era stranissimo. Tutta quell'omofobia e quella misoginia, eppure erano palesemente divertiti dal fatto di avermi lì, anche se ero solo un buon motivo per mettersi in mostra. Io non mi sono sentita offesa dal loro assurdo umorismo. Ma chissà se qualche donna di mia conoscenza sarebbe uscita con uno di loro? I più saggi e riflessivi non avevano detto niente. Il calmo Andrew e il meraviglioso Big Dave che per tutto il giorno si sono occupati di me erano sposati, ovviamente. Big Dave, ho scoperto poi, aveva cinque figli. Alcuni degli altri, che erano single, non li avrei mai messi nella stessa stanza insieme a una donna. Mi davano l'impressione di non aver mai avuto quell'esperienza in vita loro e, nonostante tutto, sembravano preferire la compagnia maschile. Avevano scelto un hobby che li avrebbe confinati a stare solo con uomini.

"Allora cos'era successo quella volta a Richard Gere con quel criceto?" ha chiesto uno.

Dave non ce la faceva più.

"Bene, mi spiace interrompere la festa." I suoi cento chili abbondanti si sono alzati in piedi. "Ma vorrei andare, Isabel."

"Perfetto, Dave."

Adoro quando qualcun altro si occupa di me e io non devo prendere decisioni.

Non saremmo tornati indietro in gruppo. Ognuno sarebbe andato per conto proprio. Quindi niente più limiti di velocità, al ritorno. Dave si è immesso sulla M11 e ben presto andavamo già a ottanta all'ora. Era una sensazione stranissima, a volte molto simile a una vertigine. Ero seduta su una sedia con il suolo di fianco a me che andava a ottanta all'ora. La cosa strana era riuscire a vedere il terreno in modo così chiaro. Mi sono accorta che, se ci pensavo, mi sembrava di cadere.

Quando si viaggia in auto, si ha l'illusione di essere al sicuro dentro quella scatoletta di metallo. Se l'auto va a sbattere, almeno c'è l'involucro stesso a fare da protezione. Ma non ci si sente nel mondo reale. Si è dentro la propria auto. In moto quell'illusione non c'è. Sapevo per certo che mi sarebbe bastato sporgermi di lato e io e la morte ci saremmo incontrate in modo piuttosto brusco. Erano questi i pensieri che mi turbinavano in testa durante il viaggio di ritorno. Poi ho smesso di guardare la strada e ho guardato il paesaggio, con la musica di Dave che contribuiva ad aumentare la sensazione di uno stato di alterazione. Ero del tutto immobile, come in meditazione, e mi sono ricordata di prestare attenzione al respiro. E per una volta sembrava che il tempo passasse alla stessa velocità con cui trascorrono gli anni.

Dave mi ha portata fino a casa. I vicini hanno strabuzzato gli occhi mentre quella massa enorme di pelle nera entrava nella via con la sua moto da trentacinquemila sterline. "Una tazza di tè, Dave?"

"Non voglio disturbare."

"Non dire sciocchezze."

Ci siamo seduti in giardino con una tazza di tè in mano.

"Allora, che conclusioni dovrei trarre da tutto ciò?"

"Devi capire che sotto sotto tutti quegli uomini hanno paura delle donne. Occorre fare attenzione a quello che dici e a quello che fai. È così facile fraintendere. Per esempio, mia figlia ha partecipato a una gara di ginnastica e sai che non mi ha permesso di andare a fotografarla?"

"Sì... immagino. Ma in quel caso si tratta di ragazzine. Con le donne non è la stessa cosa, no?"

"È lo stesso. Persino una conversazione cortese ed educata può essere fraintesa. Gli uomini vengono sgridati, incolpati, citati in tribunale."

"Allora è per questo che in Inghilterra gli uomini non mi sorridono mai?"

"Esatto. È più probabile che tu riceva uno sguardo vuoto o che tutti passino oltre, senza accorgersi della tua presenza. Un sacco di uomini non capiscono le donne e non sanno come fare a parlare con loro."

"È vero. Ma penso ci siano anche tante donne incapaci di capire gli uomini. Come è già stato detto, è un miracolo che la specie non si sia ancora estinta."

"I matrimoni felici sono pochissimi. Dopo che la donna è rimasta incinta, sembra che l'uomo abbia esaurito le proprie funzioni. È incredibile vedere come i famosi mal di testa spuntino solo dopo la gravidanza."

"Oddio. Siamo così meschine?"

"Se parli con una donna al lavoro, qualunque cosa tu dica può ritorcersi contro di te. Una donna può accusarti di averle infilato una mano sotto la gonna e, quale che sia il risultato, l'uomo si troverà nei guai fino al collo. La gente crederà sempre che, se lei lo dice, qualcosa di vero c'è."

"Quindi avete paura di noi?"

"Ti è mai capitato di cedere il posto a una donna su un mezzo pubblico?"

"Se un uomo mi cede il posto io dico: 'Grazie'."

"Questa è una risposta possibile, ma non la più probabile. Le donne sono difficili. Gli uomini senza di loro si divertono perché non devono preoccuparsi di niente. Tu hai ragione, ma ormai ci sono pochissimi posti in cui gli uomini possono andare e in cui le donne non abbiano ancora preso piede. Il nostro è uno di questi."

"Capisco."

"Una volta al mese facciamo una serata al pub con l'Harley Owners' Group. Oggi non era una giornata tipica e alcuni di quelli che parlavano non li avevo mai visti prima. Quello che si ritrova al pub è un gruppo completamente diverso. Perché non fai un salto a conoscerli?"

I biker sono una strana e meravigliosa razza a se stante, questo è certo. La sera in cui sono andata al pub, Big Dave – o Very Big Dave, come avevo cominciato a chiamarlo io – era venuto a prendermi con il suo destriero metallico perché potessi arrivare con un certo stile. Aveva anche deciso che dovessi prendere in prestito un po' di "colore" (cioè una giacca con i decori appropriati) per sentirmi più a mio agio.

Alcuni erano incredibilmente anziani. Non l'avrei mai immaginato. Cominciavo a desiderare di essere una fotografa per immortalare quella massa di lunghi capelli grigi. Un uomo con cui ho parlato, che aveva trentacinque anni, mi ha detto che da quando si era iscritto doveva aver abbassato l'età media del gruppo almeno della metà. È buffo. Se avessi avuto una madre vedova interessata a conoscere un uomo sui sessanta o settant'anni, non avrei mai pensato di consigliarle un giro su una Harley. C'era una coppia davvero splendida. Ammettendo che fossero sposati.

"Sì... siamo insieme da quarantun anni. Ci siamo conosciuti nel 1960."

"Lui aveva una moto e io ho pensato: 'Mi piacerebbe provarla'."

"Era una Harley 1200 del 1951. Così abbiamo cominciato a girare insieme per il Canada, dove io vivevo, e un giorno lei mi ha detto: 'Torno a casa, vieni con me?'. Intendeva dire 'in Inghilterra', e io ho detto: 'Va bene', e da allora sono sempre stato con lei. Vorrei tanto avere ancora quella moto... varrebbe una fortuna."

Fuori c'erano gruppi di uomini in piedi di fianco a una serie di mezzi splendidi e parlavano una lingua che avrebbe richiesto uno studio. Sono convinta che solo gli esemplari maschi della nostra specie possano pronunciare frasi come: "Io ho una marmitta Vance & Hines con sopra una Screaming Eagle", oppure: "Ah, cosa ne dite dei terminali Slash-cut?".

E mi chiedo quante donne al mondo saprebbero rispondere a questa domanda: "Qual è l'inclinazione migliore per un tubo di scappamento?".

Vagavo per il pub in cerca di un bicchiere di vino rosso e di una conversazione comprensibile. Big Dave mi ha presentata a Paul, capo del gruppo, e ci siamo seduti a discutere delle meraviglie delle Harley. Io ho spiegato la natura del mio progetto e il fatto che stessi "esplorando ambienti maschili". Paul annuiva in segno di approvazione. Naturalmente quello era l'ambiente più adatto, secondo loro.

"Guidare una Harley è una delle attività migliori che un uomo di trenta, quaranta o cinquant'anni possa fare con altri uomini divertendosi e senza attirarsi il disprezzo di nessuno, trattandosi di un'attività tanto ambiziosa. È strano. Quasi tutti vorrebbero avere una Harley. Con altre moto prevale un senso di anonimato, ma con una Harley c'è una stretta relazione fra la moto stessa e il fatto che chi la guida sia uno spirito libero. Libertà e divertimento sono i due atteggiamenti impliciti in una Harley, e lo sanno tutti. In Francia persino le vecchiette si fermano a guardarle. A me piace essere considerato uno spirito libero."

"Ecco il punto," ho detto annuendo entusiasta. "Proprio così, ecco quello che anche a me piace di queste moto, del fatto di essere qui e di tutto il mondo delle Harley. Lo adoro; adoro che non esistano distinzioni di classe, adoro sentirvi parlare di divertimento e libertà. È tutto così diverso dagli ambienti femminili dove sono stata, in cui non facciamo che sederci in cerchio e parlare delle nostre emozioni."

Cosa mi sta succedendo? Adesso sto diventando anch'io antifemminista?

"Hai mai pensato di guidare tu una moto?"

Ho sentito la pelle perdere una tonalità di colore, letteralmente.

"Cosa? Io?"

Lui si è messo a ridere. "Perché no?"

"Non ho il fisico. Sono già contenta di indossare un bel maglione di cachemire rosa, sedermi dietro e avere Very Big Dave che si prende cura di me."

"Certo, ma non c'è niente di meglio che guidare di persona. Peccato che non farai mai un'esperienza simile."

Cosa? Accidenti! E chi lo dice?

"Non è pericoloso, costoso e difficile?"

"Si può fare l'esame pratico per guidare una Harley in sei giorni in un posto chiamato Rider's Edge. Poi puoi sempre affittare una moto quando hai voglia di farti un giro da sola."

"Ma non ho mai nemmeno fatto un esame di teoria! Quando ho preso la patente io, avevano appena inventato i segnali stradali."

"L'esame di teoria è facile. Dai... sarebbe bello avere una donna nel gruppo."

"Mah. Ci penserò."

Per un'innocua serata al pub poteva bastare.

Sulla frase "Peccato che non farai mai un'esperienza simile" avrei qualcosa da ridire. Non vi fa squillare un campanello d'allarme? Il punto è che, in questa vita, abbiamo un numero limitato di battiti cardiaci.

Se saremo fortunati, verrà un tempo in cui avremo novant'anni e vivremo in una casa di riposo per anziani. Se il cancro non ci spazza via prima, avremo tutto il tempo per riflettere sulla nostra vita e sulle cose che non abbiamo mai sperimentato. Gli anziani mi raccontano sempre che la cosa peggiore sono i rimpianti... le cose che non abbiamo fatto. "Vorrei essermi trasferito al mare", "Vorrei aver passato più tempo con i miei figli", "Vorrei aver imparato a dipingere", "Vorrei aver viaggiato... ma adesso non posso più. Con le gambe che mi ritrovo...".

Io però sono nel presente e vivo una vita che un giorno, se sarò fortunata, rivedrò da un'altra prospettiva... e ho la sensazione che i rimpianti che potrei avere si divideranno in due gruppi. Nel primo ci saranno quelle cose indipendenti dalla mia volontà: non aver avuto fratelli o sorelle, non aver avuto un altro figlio che tenesse compagnia alla mia amata figlia, o anche non aver avuto la possibilità di passare del tempo insieme a Harry. Quest'ultimo esempio mi balza all'occhio. Chissà perché. Non che lui occupi ancora un posto nella mia mente.

Il secondo gruppo di potenziali rimpianti riguarderà tutte quelle cose che dipendono da noi ma che, se non ci diamo una mossa, finiranno per diventare cose che desidereremo aver fatto. Mi piacerebbe tanto essere capace di suonare un preludio di Bach intero, ma riesco a suonarne solo metà. Posso sedermi a un piano qualunque e suonare mezzo preludio... non è assurdo? So questo pezzo di Bach da anni, ma non ho mai trovato il tempo per imparare l'altra parte. Immagino che nella mia casa di riposo (e non posso scrivere questa frase senza fermarmi ogni volta a pensare "Inshallah", "Se Dio vorrà") ci sarà un pianoforte, ne sono certa, e se non starò attenta rischierò di sedermici a suonare solo mezzo preludio. Per allora avrò perso l'abilità di memorizzare qualunque nuovo passaggio e sfiancherò gli altri poveri vecchietti continuando a suonarlo senza mai arrivare alla fine.

D'accordo, mi sono lasciata un po' prendere da questo esempio. Ma ci sono tutte le altre cose che so di poter fare se solo mi mettessi d'impegno. Potrei imparare l'arabo, potrei imparare a cucinare bene il *chapati*, e potrei fare tutto il possibile per viaggiare molto e vivere la vita in pienezza. Per fare queste cose basta che mi decida a darmi una mossa.

Uno dei più grandi misteri della vita, come tutti sappiamo, è in che gruppo mettere gli "uomini". Per chi ha già trentanove anni e tre quarti, conoscere un uomo con cui avere figli potrebbe ormai rientrare nella categoria degli eventi fuori dal controllo personale. Anche perché, in realtà, è proprio così. Eppure, ed è questa la cosa divertente, se non volete essere troppo insoddisfatti di voi stessi quando avrete novant'anni, cercate almeno di fare tutto ciò che è umanamente possibile per trovare qualcuno con cui vivere. Così vi accorgerete che almeno vi siete divertiti nella ricerca.

La convinzione che conoscere qualcuno non sia una cosa controllabile ma appartenente alla sfera mistica della vita è ancora molto diffusa. Ci consigliano di "vivere la vita" in modo non meglio specificato e "al momento giusto" (?!) "lui salterà fuori". È una specie di simil-spiritualità che richiede di affidarsi al "destino" o "all'universo". Nei gruppi religiosi cristiani o di qualunque altra confessione religiosa, "Dio ti affiancherà la persona giusta al momento giusto". In tutte queste visioni sembra che ci troviamo in una fiaba in cui basta vagare per la casa cantando "*Il mio amore un dì verrà*" e continuando a preparare torte di frutta.

Come vedete, personalmente non condivido. Sono d'accordo con il fatto di affidarsi alla dimensione spirituale in qualunque ambito ma, solo sulla base delle statistiche, a meno che vi trasferiate in Cina, non c'è possibilità che un uomo si faccia miracolosamente vivo e venga a cercarvi. Dobbiamo essere allegre, attive, positive e non vivere con l'ansia del risultato. Bisogna stare all'erta, ma dandosi da fare per vivere una vita tremendamente bella lo stesso. Non dico che il caso non faccia la sua parte... ma bisogna essere al posto giusto per dare una possibilità al caso, no? Guardate l'assurdità della mia vita, per esempio. Passo la maggior parte delle giornate seduta al computer a mandare e-mail a una serie di persone in giro per il mondo che probabilmente non incontrerò mai. L'unico uomo che vedo tutti i giorni è l'impiegato delle poste. Lo adoro, ma è musulmano e felicemente sposato con due figli, e anche la moglie e la suocera lavorano all'ufficio postale. Quindi le mie possibilità con lui sembrerebbero piuttosto limitate, anche secondo la più ottimistica delle prospettive. Soprattutto dato che l'unica cosa di cui parliamo sono i francobolli.

L'addetto del supermercato del quartiere non è il mio tipo e il proprietario della lavanderia è una donna. Quindi se qualcuno mi dicesse che "il mio uomo ideale si farà vivo al momento giusto", io gli chiederei dove dovrei aspettarlo esattamente. A metà strada fra casa mia e l'ufficio postale? Insomma, non ho studiato matematica, ma le probabilità statistiche di conoscere qualcuno con cui condividere per sempre il letto e la vita sull'angolo di Battersea Park Road mi sembrano molto ridotte.

Quindi tendo a non ascoltare chi mi dice che gli incontri dovrebbero essere lasciati al "destino", a "Dio", alla "sorte", "all'universo", e così via, ma sposterò questo argomento nel secondo gruppo di potenziali rimpianti: "Le cose per cui possiamo fare qualcosa prendendo una decisione". Se mi metterò in moto ma non incontrerò nessuno, almeno non potrò prendermela con me stessa, né con il destino. E non potrà nemmeno essere una questione di destino avverso, perché una possibilità gliel'avrò data e mi sarò pure divertita un mondo a dargliela.

I vantaggi di questo approccio, in opposizione a quello aspetta-e-spera, sono almeno quattro:

Diventeremo capaci di cose strabilianti, prenderemo la vita a piene mani, risultando così particolarmente affascinanti.

Adoreremo la nostra vita e saremo d'ispirazione per gli altri.

Avremo sempre un sacco di amici attorno, perché l'energia positiva attrae.

Avremo una vita così bella che alla fine non ci importerà se avremo conosciuto qualcuno o no.

Provate a pensare se domani tutti noi fossimo sul punto di organizzare una festa di gruppo per il nostro centesimo compleanno e una pazzoide di nome Isabel Losada saltasse su con l'idea di fare una lista delle cose che avremmo voluto fare... be', devo ammettere che io potrei finire con lo scrivere: "Passare dieci anni con Harry". Però, accidentaccio, non dovrò scrivere: "Salire su una Harley Davidson". Perché dovrei volerlo? Perché chiunque dovrebbe volerlo? Perché, invece, chiunque abbia la grazia di due braccia e due gambe non dovrebbe volersi fare un giro su un mezzo del genere?

Forse l'unica cosa da fare è ascoltare Paul e mettere da parte le mie idee stereotipate sul fatto che non sia una cosa molto "femminile". Non importa se al mio io fanciullesco l'idea non piace e preferirebbe trovare un principe azzurro che lo guidi... lo ignorerò e imparerò a guidare da sola. E quando una giovane infermiera mi spingerà sulla carrozzina in una direzione in cui non vorrò andare... agiterò il mio indice nodoso dicendo: "Di là, cara! Lo sai che io guidavo una Harley Davidson, vero?".

E lei ci rimarrà così di stucco che da quel momento in poi mi spingerà sempre dove vorrò io.

Inoltre Paul ha ragione, e appunto alla luce della mia missione di studiare la specie maschile dovrei farlo sul loro territorio proprio come uno di loro, giusto? Un venusiano deve assumere strani atteggiamenti per tentare di capire un marziano.

Il libro di testo ufficiale di teoria motociclistica ha 319 pagine, quindi spero vi rendiate conto del mio duro lavoro e del mio impegno. Mi piacerebbe sapere se sono l'unica persona in tutta la nazione a sapere la differenza fra un attraversamento a tucano e uno a pellicano. Sentite questa domanda: "In un attraversamento Puffin," è una sigla di qualcosa, "qual è il colore che segue il verde?".

E poi altre domande del facsimile dell'esame di teoria: Quali sono i tre servizi di emergenza che hanno un lampeggiante blu? *a*) Guardia costiera; *b*) artificieri; *c*) spazzaneve; *d*) ambulanza veterinaria; *e*) soccorso alpino; *f*) guardia medica.

Tutti dovremmo sapere queste cose, ciclisti e pedoni compresi.

Ecco le risposte e, se non le sapevate, la prossima volta che andate in libreria prendete una copia del Codice della strada. Non costa molto e potete tenerlo in bagno da leggere. E nessuno osi dire che i libri di Isabel Losada non ti cambiano la vita.

1. In un attraversamento Puffin (che è quello in cui un sensore a infrarossi individua se ci sono pedoni in attesa di attraversare), dopo il verde viene il giallo fisso.
2. I servizi di emergenza che hanno il lampeggiante blu sono: *a*) guardia costiera; *b*) artificieri e *e*) soccorso alpino. I veicoli usati dai disabili hanno il lampeggiante giallo, così come tutti i veicoli lenti. Un lampeggiante verde indica invece un medico chiamato d'urgenza.

Così, riempiendomi la testa di informazioni del genere sono riuscita a passare l'esame di teoria. Ho mandato un messaggio sul cellulare di Paul mentre era a una riunione del club: "L'ho passato!".

Nel giro di un minuto mi aveva già risposto. "Complimenti. Quando vai al Rider's Edge per la pratica?"

Il centro di addestramento Rider's Edge è un ambiente veramente maschile. Fuori dall'America esiste un solo centro di addestramento specializzato. Si dà il caso che si trovi in Galles. La maggior parte di chi impara a guidare la moto fa un test definito Obbligatorio e Di Base, ma con quello si può guidare solo una moto leggera. Il corso del Rider's Edge offre molto di più. L'addestramento è a cura di ex agenti di polizia motociclisti in un posto incredibile con sei chilometri di strada privata. Se vorrò mai guidare una Harley, è questo il corso che devo fare... e passare.

Sono arrivata al centro, ho chiamato un taxi e ho chiesto all'autista: "Per caso sa se c'è qualche locanda o un bed and breakfast dove potrei stare?".

"C'è la signora Davis, ma è a sette chilometri da dove andrà lei."

"Mi racconti qualcosa di questa signora Davis."

"È anziana, sulla settantina, e ha perso il marito due mesi fa."
"Quindi le farebbe piacere un po' di compagnia?"
"Certo, però è caduta da poco e si è rotta il polso, quindi magari farà fatica a rifare i letti e tutto il resto."
"Per favore, le dica che se mi ospiterà sarò lieta di darle una mano con i letti e di prepararmi da sola la colazione." Sarebbe stato un piacere ascoltare la signora Davis parlare del marito per ore, se l'avesse voluto, e io non avrei dovuto dire niente. L'ha chiamata e la signora Davis ha detto che sarei stata la prima ospite dopo la morte del marito, ma che sarebbe stata felice di accogliermi.
Sono entrata al centro di addestramento con la valigia in mano, il cuore in gola e già ansiosa di prendere un tè con la mia nuova amica settantenne con il polso rotto.

Adoro essere circondata da uomini. Forse devo ancora ammortizzare tutti quegli anni passati alla scuola di danza e a teatro. Gli istruttori mi sono piaciuti subito per il loro meraviglioso accento gallese, dolce, lieve, che mi ricordava un cartone animato ambientato in Galles che vedevo da bambina. Erano ex agenti di polizia: allegri, disciplinati, cauti e coscienziosi. Un istruttore non insegna mai a più di due allievi alla volta. C'eravamo io e quattro ragazzi. Io ero la mosca bianca, quindi avevo un istruttore tutto per me. Mi è piaciuto subito: era abbastanza vecchio da poter essere mio padre, aveva alle spalle una vita di esperienza con le moto e faceva anche corsi intermedi e avanzati. Ero troppo felice ed entusiasta. Alle pareti erano appese le foto di gente sorridente con in mano dei diplomi, insieme a biglietti di ringraziamento dopo i numerosi successi ottenuti. Prima di sederci per un paio d'ore di teoria, ci hanno controllato la vista e le qualifiche che avevamo conseguito, e poi hanno detto: "Bene. Possiamo andare a sederci su una moto, allora?".
Gioia e giubilo! Potevamo salire su una moto! Ci siamo infilati in un mucchio di abiti di protezione, siamo entrati nei garage e ci siamo fermati in ammirazione; erano pieni di Harley di tutti i tipi, dalle piccole 125 a quelle più grandi e costose. Uno degli istruttori stava parlando: "Questo è l'acceleratore, questo sul pedale destro è il freno posteriore, questa è la frizione". Adoravo tutto ciò. Un corso dove avrei imparato a fare qualcosa di nuovo, invece di passare il tempo a esaminarmi l'ombelico già fin troppo sotto osservazione.

"Questo è il freno anteriore, ma imparerete il modo giusto per usarlo. Dovete andarci piano, come vedrete. La cosa più importante da controllare è la frizione..."

I ragazzi annuivano come se tutto ciò fosse ovvio. Io ero solo entusiasta. Il primo esercizio prevedeva di spingere la moto per un po' per prendere confidenza. "Si sta sempre alla sinistra della moto." La mia era rossa e splendente. Le abbiamo spinte fuori e alla fine ci hanno permesso di salirci. "Adesso spostatele in avanti con i piedi." Poi ci hanno introdotti ai piaceri della chiave di accensione e abbiamo potuto accendere la moto e fare qualche metro. Oddio, era troppo forte. La fanciulla in me se n'era già andata!

Abbiamo fatto un po' avanti e indietro. Io ho stupito il mio istruttore facendo una curva a U perfetta la prima volta che ho imboccato la strada. Eravamo su strade private, quindi del tutto al sicuro. Poi ci siamo divisi e io sono rimasta con il mio istruttore.

"Sei bravissima," mi ha detto. "Ora acceleratore, frizione, piede sinistro giù. Ecco. Arresto perfetto." Mi stavo divertendo, pur non avendo capito bene la storia della frizione, ma non avevo paura e doveva vedersi. "Bene. Adesso andiamo all'area di addestramento. Quindi cerca di seguirmi, piano, tanto per vedere com'è la moto in seconda e in terza. Mi raccomando, piano." Mi avevano dato una cuffia, così lui poteva parlarmi mentre guidavo. Con quell'accento gallese e quelle montagne attorno, era tutto perfetto. Non mi veniva in mente nient'altro che avrei voluto imparare a fare.

"Adesso metti piano la seconda. Ecco, così va bene, e lascia lentamente la frizione. Brava. Curva un po' larga. Adesso andiamo dritto. Brava. Accelera ancora un po'. Bene. Adesso potrai vedere come va la moto in terza. Piede sinistro in posizione... bene... vai con la frizione. Brava. Isabel, è perfetto. Hai un talento naturale. Curva eccellente. Accertati di scalare bene le marce. Brava. E torna in prima. E se riesci fermati qui vicino a me. Ecco. Perfetto. Non immagini nemmeno quanto possa essere difficile insegnare alla gente a farlo."

"A fare cosa? A mettere il piede sinistro a terra?"

"Per alcuni è difficile, ma tu lo fai con facilità. Vai spesso in bicicletta?"

"Tutti i giorni."

"Questo aiuta. Come ti sembra?"

"Un po' a balzi, mi sembra di non riuscire a controllare bene le marce e la frizione alle marce più basse."

"Dopo pranzo puoi provare una Buell. Sono più larghe, ma più facili da controllare. Ti piacerebbe provarla?"

"Certo."

Abbiamo fatto un altro po' di giri. Quando siamo rientrati per pranzo avevo ancora un po' di difficoltà a controllare la frizione. Mi sono confrontata con gli altri. I ragazzi stavano andando bene. Uno era già caduto due volte: "Non mi sono fatto male, ma mi ha reso più nervoso di quanto già non fossi".

"Cadere un paio di volte è normale," ha detto una voce gallese in un sussurro. "Soprattutto quando si impara a curvare."

"E tu come vai, Isabel?"

"Ho un po' di problemi con le marce, ma mi sto divertendo."

Abbiamo cominciato la sessione del pomeriggio, in cui avremmo guidato ancora a velocità ridotta. Facendo degli otto attorno a dei coni appoggiati per terra. Mi hanno dato la moto Buell più larga. Una moto americana, simile a una Harley, ma più leggera. Sono partita allegramente con il mio istruttore gallese che mi parlava nell'orecchio. "Adesso giriamo a destra. Così. Ora metti la seconda. Perfetto. Adesso giriamo a sinistra."

Ho fatto per curvare, ma ero in terza e non riuscivo a scalare le marce abbastanza in fretta da fare la curva a sinistra. Ho sterzato a sinistra e d'istinto ho premuto il freno destro con la mano, come faccio tutti i giorni in bici. La moto è andata fuori strada sul prato... merda, ho perso il controllo. Il tempo gioca a mio sfavore. Cos'è successo al tempo? Sto andando al rallentatore? Come si fa a pensare? Il prato? La moto? Tiro l'acceleratore in un disperato tentativo di riportare la moto in posizione verticale. La moto non è un cavallo, non mi capisce e va più veloce. Scivolo e mi sembra di essere inclinatissima a sinistra. E adesso cosa c'è? Sono certa che avrei dovuto mollare tutto. Perché non l'ho fatto? Perché il mio inconscio sentiva di dover proteggere la moto dall'erba? Perché il cielo è in quella strana posizione? È appena successo qualcosa di stupido? Ah, ecco, sono per terra con la moto sopra.

"Isabel, stai bene?" mi stava dicendo una fantastica voce gallese nella cuffia. Io ho annuito e ho gridato: "Sto bene," mentre lui si avvicinava. "Ma penso di essermi slogata il polso." Ho sollevato una cosa dall'aspetto strano che una volta era stata un polso. Solo che la mano sembrava non appartenermi più. "Oddio," ho detto, "non mi fa male." Avevo la mano piegata con una strana angolazione, come se stessi imitando un buffo uccello al gioco delle ombre cinesi.

"No, adesso non fa male... ma sentirai fra cinque minuti. Temo sia rotto. Sembra una frattura doppia. Niente moto per un po'."

Mi guardava. Penso fosse perplesso quanto me.

"Cos'ho fatto?"

"Hai usato il freno anteriore e poi penso tu abbia spinto con l'acceleratore."

"Perché?"

"Non so, mi spiace."

"Scusami."

"No, scusami tu."

"No, davvero, non è colpa tua, avrei dovuto dirti quanto sono sciocca."

"Non è nemmeno colpa tua, tutti sbagliano. Ho chiamato l'ambulanza."

"In quanti hanno fatto il corso quest'anno?" Il polso cominciava a farsi sentire.

"Centinaia."

"E quante ossa rotte avete avuto?"

"Vuoi davvero saperlo? Tu sei stata l'unica. Sei la prima."

Immagino che, volendo fare nuove esperienze in ambienti maschili, essere stesa su una barella e portata in ambulanza da tre infermieri gallesi poteva essere considerato un successo. Soprattutto visto che uno di loro mi ha parlato con un tono dolce, delicato e rassicurante per un'ora di viaggio verso l'Hereford Hospital. Mi sono convinta... anche se non era proprio quello che avevo in mente.

Ho sfruttato quel lungo viaggio per divertire l'autista dell'ambulanza, fra un respiro e l'altro di Entonox, dicendogli che mi ricordavo che il mio istruttore quella mattina mi aveva detto di non toccare il freno anteriore e di controllare la velocità con la frizione. Poi gli ho spiegato che se avesse potuto prendere nota di ciò che dicevo, avrei avuto un documento scritto sugli effetti dell'analgesico sulle mie restanti cellule cerebrali per un libro a cui stavo lavorando. Lui mi ha sorriso, con compassione, perché dovevo essere visibilmente delusa, e continuava a parlarmi con un tono professionale e rassicurante, ma senza prendere nota di niente. L'Entonox mi faceva sentire come se, nonostante il dolore, io fossi altrove a osservare la scena da fuori; come uno scrittore che scrive senza essere all'interno del romanzo, o un attore che recita le battute di un personaggio e allo stesso tempo scopre di non essere quel personaggio, ma di essersi allontanato per pensare a cosa mangiare a cena dopo le riprese.

Poi tutto si è annebbiato. Non c'erano più i tizi dell'ambulanza chini su di me, ma dei dottori. Ricordo brani di conversazione che preferirei non aver sentito come: "Mi serve aiuto. Abbiamo una frattura di Colles da sistemare". Vi sentite già male? Mi hanno riempito il braccio di qualcosa dicendomi di guardare dall'altra parte e di pensare a Harry. O almeno mi sembra, ma questa volta di anestetico ne avevo respirato un sacco. C'era un continuo viavai mentre vari medici sembravano indaffarati sul mio braccio avvolgendogli attorno qualcosa e, prima ancora di capire dove fossi esattamente, mi avevano già dimessa con un enorme braccio ingessato e un sacchetto pieno di antidolorifici.

"Per questi le invieremo la fattura."

"Ah, sì? Certo, dottore. Grazie, dottore." Non era un bell'uomo.

Nella sala d'aspetto c'era John del Rider's Edge, che era venuto a prendermi per portarmi alla mia nuova casa al B&B.

La signora Davis mi ha aperto la porta con un bel sorriso. "È bello averla qui. Al momento sono un po' malmessa, sa... mi sono rotta il polso sinistro."

Da sotto la giacca ho tirato fuori il mio polso sinistro rotto.

"Be', che dire. Non ci avrei mai creduto."

Quella sera sono rimasta seduta con il gatto in braccio ad ascoltare, con enorme piacere, i racconti della signora Davis sul marito; aveva infilato la sua forchetta nel mio pane e formaggio per tenermelo fermo in modo che potessi tagliarlo, e poi, anche se lei aveva settant'anni e io non ancora, con la mano sana mi ha aiutata a svestirmi per andare a letto.

"Vada subito al suo ospedale appena torna a Londra," mi avevano detto. "Le faranno una radiografia per vedere se si sta attaccando diritto." Così sono andata e la radiografia me l'ha fatta un uomo anziano ed evidentemente molto esperto.

"Possiamo fare di meglio. Torni domani mattina alle 7.30."

Qualcosa era andato storto, e non era la frattura. Proprio quando mi trovavo in un ambiente tutto di uomini e stavo facendo progressi, e il racconto stava andando bene, rimango intrappolata. Sono le sette e mezzo di un martedì mattina ed eccomi qui. Dovrei essere là a portare avanti il progetto di ricerca per voi e per me, e invece eccomi in una sala d'aspetto. Immagino che se fossi andata alla ricerca del Sacro Graal cose del genere non mi sarebbero successe. Almeno avrò il tempo di riflettere sulla vita, sugli uomini e sul presente.

La sala d'aspetto ha le pareti azzurro pastello, che – immagino – è un colore calmante. Ci sono dodici sedie di plastica scomodissime e un tavolino. Sul tavolo ci sono otto puzzle da mille pezzi. Pensate ci sia qualcosa della durata dell'attesa che ancora non so?

È strano il dolore. Adesso posso confermare che il nostro atteggiamento in proposito è una delle cose che differenzia noi, creature di Venere, da quegli strani esserini di Marte. Pensate agli uomini dei cantieri: tutte le settimane c'è un incidente di qualche genere. Per non parlare dei piloti di Formula Uno, o di chi combatte da professionista come Steve il Conciatetti, o di chi va in guerra. Adesso quindi può essere che io stia sperimentando una delle differenze fra gli individui? Gary, il mio amico stuntman, è ormai indifferente alle ossa rotte. Ricordo che mi ha detto di essere stato in ospedale venti volte, e anche con cinque o sei ossa rotte contemporaneamente. "Uno degli inconvenienti della professione," diceva. Ma a me proprio non piace. Non sono per niente contenta. E mi chiedo se le donne non abbiano forse dei geni che le rendono naturalmente predisposte a prendersi cura degli uomini, dei figli e di se stesse. Non è passato così tanto tempo, in termini evoluzionistici, da quando gli uomini dovevano mettere la propria vita in pericolo tutti i giorni per portare a casa il cibo. Quindi pare che, proprio come loro hanno una sorta di impulso interiore ad affrontare il pericolo fisico, noi abbiamo l'istinto di evitarlo.

Può essere che le donne amanti dell'avventura che scalano i monti, navigano per il mondo, o si lanciano dagli aerei per guadagnarsi da vivere, si limitino semplicemente a ignorare quella vocina che dice: "Cosa cazzo fai? Via di qui... questa non è affatto una bella idea!", mentre gli uomini, o quella vocina non l'hanno proprio o, se ce l'hanno, non la sentono. Oppure scelgono di non ascoltarla.

Magari vi verrà da sorridere, ma noi donne spirituali e moderne spesso parliamo di "ascoltare noi stesse" o di "dare retta alla voce interiore". Sarebbe tutto diverso se gli uomini ascoltassero una voce interiore che dice: "Senti, Jim, questa guerra con i Klingon non è una gran bella idea. Potresti farti male".

Le otto. Non vedo l'ora di essere sottoposta a un'anestesia generale. Se il viaggio astrale è previsto dal sistema sanitario nazionale, il mio corpo astrale sarà fuori di qui prima ancora che possano dire: "Frattura di Colles". Andrò a trovare Harry. Finirò in Scozia in questo modo supereconomico e vedrò cosa combina. Come gli stanno i vestiti che indossa.

Questa mattina ho ricevuto la dolce telefonata di un Dick. Ha detto che si sarebbe fatto operare lui per me, se avesse potuto. Ce n'è di gente strana al mondo.

Nella sala azzurro pastello con le sedie di plastica e i puzzle non c'è aria e il tempo si è fermato. Guardo i puzzle: per lo più cottage di campagna con rose rampicanti attorno alla porta. Con una grafia frenetica e confusa, qualcuno ha scritto su un biglietto: "A questo puzzle mancano ventitré pezzi". Ah, ah. Per imparare una lezione da quel puzzle non c'era nemmeno bisogno di mettersi a farlo. Prima di crearsi l'immagine perfetta di una vita in un cottage pieno di rose con un indefinito marziano, non era una brutta idea tener conto dell'avvertimento che ci sarebbero stati ventitré pezzi mancanti.

A proposito di immagini imperfette, vi ho già detto che domenica vedrò Harry? Ah... forse non ve ne ho parlato? Vi prego di non prendervela. Lo so, lo so che dovrei dare l'esempio e fornirvi la dimostrazione di una versione illuminata del processo di abbandono, e invece sono senza speranza. Lui è troppo una meraviglia.

Sapete, mi ha chiamata. (Dopo che gli avevo mandato un'e-mail per dirgli del mio successo il primo giorno del corso di moto e parlando anche della frattura.) Mi ha chiesto se mi sarebbe piaciuto pranzare con lui domenica. Deve venire dalla Scozia per lavoro.

"Se rifiuterai, capirò."

Cos'era quella voce nella mia mente che diceva "Sììì!!!" come una matta, pronta a gridarmi dietro come un'ossessa in caso fossi stata così stupida da dire di no?

"Scusa, cos'hai detto?" ho chiesto alla voce interiore, che pensavo dovesse rappresentare la saggezza.

"Sì! Digli di sì!"

"Harry... ehm... penso di sì, in realtà."

"Davvero? Nonostante tutto?"

"Sì. Nonostante tutto."

So che è una cosa stupida. E so come sembrano le cose. Vado a pranzo con un uomo sposato che mi ha detto di non avere alcuna intenzione di lasciare casa propria. A questo punto potrei anche distribuire pacchetti di munizioni gratis a critici e recensori. Provate a fare un copia-e-incolla della seguente frase: "Quale donna sana di mente andrebbe a pranzo con un uomo sposato che ha deciso di rimanere insieme alla moglie?".

E anche lasciando perdere chi è fatto per criticare, persino un'amica mi direbbe: "Isabel, che bell'idea. Vacci e vedi cosa provi per lui. Come se non ti bastasse esserti rotta il braccio due volte, vuoi anche farti ingessare il cuore dopo che ti si sarà spezzato?".

Non ho scuse. Né per chi critica, né per gli amici. L'unica cosa che chiedo è un po' di pietà, sapendo che nessuno più di me stessa disapprova quel che sto facendo. Tranne forse Harry. Uno dei miei attuali inquilini mi ha detto: "Non so perché sei così preoccupata. Un sacco di mie amiche escono con uomini sposati".

"Ma io no. E nemmeno Harry l'ha mai fatto. Nessuno dei due vuole causare delusioni di nessun genere."

Ma il desiderio di vedere il suo sorriso ha sopraffatto tutte le obiezioni possibili, pratiche, logiche ed etiche. Per favore, ricordatevi di me nelle vostre preghiere.

Uff. Le nove. Mi chiedo se avrò già preso lo stafilococco. Mi squilla il cellulare. È un Tom. Mi fa ridere un po' e poi gli ricordo che è sposato.

Lasciarmi qui è evidentemente una forma di tortura. "Infermiera, metta i pazienti con una frattura in una stanza per un paio d'ore senza analgesici e senza colazione. Se quando ci decidiamo ad andare da loro non sono ancora andati via, allora è perché sono proprio decisi a farsi operare."

Le 9.14. Arriva il dottore e mi dice che sarò operata oggi solo se si renderà disponibile un letto. Gli spiego che fra trentasei ore dovrò tenere una conferenza di fronte a quattrocento donne.

"È un evento di beneficenza... un pranzo ad Aberdeen. Hanno pagato quaranta sterline a testa."

"Se riusciremo ad avere un letto, opereremo oggi. Altrimenti, mi spiace per lei."

Poi mi fa firmare un modulo dal quale apprendo che l'operazione può danneggiare i nervi e che i punti metallici che terranno insieme l'osso potrebbero provocare infezioni. Porta una cravatta di seta gialla. Decido che non mi piace granché. A quale anno di medicina studiano la rimozione dell'empatia?

Se ne va. Perché i medici sono affascinanti solo in tv?

Le 9.30. Due ore. I puzzle *devono* essere usati. Almeno non penso a Harry.

Se solo la vita fosse più simile ai film, o almeno io la pensassi così.

Un uomo con il polso destro rotto è entrato nella sala d'aspetto: "Salve". Ha sorriso. "Mi chiamo Matthew." Ha allungato la mano sinistra per stringere la mia destra. "...Le fa male il polso?" mi ha chiesto.

"Abbastanza." Sono arrossita perché era molto attraente.

"Il suo?"
"Anche il mio."

Eccolo. L'inizio di un potenziale lieto fine. Invece no. La realtà è che sono le dieci e qui ci siamo solo io e i puzzle. Avvicino due sedie di plastica, ci appoggio sopra i piedi e comincio a riflettere un po' sulla realtà.

Ricapitoliamo la ricerca svolta finora sul tema "Dove sono gli uomini single interessanti?". Sono riuscita a stabilire alcune cose. Internet funziona solo se avete meno di trent'anni, se volete semplicemente divertirvi e se avete un sacco di tempo da sprecare. La maggior parte dei risultati in questo campo portano solo al sesso senza il minimo pensiero a una relazione a lungo termine. I siti britannici sono pieni anche di Tom e di Dick, stando ai racconti inviati al mio sito. Spesso portano a una buona quantità di tristezza, frustrazione e, se siete fortunate, rifiuti. Se siete perseveranti al 100 per cento (a dire la verità, tutti conoscono qualcuno che ha conosciuto il partner su internet), alla fine potreste anche trovare un compagno piacevole per una cena. Tuttavia, dovrete essere diligenti e determinate. Due amiche di una mia amica che si erano messe d'impegno per trovarle qualcuno e hanno passato su internet giorni interi per due settimane. In effetti un uomo l'ha conosciuto, ma lei ha ventitré anni, è bionda, magra e abita a New York. E poi ho un'amica americana quarantacinquenne che ha conosciuto il marito via internet. Ha frequentato i siti di appuntamenti per due anni. Quanto vorrei che fosse successo anche a me.

La cosa peggiore di internet è che non ci si diverte. Si perde un sacco di tempo, non è detto che si riesca a conoscere un uomo ed è impossibile essere incasellati secondo l'alchimia fra le persone. Ecco perché non sono disposta a perdere nemmeno un secondo in più su internet.

Ma uno dei vantaggi della rete è che non si è costretti a incontrare nessuno, se non si vuole. Questo, a sua volta, è lo svantaggio degli eventi per single. Se vi viene in mente di presentarvi a uno di questi, sappiate che verrete immediatamente catalogate come "in preda alla disperazione". L'altro problema degli eventi per single è che, come dice il mio amico Sam: "Se vuoi una borsa di Gucci, non vai da Marks & Spencer a vedere se trovi qualche rimasuglio".

Lo stesso vale per le varie agenzie matrimoniali. Invece di esaminare gli uomini come prodotti su un computer, potreste pagare enormi somme di denaro perché qualcuno scelga per voi, per poi sentirvi deluse se non volete un secondo appuntamento con il signor Occhidolci-ma-stupido-che-parla-solo-di-sport. Se siete uomini in cerca di una donna, invece, le agenzie matrimoniali ve le raccomanderei.

Al momento sono giunta alla conclusione che, lasciando perdere tutto questo e recandosi nei luoghi in cui si trovano gli uomini, almeno si può imparare qualcosa su di loro per esperienza diretta e godersi la compagnia maschile che, secondo me, è totalmente diversa da quella femminile. Gli svantaggi possono essere numerosi, come il comportamento talvolta, per così dire, "poco sofisticato" degli uomini quando sono in gruppo. La cosa che mi piace di più dei gruppi di uomini è il modo spesso estremamente semplice di divertirsi. Dall'altro lato (quello sinistro, che non potrò usare per almeno sei settimane), sto cominciando a capire perché in questi posti non ci sono tante donne. Noi facciamo conversazioni molto diverse e non vogliamo sporcarci le mani. Letteralmente.

Dovendo applicare a tutto ciò un briciolo di riflessività e di analisi femminile, mi verrebbe da chiedermi perché gli ambienti maschili sembrano così bidimensionali e superficiali. Cosa dovrei dedurre dall'atteggiamento dei tizi delle Harley del primo giorno, secondo cui bisogna "stare alla larga dalle donne"? Cosa significa oggi per un uomo essere tale? L'aggressività che Steve doveva ostentare sul ring è davvero una questione biologica? Esiste ancora la tendenza a non mostrare e a non comunicare le proprie emozioni? Gli uomini devono ancora alienarsi da emozioni che sarebbero considerate debolezze, come paura, tristezza, dipendenza da qualcuno, vulnerabilità, per essere considerati "uomini veri"?

Per una donna tutto ciò ormai è un cliché. Ma sembra che molti uomini non ci capiscano niente e siano incredibilmente confusi. Sono tanti quelli che ancora prendono decisioni sulla base del successo esteriore invece che della riflessione interiore e della qualità delle relazioni. Ignorando le emozioni negative, dimenticano anche quelle buone e sane.

Gli uomini per cui tali generalizzazioni sono vere si sentono naturalmente più al sicuro in un ambiente tutto maschile, in cui è palese che certi temi sono fuori portata e in cui non ci sono donne fastidiose a sfidarli: "No, tesoro... non devi sentirti in imbarazzo per aver pianto... siamo a un funerale... queste si chiamano emozioni".

Ma le donne possono essere insopportabili, continuando a parlare senza sosta di argomenti del genere e rendendo così l'uomo incapace di essere la persona che vuole essere. Come dice Big Dave, le donne sono una faticaccia. Eppure, di una cosa sono certa: gli uomini stanno meglio con qualche donna attorno e viceversa. E tutto ciò che vogliamo è solo un po' di gentilezza e di comprensione, giusto?

Le 11.30. Arriva un'infermiera e mi dà un braccialetto con il mio nome e la mia data di nascita. Be', se il destino vorrà non farmi risvegliare dall'anestesia trasformandomi in una sfortunata statistica, almeno non ci sarà pericolo che a qualcuno rimangano dubbi sulla mia età.

Mi chiedono se voglio una pre-anestesia, in caso l'operazione avvenga oggi. "Pensavo mi faceste la totale."

"Sì, ma alcuni sono così nervosi che prima dell'anestesia dobbiamo somministrare un calmante."

Allora sorrido e dico: "No, sono certa che una totale andrà bene".

Le 11.31. Dove eravamo? Concretamente parlando, a parte il fatto che mi trovo in ospedale, l'esperimento con le Harley è interessante. Adesso, come suggeriva Mary Balfour, ho tutta una serie di nuove conoscenze maschili sull'agenda. Che io non possa fare le uscite con loro è senz'altro un problema e che, ancora una volta, tutti quelli giusti siano sposati è un altro problema. Sembra incredibile che io stia seguendo questo progetto da due mesi senza avere sulla rubrica nemmeno un numero di un nuovo amico single con cui mi andrebbe di cenare.

Mezzogiorno. Oddio, arriva qualcuno. L'infermiera Nwamaka vuole sapere se ho qualche obiezione sul fatto di andare nel reparto maschile. Un'altra opportunità per la sceneggiatura di un film, accidenti.

Mi hanno portata nella corsia degli uomini.

"Salve. Non mi aspettavo di incontrarti qui," ha detto un George Clooney con la gamba in trazione.

Gli ho sorriso... grazie al cielo io non ho un aspetto così stupido. "Mi chiamo Isabel." Gli ho stretto la mano chiedendomi come facesse a essere così affascinante con la gamba messa in quel modo.

Purtroppo fra i film e la vita c'è una certa differenza.

L'uomo nel letto di fronte al mio si chiama Faisal, ha ventidue anni e si è rotto la mandibola in una lite per strada. A quanto pare, il ricovero di uomini feriti dopo un combattimento in strada è una cosa piuttosto comune nel reparto.

"Infermiera, se sono qui a letto significa che sarò operata oggi?"

"Solo se non ci sono emergenze."

Faisal mi vede scrivere e mi chiede, magari senza quello stile con cui mi avrebbe intrattenuta il famoso Clooney di cui sopra: "Sei una scrittrice?". Contemplo per un attimo la natura essenziale della domanda e decido che la risposta dovrebbe essere: "No". Secondo il buddismo io non sono nemmeno i miei pensieri, il mio corpo e le mie emozioni, figuriamoci se sono una scrittrice. Invece annuisco.

"Ti farà malissimo alla fine."

Gli sorrido.

"Avrai le unghie lunghe e un sacco di lividi su tutto il braccio. Sarai tutta nera e blu."

"Ti ringrazio, Faisal."

Comincio a innervosirmi. E inizio anche a sentirmi triste e a farmi pena da sola.

Non riesco nemmeno a trovare una soluzione a questa storia degli uomini per me stessa, figuriamoci per tutte voi. Non ho nessuna soluzione per tutte le donne che mi hanno scritto. Forse potrei limitarmi a rimanere in una zona protetta insieme alle mie amiche e smettere di tentare di capire la specie maschile, per non parlare del fatto di scoprire dove si nascondono gli uomini interessanti e disponibili. Dalla tv di Faisal ce ne sono un sacco a Trafalgar Square che ridono come matti. Cos'è successo? La pace si è diffusa nel mondo? Il Dalai Lama è tornato in Tibet? Qualcuno ha trovato la cura per il cancro? No. Hanno vinto una partita di cricket.

"Non vinto, in realtà. Solo pareggiato," dice Faisal. Perché questa roba non mi interessa? Perché a nessuna di noi interessa?

Naturalmente conosco dei Tom e dei Dick a cui il cricket non interessa. Nemmeno a Harry interessa il cricket. Lascio perdere, penso a Harry e mi faccio ancora più pena.

Riuscirò a tirarmi fuori da questa situazione? A prendermi una vacanza? A smettere di fare la paladina della giustizia? Non posso diventare l'amica fedele e pantofolaia della paladina di turno che si accaparra sempre un uomo? Non posso andare a vivere con Harry in un cottage di campagna con ventitré pezzi mancanti? Questo è un ruolo che mi verrebbe bene.

Chiudo gli occhi. Alle 16.30 l'infermiera Nwamaka mi sveglia per dirmi che stanno per farmi l'anestesia per l'operazione. Non ero mai stata così felice e grata a qualcuno in tutta la mia vita.

Così mi mettono qualche pezzo di metallo nel braccio e poi vado ad Aberdeen a parlare, con il braccio ingessato e forse in modo poco convincente, della gioia che deriva dal correre rischi. Sulla strada del ritorno mi chiama Paul dell'Harley Owners' Group.

"Per l'uscita a Brittany... ti confermo il biglietto? Saremo una cinquantina. Adesso puoi guidare da sola, giusto?"

"Non proprio." Gli racconto la mia vicenda di curve a sinistra, accelerate e freni anteriori.

"Il primo giorno?"

"Già."

"Oh, che sfortuna."

"No, non credo sia stata sfortuna. È stata stupidità. Non c'è gusto a viaggiare per la Francia con cinquanta uomini sulle moto al posto mio."

Ma naturalmente mi aspetto di finire di nuovo a gambe all'aria quanto prima. Con il braccio ingessato, e con il cuore tenuto insieme dallo scotch, prima di poter anche solo pensare al prossimo ambiente in cui divertirmi con altri uomini nel mio stato di disabilità... prima ancora di poter fare qualcosa di ragionevole, logico e intelligente... prima di tutto ciò, domenica mi aspetta un'altra sfida. Esco con Harry.

3.

UOMINI DI OTTIMA FAMIGLIA E CON UN LAVORO REDDITIZIO

Le classi alte

Bene, pronti per un'altra serie di generalizzazioni? Di quanto sia sbagliato generalizzare parleremo nel prossimo capitolo. Per ora continuo a generalizzare confidando nel fatto di esserne consapevole e nel fatto che attirare la vostra attenzione su questo aspetto possa contribuire a renderlo meno riprovevole.

A dispetto della meravigliosa varietà di culture presente in Gran Bretagna, c'è ancora uno strano gruppo di persone, a Londra soprattutto, che non può passare inosservato. È ridicolo doverli chiamare così, ma costituiscono la categoria delle classi alte. I loro genitori (hanno sempre dei genitori) o sono ricchi eredi di proprietari terrieri, o hanno lavorato sodo costruendosi un patrimonio e inserendosi in questo tipo di classe. Un tempo gli impostori ricevevano l'appellativo denigratorio di "nuovi ricchi". Avevano i soldi ma non lo "stile" di chi era ricco da sempre. Adesso così tanta gente ha fatto i soldi che è tutto mille volte più confuso. Ma di una società senza classi, nemmeno a parlarne!

Sia come sia, che il denaro sia nuovo o vecchio, tutti i genitori hanno le idee chiare sui modi per utilizzarlo. Vogliono dare ai figli la miglior istruzione possibile, che per tradizione è rappresentata da sempre dalle scuole private. Quindi generazioni intere di bambini (e bambine anche, ma noi qui ci stiamo occupando dei maschi) venivano mandati a istruirsi per diventare piccoli uomini. Venivano allontanati dai genitori troppo presto e costretti a imparare che, se avessero lasciato trasparire qualunque emozione, sarebbero stati vittime dei più forti. Nelle classi alte inglesi questo era considerato il migliore dei modi per affacciarsi alla vita.

In un certo senso è un buon inizio, quando si ha una definizione di "istruzione" molto ristretta. Ma se si tratta di prepararsi alla vita, allora alcuni radicali potrebbero obiettare che imparare a relazionarsi con le donne potrebbe essere utile. Perché dovreste voler mettere vostro figlio in un istituto solo maschile? Cresceranno – e non avete idea di quanto crescano in fretta – e diventeranno lavoratori intelligenti e di successo. Saranno benedetti o maledetti da un forte senso di superiorità e non avranno idea di come si faccia a relazionarsi con una donna. Londra è piena di tipi così.

Secondo la mia teoria, questi sono altri uomini a cui le donne non piacciono sul serio perché, anche se eterosessuali, in loro compagnia si sentono sempre a disagio. Vogliono sposarne una, vogliono una moglie e una famiglia ma, dovendo scegliere fra una serata in compagnia della moglie e una con i "ragazzi", sceglieranno sempre la compagnia maschile perché è così che sono cresciuti ed è l'unica cosa che conoscono. Il francese medio, educato in una scuola mista, sceglierà sempre la compagnia di una donna perché le donne gli piacciono e ne è affascinato. L'inglese medio proveniente da una scuola privata, invece, non è affascinato affatto.

Ho un'amica single che si è trasferita qui dagli Stati Uniti ed è convinta che questo tipo di Englishman sia fantastico. Pensa che siano tutti Hugh Grant. Una volta mi ha chiesto se poteva usare il mio giardino per pranzarci con la sua ultima conquista. "Devi conoscerlo," mi ha detto. È arrivata presto e ha preparato un pranzo magnifico, sistemando tutto in giardino con la massima cura in ogni dettaglio. Mi aveva invitata a unirmi a loro per poterle poi dare il mio parere.

Lui è arrivato in ritardo dopo una corsa di cinque chilometri perché si stava allenando per qualcosa. Ci siamo seduti e ha parlato tantissimo. Ha detto che poi aveva appuntamento con degli amici e che quindi non si sarebbe potuto fermare per il caffè, così se n'è andato prima. La mia amica mi ha chiesto un'opinione sincera. "Non te ne sei accorta, vero?" ho detto. "Non è interessato. Non è una questione personale. Non è che tu non gli piaccia. Non gli piacciono le donne."

"Isabel, lui è del tutto normale, te lo garantisco."

"Non ho detto che non lo sia. Solo che non ho potuto fare a meno di notare che sembra non sapersi godere davvero le donne. Non ti ascoltava. Non faceva domande. Era a pranzo con due donne intelligenti e dall'aspetto niente male, eppure ha quasi del tutto evitato il contatto visivo. Non ha fatto domande su cosa facciamo. Né a te, né a me. Sta meglio con i suoi amici e si è precipitato da loro. Non ti pare?"

Il suo comportamento sarebbe stato definibile come maleducato, se l'avesse fatto consapevolmente. Ma non era così. Non aveva intenzione di essere scortese, di non notare quanto lei ci fosse rimasta male. Non che non fosse interessato a lei sessualmente. Ovvio che lo era. Ma uno del genere non voleva dedicare tempo e attenzioni a una donna.

Nonostante mi ritrovi a scrivere queste cose, gli stereotipi non mi piacciono. Cerco di combatterli. Vado a caccia di eccezioni. E ovviamente ce ne sono molte. Conosco persino due uomini con tanto di fuoristrada e doppio cognome che leggono il "Guardian". Ma, a parte loro, bisogna dire che questo strano sottogruppo di uomini esiste, eccome.

"Non sono davvero un sottogruppo," ha detto Jenny quando gliene ho parlato una volta.

"Sì, che lo sono. Esistono solo nel Sud di Londra, no?"

"E nelle loro tenute di campagna, nelle grandi società e nella City."

"Ma a livello nazionale sono un sottogruppo che necessita di essere esaminato. Sono così... ehm... strani."

Una sera alcuni conoscenti avevano in programma di uscire a bere qualcosa nella zona più alla moda di Londra, Fulham. Non è un luogo che sono solita frequentare. Ma nel contesto della mia ricerca ero interessata ad andarci. Fulham è il luogo in cui si riunisce l'ultima generazione di rampolli provenienti dalle scuole private con la loro particolare visione della vita. Inoltre, tanto per rendere la serata più divertente, sarebbe venuta con noi anche una delle mie vicine più care. Daisy è una modella e una delle donne più belle di Londra, quindi è sempre divertente passare la serata con lei e guardare gli uomini caderle ai piedi mentre cammina. A Fulham c'è un bar-ristorante che si chiama Brinkley's (*www.brinkleys.com*) frequentato dall'"élite". Uno di loro aveva sentito che conoscevo molte donne single e ha detto che lui avrebbe portato un uomo per ogni donna single che avessi portato io. Mi ha chiamata e mi ha chiesto: "Che tipo di ragazze porterai? E quante?".

"Cosa intendi con 'che tipo'? Rupert, intendi dire di che età?"

"Sì, e che lavoro fanno, quel tipo di cose."

"Le vuoi tutte bionde, ricche, venticinquenni e disposte a fare sesso come conigli?"

"Sì. No, sul serio, il colore dei capelli non importa."

Quanto avrei voluto che stesse scherzando.

"E tu che tipo di uomini porterai?"

"Uomini di ottima famiglia e con un lavoro redditizio."

Vi rendete conto? *Di ottima famiglia*. Assurdo, devo andarmene da questa zona di Londra. Vi prego, ricordatemi di farlo.

"Come faremo a parlare in un bar pieno di rumore, Rupert? Avremo dei tavoli prenotati per poterci almeno capire?"

"Non preoccuparti. Sarà perfetto."

Nel frattempo ho chiamato qualche amica. Jenny e Daisy sarebbero venute, ma ho chiamato anche qualche altra amica più giovane, tanto per stare al gioco.

L'atmosfera rumorosa del bar ha lo scopo di favorire contatti superficiali fra le persone. Daisy, come ho già detto, è una delle donne più belle di Londra. Jenny è una delle più brillanti e io posso essere una persona interessante con cui parlare di una serie di argomenti, ma per scoprire questa cosa di Jenny e di me bisogna mettersi a parlare con noi. E questo era applicabile anche ad altre ragazze che avevo invitato... tutte carine, ma non certo modelle di professione. Avevamo appena varcato la soglia che già un branco di uomini aveva circondato Daisy, lanciando sguardi garbati al resto di noi. Era un vero e proprio rituale di accoppiamento e mi sono guardata in giro per vedere se per caso non ci trovassimo dentro un documentario di David Attenborough.

"Ed ecco gli esemplari maschi in calore mentre scelgono la femmina più giovane dalle migliori capacità riproduttive e cominciano la danza di accoppiamento attorno alla prescelta. La giovane femmina li osserva con assoluto disinteresse, mentre le più anziane assistono disgustate agli espliciti tentativi dei maschi."

Vi è mai capitato di vedere l'immagine di un pavone maschio che fa orgoglioso la ruota mentre due femmine lo guardano? Una di loro di solito sta pensando: "Piantala con tutta questa sceneggiata e facci vedere l'aggeggio che hai lì sotto".

Naturalmente nessuno di quegli uomini aveva letto il libro in cima alla classifica dei bestseller di Amazon di quella settimana, *The game – La bibbia dell'artista del rimorchio* di Neil Strauss, su come far colpo sulle donne. Ve lo consiglio in appendice perché la cosa sorprendente è che, leggendo cosa consiglia di fare agli uomini, si può capire perché di solito funziona. Parla di un mondo orribile in cui gli uomini si presentano con il proprio nome e con un numero, che sta a indicare con quante donne sono andati a letto: "Sono Tom... 998". Eppure, è una lettura fondamentale.

Non sono abituata a questi luoghi di incontro, come non mi sono mai piaciuti i locali rumorosi esattamente per lo stesso motivo, cioè che non si può ascoltare gli altri né intavolare la più banale delle conversazioni. Questi tizi volevano sesso o una moglie, ma molto probabilmente la moglie viene scelta soltanto sulla base dell'aspetto e delle performance sessuali. La mia definizione di "interessante" quella sera non era condivisa da nessuno. C'era anche qualche amica di Rupert. Avevano l'aspetto di "materiale da accoppiamento". Erano tutte bionde e belle, con abiti costosi e gonne cortissime. Non ho avuto la possibilità di parlare con nessuna di loro, visto che erano a un altro tavolo e la musica era troppo alta.

Ho cercato fra gli amici single di Rupert quello dall'aria più interessante. Ce n'era uno che non sembrava come gli altri, un po' più in là con gli anni e più saggio. Su due piedi avrei detto che non era il mio tipo, ma ero curiosa di vedere cosa aveva da dire sulla difficoltà di conoscere uomini single e disponibili a Londra. Mi sono presentata e gli ho fatto le mie domande di routine.

"Mi chiamo Thomas." Mi ha stretto la mano in modo molto formale, cosa che mi è sembrata stranissima. "Ma funziona in entrambi i sensi, no? Anche gli uomini hanno difficoltà a conoscere le donne."

"Ah, sì?"

"Io posso parlare per me, ma uscendo insieme a Rupert si passa molto tempo nei vari locali di Londra e le uniche donne che si incontrano sono troppo superficiali."

"In che senso? Sei sicuro che non sia l'ambiente a essere superficiale?"

"No. Sono più interessate alla grandezza del portafogli."

"Che a quella del pene?"

"Esatto. I soldi sono più importanti. Vogliono tutte farsi pagare da bere e invitare a cena. Se voglio vedere Rupert e i suoi amici rendersi ridicoli con una serie di donne vocianti, so dove andare. Ma io sono nell'esercito. Noi riflettiamo sulle cose. Non sopporto la superficialità."

"Sei nell'esercito? E vieni da una scuola privata?"

"Sì. Gli ufficiali hanno valori molto diversi. I miei soldati hanno avuto figli da donne con cui non sono sposati e non ci vedono niente di male, mentre gli ufficiali hanno un senso della responsabilità maggiore. Personalmente, non mi sposerò finché non saprò che sarà il momento giusto. I valori della famiglia sono più importanti di ogni altra cosa. Non tutti hanno questo senso di responsabilità." Si è guardato attorno.

Mi ero imbattuta non tanto in un pesce fuor d'acqua, quanto in un ufficiale fuori servizio. Non capita tutti i giorni, immagino, di incontrare una persona del genere da Brinkley's. Attorno a me c'erano uomini e donne che ridevano e gridavano a squarciagola. Jenny si era messa una mano intorno all'orecchio per tentare di sentire cosa le diceva un uomo lì vicino. Daisy si era confinata in un angolo con la sua amica per proteggersi dalla quantità sempre maggiore di uomini interessati a farle la corte.

"Da quanto tempo sei nell'esercito, Thomas?"

"Sedici anni."

"Tutta la tua vita adulta, quindi?"

"Sì." E anche la scuola privata prima. Il cielo lo aiuti.

"Come mai sei qui stasera?"

"Mi hanno trasferito a Londra."

"Dicevi che ti sembra difficile conoscere donne..."

"Sono stato in Svezia. Non parlo svedese e non sono particolarmente attratto dalle svedesi. Ma anche le donne che ho conosciuto a Londra non vogliono stare con chi non ha il controllo sul proprio destino. Preferiscono un uomo che lavora nella City, che guadagna almeno un milione di sterline all'anno e che è con tutta probabilità un cocainomane."

Una cosa certa è che l'acidità non attira nessuno verso di noi.

"Continua..." ho detto. "Ti spiace se prendo appunti? Non mi capita spesso di incontrare uomini come te. Penso nemmeno fra i miei amici."

"No, fai pure. Qualcuno deve pur dirle queste cose. Ti sfido a trovare un uomo nella City che non abbia una disfunzione. Fanno quello che vogliono. Non hanno nessuna responsabilità personale. E picchiano le donne... Potrei raccontarti un sacco di storie di violenza avvenute nella City. Ma non lo farò."

"Quindi secondo te nell'esercito si tende ad avere un senso della responsabilità personale maggiore? Tu andresti a vivere con qualcuno al di fuori dal matrimonio?"

"Sì, ma solo se facesse parte di un cammino verso un possibile matrimonio. Nella City i valori fondamentali sono il denaro e il potere. Il nostro valore è il servizio per gli altri. E alle donne non interessa."

"Un momento... Io ti sto ascoltando. Secondo te il tuo valore fondamentale, essendo nell'esercito, è il servizio?"

"Sì. L'altruismo è una qualità a cui non viene dato il giusto peso. Perché mai alle donne dovrebbe importare qualcosa di un uomo che rischia la propria vita per gli altri?"

"Thomas, molte delle donne che conosco non sono particolarmente interessate al denaro. Ma non vedono la vita nell'esercito come una vita di sacrifici in cui gli uomini sono pronti a immolarsi per gli altri..." Non c'era modo di indorare la pillola. Bisognava andarci pesante: "...La considerano una vita di obbedienza, talvolta cieca, a un'autorità discutibile in cui gli uomini vengono preparati a uccidere gli altri, dando luogo alla violenza e alla guerra nel mondo".

Non mi aspettavo che andasse tutto liscio.

"Quella è ignoranza. Ne sanno troppo poco."

L'avevo offeso al punto che si è alzato e se n'è andato. Secondo voi, avrei dovuto dire che siamo grate per quello che fanno?

Sono tornata da Rupert. "Ho paura di aver offeso il tuo amico. Se n'è andato."

"Oh, non ti preoccupare. È lunatico."

"Probabilmente ha ragione. Noi non abbiamo visto quel che ha visto lui."

Qualche giorno dopo ho chiamato Rupert per avere il numero di Thomas e scusarmi per essere stata poco sensibile, ma Thomas non dava mai il suo numero a nessuno, che è un peccato secondo me, perché è bello che persone con punti di vista totalmente diversi si sentano di tanto in tanto. Thomas evidentemente non la pensava così.

"A ogni modo," ha detto Rupert, indifferente al fatto che il suo amico se ne fosse andato, "cosa volevi chiedergli? Chiedilo a me... se l'ho mai messo nel culo a qualcuno? Sì."

"Rupert, con un uomo o una donna?"

"Cosa?"

"Ho letto da poco che un'alta percentuale di uomini, prima o poi nella vita, hanno raggiunto l'orgasmo con un altro uomo."

"Io non ho mai avuto un orgasmo con un altro uomo. No... l'ho messo nel culo solo a delle donne."

Romantico, vero?

"La prossima domanda? Se mi piace leccare le donne in mezzo alle gambe? La risposta è sì. A patto che siano rasate, lo adoro."

Se avete più di trentacinque anni, questo potrà sorprendervi. I miei amici a cavallo fra i venti e i trenta mi hanno informata che oggi ci si aspetta che i peli del pube siano *totalmente* rasati... o al massimo che rimanga solo una linea sottilissima nota come "brasiliana". A quanto pare, per noi donne non se ne parla di avere i peli fra le gambe, perché potrebbe capitare che vadano in bocca ai nostri uomini. Secondo me è una cosa oltraggiosa, soprattutto considerando cosa mettiamo in bocca noi e i posti in cui è stato. Ho un amico con cui dormo ogni tanto, ma senza sesso, una specie di orsacchiotto per le coccole che, un giorno, vedendomi uscire dalla doccia ha esclamato: "Be', di certo non te la leccherò mai, a meno che non ti rasi a zero!". Forse mi sono spinta un po' troppo in là nello scrivere tutto ciò, ma voglio che lo sappiate, perché secondo me è scioccante. Il mio pube non è poi così peloso e ho sempre tenuto un triangolino curato e discreto di cui andavo anche piuttosto fiera. E lui voleva farmi rasare a zero?

"Ehm... Vorrei puntualizzare che in realtà non ti ho mai proposto di farlo, quindi il problema non si pone."

Così io e lui ci rassegniamo a non essere d'accordo. Ma ne ho parlato perché pensavo che ormai le donne fossero sessualmente libere. Immagino che le amiche di mia figlia si sentiranno costrette a rimuovere scrupolosamente ogni residuo di peli. Come se ascelle, gambe e inguine non fossero già abbastanza. Ma se siete donne oltre i trentacinque è bene che sappiate che adesso è considerato obbligatorio "in tutto il mondo" (a quanto pare) e se avete intenzione di trovarvi un amante più giovane dovete saperlo per forza. Ma torniamo al bar.

"Isabel, questo Rupert è un rompiballe assurdo," mi ha detto Daisy. "Continua a tentare di mettermi la mano sotto la gonna nascosto dal tavolo."

"Ora vediamo il maschio impegnato nel tentativo di montare la femmina in una fase totalmente inappropriata del rituale di accoppiamento. La femmina è disgustata e decide di andarsene. Al maschio non resta altro da fare che pensare a un approccio migliore per attirare l'attenzione della femmina più bella del branco."

Di certo il rituale di accoppiamento dei gorilla otterrebbe risultati migliori, no? Daisy, oltre a essere bellissima, è anche molto intelligente, è laureata e parla tre lingue. Naturalmente Rupert non aveva considerato questo aspetto.

Lei ha guardato prima il cellulare e poi me, e ha detto: "Ho appena ricevuto una telefonata, io e la mia amica ce ne andiamo. Possiamo?".

"Certo."
Mi sono rivolta alla dottoressa Jenny.
"Ne hai abbastanza anche tu?"
"Direi di sì."
La conversazione si era spostata sulla battuta di caccia che si sarebbe tenuta il weekend successivo. Perché far parte delle "classi alte" sia inesorabilmente legato al fatto di uccidere non l'ho mai capito. Volpi, cerbiatti... neanche in catene mi sarei presentata a un evento del genere. Magari avrei potuto imparare un sacco di cose sulla specie maschile... ma l'unica cosa a cui avrei potuto sparare io era il piattello.

So cosa state pensando... Volete sapere cos'è successo con Harry, vero? Quasi ce l'avete con me per avervi tenuti sulle spine tutto questo tempo senza raccontarvi niente.

Insomma, sto cercando di portare avanti una ricerca concreta per trovare una soluzione al problema e tutto quello che volete sapere voi è cos'è successo con Harry. Come mai? Sarà l'incredibile fascino delle storie romantiche... Potrei essere sul punto di svelarvi un segreto nucleare e voi continuereste a voler sapere di Harry. Nel caso abbiate letto il mio ultimo libro, saprete che là parlavo del sostegno al Dalai Lama e di quello che ritengo davvero uno dei temi attuali più importanti nella politica internazionale, e proprio di queste cose ho parlato tante volte in conferenze e dibattiti, e tutte le volte una donna nelle prime file alzava la mano per chiedermi: "Cos'è successo con il monaco?". Al diavolo la soluzione alla guerra contro il terrorismo, al diavolo le differenze sostanziali fra uomini e donne... L'unica cosa che interessa è il romanticismo.

Dobbiamo fare un piccolo salto indietro nel tempo. Quando stavo per incontrare Harry ho preso qualche appunto.

Ogni cellula del mio corpo cinguetta felice. Nelle vene mi scorre una gioia tale da rendere migliore l'intero universo. Tutto è più reale, più vivo, più... oddio, non vedo l'ora di scorgere il suo viso, al punto che non mi importa niente di cosa gli uscirà dalla bocca. Tanto ascolterà me e basta. Stregato, ammaliato e incantato, giusto?

Mi chiedo se si sia preparato un discorso: "Isabel, mi spiace per quello che è successo, ma adesso mi sono accorto che ogni contatto fra noi deve interrompersi. Tu sei una droga da cui devo disintossicarmi". Se comincia un discorso del genere, mi alzo e me ne vado. Insomma, cosa ci sarebbe da rispondere? "Certo, invece io vorrei vivere con te per il resto della vita e sappi che non ho mai cambiato idea nemmeno per un secondo!" Muoio dalla voglia di vedere il suo sorriso. Il cuore umano è assurdo. Il mio editor dovrebbe impormi un taglio: "Isabel, questo non lo mettiamo, è ridicolo". Magari riuscirò anche a toccargli la mano. Quanti anni ho? Devo cercare di non avere aspettative, né illusioni né timori. Non che riesca a immaginare che piega potrebbe prendere un'illusione in questo caso. Lui non è venuto dalla Scozia per vedere me. Ha un impegno di lavoro qui e ha ritagliato un momento per me. Forse sono stata catalogata come un errore che vuole gettarsi definitivamente alle spalle per evitare altre e-mail in futuro. Accidentaccio. Continuo a non capire cos'abbia l'universo contro di me. Cos'ho fatto di male?

Capita che gli uomini decidano di averne abbastanza di essere sposati da trent'anni sempre con gli stessi problemi e siano pronti a prendersene in carico di nuovi... Allora perché diavolo ne ho trovato uno che la considera una cosa impossibile e secondo il quale l'unico modo per andare avanti è lasciare tutto com'è? Accidenti d'un accidentaccio. Vi rendete conto che muoio dalla voglia di vederlo, qualunque cosa dica? Di vedere il suo viso e ricordarmi con più precisione la forma della sua testa. Magari comincerà così il suo discorso: "Non dobbiamo vederci mai più". Io sorriderò e lui penserà che io lo stia ascoltando, e invece sorriderò solo perché mi starò godendo il suono della sua voce. So di essere assurda. Come se l'avessi messo su un piedistallo d'oro. Ma onestamente non è così. Potrei fare una lunga lista dei suoi difetti, ma gli uomini possono avere molti difetti e debolezze, anche quello di guardare il rugby o il calcio alla tv, eppure le donne continuano ad adorarli. Siamo incredibili.

Harry, come tutti gli altri, è nato e vive su Marte e molte delle cose che sto imparando sugli uomini in questo progetto sono applicabili a lui come a chiunque altro. Magari potrò sentire gli uccellini cinguettare, ma non sono ancora arrivata al punto da vedere tutto rosa... Eppure, quanto vorrei essere con lui! Una volta mi ha chiesto se mi piacesse di più proprio perché non era libero, e io ho risposto: "No. Quella è l'unica cosa di te che veramente non sopporto". Perché alle donne piacciono gli uomini non disponibili? Insomma, che gusto c'è in una relazione in cui non si può viaggiare, lavorare, dormire, cucinare insieme? E nemmeno telefonarsi? Gli uomini non disponibili sono compagni fastidiosi. Non avete idea di quanta voglia abbia di vedere il suo viso, il suo sorriso, le sue mani. L'ho già detto?

Forse potrei cercare di guardare tutto questo da una prospettiva spiritualmente più elevata. Forse le cose accadono per un motivo e, qualunque sia il risultato, le cose vanno come devono. Un polso rotto, un cuore spezzato... Cosa volete che siano una frattura o due nell'arco di una vita?

L'autobus si fa largo nel traffico e io me ne sto qui al piano alto seduta a scrivere. Ed eccolo alla fermata vicino al ristorante. Camicia rossa casual. Jeans. È in anticipo. Lo osservo mentre guarda l'autobus che si avvicina. Esiste un modo per mettere l'affetto in bottiglia? Perché io ne ho molto, molto più del necessario.

Torniamo a oggi: adesso sono qui seduta con il labrador biondo del vicino, che tengo mentre lui non c'è, e il mio gatto, cercando di pensare a qualcosa di intelligente. Durante il pranzo con Harry non ho preso appunti, sapete com'è. E non mi sono nemmeno precipitata a casa come un'ossessa a scrivere.

Non mi sorprende che ricordi così poco della nostra conversazione. Harry voleva che fossi io a parlare, così non avrebbe dovuto farlo lui, e io non volevo certo costringerlo a parlare. A un certo punto ha detto: "Ecco una delle cose che adoro quando sono con te. È tutto facile. E non devo spiegare niente".

Non volevo rovinare il piacere della sua presenza facendogli domande sciocche. Eppure ci sono andata vicino chiedendogli: "Quindi non ti sei preparato un discorso?"

"No. Niente discorsi."

Il cameriere era francese. Io parlo francese e Harry no, dunque ho avuto il piacere di stupirlo con un paio di frasi. Harry mi ha raccontato di un viaggio che aveva fatto e io gli ho detto dei tipi delle Harley. Abbiamo parlato di tutto e di niente. Non sono strani, gli uomini? Le donne non riuscirebbero mai a fare una cosa del genere. Direbbero: "Allora?", "Come stai?", "Dov'eravamo rimaste?". I rapporti fra lesbiche devono portare allo sfinimento. Immaginate due persone che vogliono parlare di tutto e inserire le emozioni in ogni dialogo. Ma Harry era stato molto chiaro: voleva vedermi e avere mie notizie, ma non intendeva parlare di niente di importante e se non altro mi avrà apprezzata per non aver detto: "Allora? Come stanno le cose?".

E io ero felice come una bambina solo per il fatto di stare con lui. Finito il pranzo, l'ho accompagnato al treno. D'un tratto è stata come la scena di una versione moderna di *Breve incontro.* Siamo arrivati in stazione e il treno era già là. Lui mi ha detto: "Meglio così. Niente addii". È corso al binario ma, prima che riuscisse a salire, le porte si sono chiuse. Io ero la ragazza più felice di Londra. Devo usare la parola "ragazza", perché è così che mi sentivo. Avevamo un'altra ora prima del prossimo treno, per sederci a bere un caffè e parlare di niente.

Ma la cosa strana di questa scena da film l'ho vista quando, superata l'euforia di essere rimasta più tempo con Harry, ho ripensato a cos'era successo. C'erano un sacco di cose che semplicemente sul momento non avevo notato. Se fossi stata io la regista del film, quando le porte si erano chiuse davanti a Harry, lui sarebbe rimasto lì immobile e un sorriso gli avrebbe illuminato il viso. Poi sarebbe tornato indietro dicendomi: "Vedi? Qualunque cosa faccia per fuggire, il mio destino è con te. Forse è un segno, no?". Invece non ho visto questo.

Le porte si erano chiuse e lui aveva guardato a destra e a sinistra sul binario per vedere se le avrebbero riaperte. Sul momento ero così impegnata a ridere che non l'avevo notato. Poi era venuto da me e mi aveva detto: "Ancora un'ora prima del prossimo treno". E io ci avevo scherzato su: "Quanto sono fortunata?". Ma lui non sembrava contento. Come avevo fatto a non notare che lui aveva desiderato che le porte si fossero riaperte? Adesso continuo a tornare indietro con la mente e a pensare che aveva l'aria tormentata. Era in piedi vicino a una donna che amava ma con un enorme senso di colpa, sentendosi responsabile per la felicità di tutti, tranne che per la propria. Avrei potuto dagli una scossa, dirigere la scena in modo diverso, dicendo: "No... così non va bene. Possiamo pensare a un finale diverso". Ma senza di lui, non ci sono possibilità.

Tutto il mio amore e il mio affetto per quest'uomo sono diventati inutili. Dice di aver fatto la sua scelta. È difficile per me perché, anche se penso sia quella sbagliata, se davvero gli voglio bene devo desiderare per lui ciò che lui desidera, o dice di desiderare. Giusto? Se davvero devo volergli bene senza condizioni e senza pretese, pare che io debba proseguire il mio cammino nella direzione opposta alla sua.

Se un uomo dice a una donna, o viceversa: "Ho conosciuto una persona con cui credo di poter essere più felice", come ho detto prima, il vero amore vuole che quella persona sia lasciata andare. Anche per me sarà la stessa cosa? Qui c'è un uomo che fa una scelta che crede giusta e, che io sia d'accordo o meno, anche se la vedo diversamente, devo rispettare la sua decisione. O almeno penso.

Ecco allora una nuova sfida. Prendere tutto l'affetto che provo per Harry e usarlo per portare a spasso il cane. O per qualcos'altro. E poi? Come funziona poi? Posso forse sperare che questo enorme serbatoio di affetto prima o poi si esaurirà? Non ho esperienza di tentativi per imparare a non amare. Mi ripeto spesso che amare qualcuno è volere il meglio per lui e rispettare le sue scelte. Non è come se Harry mi avesse chiesto: "Cosa ne pensi, Isabel?". No. Lui non me l'ha chiesto. Io so bene cosa vorrei, ma il mondo non sta andando come voglio. Un'amica mi ha detto: "Isabel, devi avere fiducia nel mondo".

"Jane, non capisci. Io con il mondo non ci parlo nemmeno più."

La cosa buffa è che se scrivessi: "Ecco tutto", so che anche voi continuereste a sperare in un suo ritorno più avanti nel racconto. Ma potrebbe succedere fra un anno o fra cinque, fra dieci o mai. Peccato, vero?

Vale la pena di alzarsi alle sei un sabato mattina per uscire dalla città. Non importa da quale città fuggiate e probabilmente non importa nemmeno dove siate diretti. È la fuga che conta.

Erano le sette e mezzo di un gelido mattino di novembre e il treno correva in un paesaggio da fiaba tutto bianco. Non per la neve, ma per la brina. Da sotto il bianco spuntavano le tonalità di verde, di giallo e di marrone delle foglie non ancora cadute. Quel mattino avevano troppo freddo. Non sarebbero andate da nessuna parte. Io sì, invece, infreddolita su quel treno verso Hungerford per seguire una pista molto interessante.

Avevo ricevuto un'e-mail da una donna che diceva di vivere circondata quasi esclusivamente da uomini. Questa è una cosa unica al mondo. Se mi avessero dato una sterlina per tutte le e-mail in cui mi chiedevano dove trovare gli uomini, sarei stata in prima classe. Quella donna aveva attirato la mia attenzione.

"Vivo con molti uomini e la mia attività sociale ruota attorno a loro. L'unica altra donna che vedo, a parte una collaboratrice, è mia madre."

"Ma cosa fai?"

"Gestisco un centro di attività ricreative all'aperto. Organizziamo rally, tornei di tiro con l'arco, gare di quad e tiro al bersaglio."

"E dal punto di vista sociale? Anche la tua vita sociale è piena di uomini... Cosa fai?"

"Lavoro al Rugby Club locale. Ti andrebbe di fare un salto qui?"

Un altro ambiente tutto maschile, un altro viaggio su Marte. Dovevo andarci.

Sono arrivata alla stazione di Hungerford e, come una perfetta ragazza di città, mi sono guardata attorno in cerca di un taxi. Non c'era niente. Niente autobus, niente taxi, solo una coppia solitaria che saliva in auto. "Ehm, scusate... potreste dirmi dove posso trovare un taxi o un autobus, o qualche altro esemplare di *Homo sapiens*?"

"Non è di queste parti, vero? Salga, la portiamo noi a Hungerford."

Fuori città è tutto un altro mondo. La gente è amichevole. Si parlano. Offrono un passaggio a una perfetta sconosciuta. La coppia mi ha portata dove c'erano altre forme di vita e poi ho chiamato un taxi per attraversare quella campagna imbiancata e magnifica che portava a Moordown Farm. Il cielo era limpidissimo, l'aria frizzante e un sole autunnale si era appena portato via dall'aria il freddo troppo pungente. O almeno pensavo fosse aria. Di certo era qualcosa di irriconoscibile rispetto alla nebbia fuori dalla mia finestra a Battersea.

Siamo stati accolti da due cani scodinzolanti e da Vicky.

Si è avvicinata con la mano tesa. "Ciao, purtroppo abbiamo avuto una cancellazione da parte di un gruppo, quindi oggi invece di trentatré uomini saranno solo quindici. Più tutti gli istruttori. E poi ci sono io."

Mi ha accompagnata in un prefabbricato.

"Quindi cosa fai tu esattamente, Vicky?"

"Organizzo tutto e do istruzioni agli uomini."

È entrato Steve, uno degli addetti. "Stiamo costruendo una Land Rover con il muso su entrambi i lati."

"Perché?" ho dovuto chiedere.

"È un esercizio per la formazione di un'équipe. Si può guidare in entrambe le direzioni, ma nessuna delle due ha tutto ciò che serve. Quindi, invece di pensare da singoli dobbiamo coordinare i diversi compiti di ognuno. Una persona avrà l'acceleratore e un'altra la frizione. E così via."

"Se non si collabora con gli altri, non si può andare da nessuna parte," ha detto Vicky.

"Un po' come nella vita?"

"Esatto."

Poi sono arrivati quindici uomini coperti di fango dopo varie attività nei campi. Era un gruppo di giovani londinesi simili a Rupert, pieni di aspirazioni, felici e contenti. Era divertente, visto che non avevo mai partecipato a cose simili prima, e mi piacevano perché non avrebbero ucciso niente. Vicky aveva chiesto loro se potevo unirmi a loro nella parte con i fuoristrada e al tiro al bersaglio, così siamo partiti in quattro con un istruttore verso un terreno speciale creato appositamente per uccidere te stesso e gli altri quattro con grande facilità.

Esplorare ambienti maschili è pericoloso, ma è affascinante veder interagire fra loro gruppi di uomini. È del tutto diverso dai gruppi di donne.

L'istruttore ha spiegato al primo uomo, James, perché doveva stare sempre in prima e non accelerare per salire sulle colline.

Siamo partiti. Faceva più paura che su un terreno piatto e delimitato come quello del padiglione di una fiera, per esempio. In quel caso almeno sai che in un certo senso la pista è determinata. Vagavamo qua e là. James era interessato a non perdere la faccia, mentre i suoi amici dietro lo istigavano come fanno gli uomini quando sono insieme.

"Mano sinistra giù. No, mano *sinistra giù*. Ecco, così. Benissimo."

Questi fuoristrada possono arrampicarsi su colline così ripide che in salita l'unica cosa che si vede è il cielo. Poi si arriva in cima e all'improvviso tutto ciò che si vede è il terreno, mentre si scende dall'altra parte. Proprio mentre mi chiedevo come fosse possibile per un veicolo di due tonnellate e mezzo scendere in picchiata senza ammazzarci, si è raddrizzato e l'istruttore ha detto: "Ora, James, sali là sopra, a sinistra. Stai lontano da quella buca, frena piano".

"La buca è di là, sulla destra," gli dicevano i ragazzi dietro, così che James doveva continuare a gridare col sorriso sulle labbra. Sembrava in preda al panico. Se il mezzo fosse stato pieno di donne, probabilmente avrebbero continuato a strillare o sarebbero volute scendere.

Sono certa che, se avessi fatto una cosa del genere per Channel 4, adesso sarei miliardaria.

A un certo punto siamo rimasti ad aspettare che l'altro veicolo ci raggiungesse. Uno degli uomini si è messo a raccontarci le difficoltà che aveva avuto a trovare la sua futura moglie: "Non sono stato io a puntare lei, è stata lei a puntare me".

"Racconta."

"Eravamo a una festa di lavoro e alla fine della serata ci stavamo organizzando con i taxi per tornare a casa, quando lei ha detto: 'Per Charlie il taxi non serve, viene a casa con me'."

Favolosa. Mi chiedo se questa signorina abbia frequentato una scuola privata. Ragazze, è così che si fa. Sceglietene uno che vi piace e chiamate un taxi. È difficile resistere di fronte a tanta gioiosa determinazione. E infatti secondo me Harry lo sapeva, che mi sarei innamorata di lui. Accidenti. Ho nominato ancora Harry.

"È successo sette anni fa. Da allora sono sempre stato con lei. Non ho mai fatto niente tipo appuntamenti romantici e tutta quella roba per corteggiarla. Penso che quello sia per chi non riesce a conoscere qualcuno in altro modo."

Adorabile. Proprio lui che non aveva nemmeno corso il rischio di chiamare un taxi. Incredibile cosa si può dire se non si ha esperienza, vero?

"Non so se è ancora così," ha detto uno dei suoi amici. "Una volta sono andato a una serata in cui lo scopo era conoscere qualcuno, tanto per provare, e molti dei tizi presenti erano senza speranze: quindi se ci vai e sei almeno un po' decente, le donne ti scelgono."

Penso sia incoraggiante che esistano opinioni diverse in proposito. "E tu?" ho chiesto al terzo.

"Io non andrei mai a un evento del genere. Non mi sentirei a mio agio," ha risposto.

Quindi... solo uno su tre del microcampione sul fuoristrada proverebbe qualcosa di nuovo. È sempre un inizio. Poi siamo andati al campo di tiro. È questo che fanno i gruppi di uomini nel weekend. Strano, no?

Siamo arrivati in un campo con quattro "gabbie" da cui sparare. Dall'altra parte del campo c'erano le macchine che lanciavano i piattelli, che schizzavano nell'aria sopra le gabbie in archi perfetti.

L'istruttore ha distribuito i fucili e ci ha detto come tenerli. La mia recente abitudine di non riuscire a continuare un'attività oltre il primo giorno stava, evidentemente, prendendo piede.

"Mi spiace," ho detto all'istruttore, "ma il mio polso appena guarito è troppo debole. Non riesco nemmeno a sollevarlo, questo fucile, figuriamoci a sparare."

"Le donne non hanno muscoli," ha detto uno dei ragazzi.

Era affascinante osservare e studiare gli uomini che cercavano di colpire il bersaglio. Dato che il piattello è in movimento, bisogna continuare a spostare il fucile più in là del piattello e poi sparare quando non si vede niente, cosa del tutto contro natura. I ragazzi volevano vedere il piattello prima di spararglі. Così quelli che riuscivano a rilassarsi e a seguire le indicazioni dell'istruttore prendevano il bersaglio. Quelli che tentavano di controllare se stessi, il fucile e l'istruttore, lo mancavano sempre.

E alla base di tutto c'era una concentrazione di testosterone che li spingeva a competere per non fare brutta figura. Come se stessero lottando per decidere chi era il migliore...

L'istruttore stava vicino all'uomo con il fucile e lo spingeva a seguire la traiettoria del piattello dicendogli "adesso" al momento giusto e, seguendo le sue istruzioni in modo rilassato, si riusciva a colpirlo. Ma per uno degli uomini questa perdita di credibilità era troppo. Non capiva l'atteggiamento giocoso del bravissimo istruttore e non aveva alcun senso dell'umorismo, il che naturalmente peggiorava sempre più le sue capacità di sparare. Era un vero divertimento guardare tutti quegli "io maschili" rivaleggiare.

"Pensi che insegnare alle donne sia diverso?" ho chiesto a un istruttore. "O è uguale con tutti?"

"No. Le donne sono meglio. Ascoltano. Non pensano di essere più brave dell'istruttore ancora prima di iniziare."

L'ha detto lui. Capito? È politicamente scorretto dire che uomini e donne sono diversi. Le femministe hanno passato anni a dimostrare che siamo uguali. Ebbene, ora abbiamo stabilito che siamo uguali in termini di capacità intellettive e che il più delle volte le femmine sono più brave dei maschi a scuola nella maggior parte delle materie... Forse, visto che ci siamo, possiamo approfondire un po' la questione.

Perché, per esempio, il rugby? Di calcio non voglio nemmeno parlare... Quel pomeriggio, Vicky mi avrebbe portata alla prima partita di rugby della mia vita. Newbury-Nottingham. Newbury era quella "in casa". Spero di aver capito bene. Così avete un'idea di quanto io ne sappia. Ho detto "la mia prima partita di rugby", ma in realtà era solo un tempo, il secondo, che per me non aveva molta importanza perché sono convinta che quello che ho visto nel secondo fosse molto simile a quello che avrei visto nel primo.

So che adesso rischierò di essere impallinata come un piattello, ma proprio non capisco. Penso che mi manchi la parte del cervello necessaria. Siamo entrate ed era molto bello. Un campo perfettamente illuminato al tramonto. Alberi sullo sfondo. E un sacco di gente con sciarpe e cappellini che gridava. Vicky è andata a prendere qualcosa di caldo da bere. Io cercavo di capire perché chiunque avrebbe dovuto voler venire in quel posto regolarmente. D'un tratto, ero di nuovo una creatura di Venere persa su Marte.

C'erano un sacco di omoni che correvano qua e là. La maggior parte sembravano essere almeno il doppio di qualunque uomo di mia conoscenza. Avevano gambe come tronchi d'albero. Una ragazza mi ha detto che ci andava solo per guardargli le cosce, e in effetti erano da guardare. Osservare quegli esseri in movimento era particolarmente divertente perché faceva freddissimo, adesso che il sole era sceso. Correvano avanti e indietro e si lanciavano gli uni sugli altri. Poi, quando c'era un bel mucchio, sembrava che tutti volessero partecipare.

Ho appena cominciato a leggere un libro del professor Simon Baron-Cohen intitolato *Questione di cervello. La differenza essenziale tra uomini e donne* (la mia dedizione all'argomento non ha limiti). Sottolinea che fin dall'infanzia, in età prescolare, i maschi sono più violenti nel gioco e più inclini a litigare con gli altri bambini. Li guardavo adesso e, in effetti è vero, quei commenti avevano senso. So bene che ci sono donne che giocano a rugby e a calcio, e so che ci sono uomini che fanno yoga, ma non vuol dire niente, perché le eccezioni esistono sempre. Il punto è che la vasta maggioranza non lo fa. La maggior parte delle donne non passerebbe mai un pomeriggio libero a correre attorno a un campo per praticare uno sport competitivo, lanciandosi sopra mucchi di corpi e facendo male a se stesse e agli altri.

Probabilmente, a questo punto vi starò facendo impazzire. Ma dovete capire che, nella stesura di questo tomo epico, la vostra narratrice si trova nel bel mezzo di un dibattito, sul mio sito, su come ogni individuo possa dare il proprio contributo per salvare la foresta pluviale. Mi interessa molto... l'impegno per qualcosa mi interessa sempre. Posso capire il fatto di praticare uno sport. Ma vogliamo parlare di uomini adulti a bordocampo che guardano altri uomini che si divertono? Questo è troppo.

Mi rivolgo all'uomo accanto a me. "Chi vince?"

"Nottingham. Il tabellone del punteggio è là in alto. Vai, vai, vai! Nooooo!" Saltava su e giù per la frustrazione.

"Di che colore sono i Nottingham?"

"Sì, sì, dai, vai così... no, no. Ma cosa sta facendo? I Nottingham sono quelli a righe. No! No!"

Io ero del tutto calma e distaccata.

"Non è una bella serata?"

"Cosa? Ah, sì. Vai, VAIIII! Nooo!"

"Per chi tiene lei?"

"Sì, sì, sììì... vai così. Io? Oh, no! Newbury."

"La squadra di casa?"

"Sì. Quelli in azzurro," ha aggiunto.

"Oooh! Sì!" Saltellava per l'entusiasmo mentre una palla veniva messa dietro una linea bianca. Perdendo per un attimo il controllo, mi ha quasi abbracciata per la gioia. Io ho fatto una specie di sorriso e poi lui mi ha lasciata andare.

"Viene spesso qui?" gli ho detto sorridendo. "Insomma, tutti i weekend?"

"Io sono il presidente della squadra del Newbury. Da dieci anni. Quindi, direi di sì. Nooooo!"

Teneva occhi, anima e cuore incollati all'azione.

"Quindi questi ragazzi sono professionisti?"

Vicky è arrivata con una tazza di caffè. "FORZA, NEWBURY!" ha gridato insieme a tutti gli altri. Mi chiedevo se si rendesse conto di essere da così tanto tempo in quegli ambienti maschili che sembrava cercare di fare persino peggio di loro.

Sono rimasta per un po' fra Vicky e il presidente a guardare il campo mentre i tronchi d'albero correvano avanti e indietro.

"Ooooh, forzaaaa!" gridava il presidente.

"Sììì!" – oppure: "Oooh, noooo!" – gridava Vicky. E, in teoria, vedevo cosa li entusiasmava tanto. Le squadre erano pari e ogni volta che qualcuno segnava voleva dire che quella squadra avrebbe vinto, a meno che l'altra segnasse di nuovo, e il tempo scorreva. Il presidente mi ha spiegato qualcosa sul *try* e sul calcio di conversione. Ero contenta di essere lì. Era divertente. Per quanto possa essere divertente assistere a qualcosa che non puoi influenzare in alcun modo e che devi limitarti a guardare. Entusiasmo indiretto, successo indiretto, fallimento indiretto, rischio indiretto. "Abbiamo vinto!" o "Abbiamo perso!". Quella sensazione di far parte di un gruppo, anche se l'unica cosa che si fa è gridare.

Probabilmente sto ragionando troppo. Ma guardare lo sport... è una cosa che proprio non sopporto. Piuttosto preferisco verniciare lo steccato del giardino. L'unico motivo per assistere a una partita sarebbe fare il tifo per uno dei giocatori, se fosse mio marito, mio figlio o un caro amico. Ma anche in quel caso, me li immagino rivolgersi a me così: "Usa il pomeriggio per fare qualcosa di utile. Non sei obbligata a venire per startene lì in piedi al freddo a guardare quello che faccio io".

Proprio non sono tagliata per queste cose, non trovate?

Grazie al cielo una volta ho conosciuto un Harry che mi ha detto: "Non mi interessano né il rugby, né il calcio, né lo sport in generale". Questo è molto confortante, perché a volte devo ricordare a me stessa che esistono uomini a cui tutto ciò non interessa e che, come me, non capiscono cosa ci sia di bello.

Dopo la partita siamo andati alla sede del club. Ah, ve l'ho detto che la squadra di casa ha vinto? È stato un finale entusiasmante, ma ovviamente poi a me è dispiaciuto per la squadra che ha perso. Tutto quel correre a perdifiato qua e là per poi non vincere niente. Nella sede del club ho avvertito la familiare sensazione di essere nel posto sbagliato, come quando il mio ex marito giocava a cricket e io andavo a vederlo con le mogli degli altri giocatori, cercando disperatamente di mostrarci interessate.

Dal mio punto di vista, le sedi di questi club sono come i pub. Luoghi in cui la gente parla, ma in realtà senza dire niente. Una sorta di compagnia senza che nessuno dica davvero qualcosa di significativo o metta in gioco la propria personalità. Un posto dove alla domanda "Come stai?" è del tutto normale rispondere con un "Bene, e tu?". Non so come spiegarmelo, ma mi sentivo più a mio agio in Tibet seduta fra nomadi di cui non conoscevo la lingua e la cultura, che in un club con un gruppo di inglesi in estasi nel paese in cui ho passato la maggior parte della vita.

Abbiamo bevuto qualcosa e tutti hanno continuato per un pezzo a parlare di nulla, prima di tornare alla fattoria. Là c'era un folto gruppo di veri e propri Rupert, giovani con cappellini verdi identici che facevano un gran chiasso, e su un carro c'erano sedici fagiani morti, un coniglio morto, un piccione morto e un corvo morto. Io sono rimasta impietrita a guardarli. La bellezza del piumaggio era andata perduta. Avevano lacci attorno al collo e gli occhi sbarrati.

Sono rimasta senza parole per un po', mentre fissavo gli uomini e gli uccelli morti. È arrivata Vicky. Le ho chiesto: "Perché hanno sparato al corvo? Di certo non lo possono mangiare!".

"I corvi danno fastidio."

Quanto odio quella frase. I miei vicini lo dicono delle lumache, dei piccioni e degli scoiattoli.

Poi è arrivato un gruppo di giovani donne a raggiungere gli uomini con il berretto verde.

"Le donne non sparano, vero?"

"No. Fanno solo da supporto morale e intrattenimento per gli uomini. Sono giovani, questi. Vengono tutti da scuole private e sono al primo anno di università, senza problemi di soldi. Alle ragazze piace vederli sparare. Sei pronta per andare alla stazione?"

"Sì, grazie, Vicky."

Abbiamo attraversato la campagna. Vicky parlava senza sosta di tutti gli uomini della sua vita. Io ascoltavo con un orecchio solo. Mi ha raccontato di non aver mai avuto in casa un'inquilina, solo uomini.

"Anche il mio cane è maschio," mi ha detto. "L'ho voluto io, un cane maschio."

Era rassicurante sapere che almeno non ero l'unica a essere impazzita. Le donne senza gli uomini impazziscono, ma penso che, per compensare, le donne abbiano bisogno anche di altre donne. Per lo meno, io ho bisogno di entrambi nella vita. Ho salutato Vicky. Mi piacerebbe tornare qui con degli amici per passarci un pomeriggio. Porterei un gruppo misto per guidare fuoristrada e tirare al piattello. Ma il carro pieno di uccelli morti mi aveva lasciata molto confusa riguardo a quegli uomini con il fucile.

Più frequentavo ambienti maschili, più mi rendevo conto di quanto siamo diversi. Quando sono tornata a casa, ho mandato un'e-mail al professor Simon Baron-Cohen, l'uomo che aveva passato vent'anni a studiare le differenze fra il cervello femminile e quello maschile. Avevo qualche domanda da fargli.

Ma prima di voltare pagina (come dicono in tv): la City. Mi avevano invitata a sperimentare sul campo questo ambiente maschile molto speciale, che sentivo da tempo descrivere come "luogo del testosterone" per eccellenza. Qual è il cuore della City? I cosiddetti *trading floors*. Molti affermano che oggi sono gli affari a gestire il mondo: "I politici sono solo burattini..." a quanto pare.

Io ho una conoscenza ampia ed esaustiva di come funziona il trading. Ecco la mia analisi nel dettaglio. Pronti? I prezzi salgono e scendono e l'idea è di acquistare quando sono bassi e vendere quando sono alti. Vendendo al momento giusto, si diventa ricchi. Sbagliando una mossa, invece, si possono perdere somme astronomiche. Semplice, no?

In questa sezione ometterò i nomi per tutelare chi non è poi così innocente. La banca che avrei visitato ha una filiale nel cuore della City. Ha quattro trading floors con 1000-1500 persone ognuno e solo il 10 per cento circa dei trader sono donne.

Naturalmente mi aspettavo uomini che sventolavano le braccia urlando cose incomprensibili. Invece no. Adesso si tratta di una sala enorme con file e file di computer. Di fianco a ogni computer ci sono altri schermi con tabelle numeriche, grafici e linee che salgono e scendono. Di fronte a ogni computer è seduto un uomo dal viso sciupatissimo.

"Esco di casa prima delle sei e di solito alle 6.45 sono già qui. Lavoriamo dodici ore al giorno e non lasciamo mai la postazione, né per colazione né per pranzo. Ci si siede qui al mattino e non ci si alza fino alle sette di sera."

Uno dei visi pallidi aveva avuto il permesso di distogliere lo sguardo dallo schermo per parlare con me.

"Quindi dovete sacrificare la vostra vita privata?"

"Sì. Siamo pagati molto bene, ma ci vendiamo l'anima."

"Siamo schiavi," ha aggiunto il viso pallido vicino al primo.

"Quanto guadagnate?" ho chiesto in modo molto diretto. "Non è una domanda personale, naturalmente... In media..."

"Lo stipendio di base va dalle 80.000 alle 100.000 sterline all'anno, e questo è lo standard. Poi c'è il bonus annuale che può partire da 250.000 sterline per arrivare, in certi casi, a quindici milioni."

"All'anno?"

"Sì."

"Sono bei soldi," ha detto un altro.

"Peccato per l'anima," ho detto io sorridendo. Uno strano mondo, surreale. Uomini che non chiedono niente, ma che sono in prigione.

"Ho un amico ragioniere che lavora il mio stesso numero di ore per 65.000 sterline all'anno," ha detto uno. Strano, vero? Si raccontano l'un l'altro che chiunque vive così, lavorando dodici ore al giorno, ma non è vero. Il ragioniere può uscire prima, se c'è la recita scolastica del figlio.

"La mia fidanzata è medico," ha detto un altro. "Lavora più di me, spesso anche nel weekend, e prende qurantamila sterline."

Ma si può davvero paragonare il lavoro di un medico con uno in cui l'unico obiettivo sono i soldi?

"Perché non lavorare qui per un paio d'anni e poi andarsene?"

ho chiesto. “Non sarebbe perfetto? Fare un po’ di soldi e poi andarsene prima dei quarant’anni.”

“Non si vorrebbe mai rimanere trader dopo i quarant’anni. Tutti parliamo di andarcene, ma siamo dipendenti dai soldi.”

“Allora quando sperate di poter fuggire?” ho chiesto a uno che mi sembrava un po’ più vecchio.

“Fra due anni. Diciamo sempre ‘ancora due anni’. Si fanno progetti su base biennale. Per i soldi, capisce? Mi scusi un attimo.”

Ha detto qualcosa a una specie di telefono che portava in testa a mo’ di cuffia e ha inserito qualche dato nel computer.

“Quanto pensi che salirà? Chiedigli se arriverà a 3.7, ma non spaventarlo.”

Ha cliccato ancora un po’.

“Scusi.” Si è rivolto di nuovo a me, educatamente. “Qui abbiamo appena fatto altri trecento milioni di sterline.”

“Però!” ho detto io. “Le somme di denaro che gestite per questa banca sono piuttosto alte, quindi?”

“Guardiamo questa mattina,” ha detto. “Venticinque milioni, duecento milioni, un miliardo, cinquecento milioni, cinquanta milioni, cinquanta milioni.”

“Cosa succede se sbagliate?”

“Fino a una perdita di mezzo milione, si sorvola. Ma se si perde un milione, non va per niente bene. La scorsa settimana ho fatto un errore. Ho sbagliato una cifra. Ma ho richiamato il tizio interessato e non mi ha fatto problemi. La maggior parte delle persone sono comprensive. I bastardi ci sono, ma non sono la maggioranza.”

Adorabili, le cose che si possono dire tranquillamente al capo qui... “Ops, stamattina ho perso mezzo milione di sterline.”

“Stai tranquillo. Non preoccuparti, ma che non succeda più, chiaro?”

Di fianco a me, un altro viso pallido stava dicendo: “Voglio quarantaquattro milioni sul Delta”.

“Il nostro problema,” ha detto il primo, “è che vorremmo andarcene, ma non sappiamo cos’altro fare. Guardiamo lo stipendio che prenderemmo e pensiamo: ‘Stando qui solo un altro anno, guadagnerei più di quanto guadagnerei là in dieci anni’. Così alla fine rimaniamo. Quelli che se ne vanno comprano un elicottero, vanno in giro per un anno, si annoiano a non far niente e tornano indietro.”

“Per altri due anni?” chiedo.

“Esatto. Ha capito come funziona.”

"Il punto è che esistono valori diversi dal denaro in un lavoro," ho detto sorridendo. "Ci sono anche altri motivi per lavorare."

Mi guardavano increduli.

"Forse, sì. Se trovassimo qualcosa che davvero ci piace, ma noi siamo qui da quando siamo usciti dall'Università. Non abbiamo altre esperienze, nessuna abilità trasferibile."

"Non abbiamo assolutamente nessun'altra capacità," ha ribadito l'uomo accanto a lui. "Non sappiamo niente di nient'altro."

Ecco quello che si chiama una "convinzione limitante". Ci sono anche qui. Questa è ovviamente giunta sui trading floors per tenere gli uomini inchiodati alle postazioni.

"Cos'altro potremmo fare? Qualunque stipendio è ridicolo rispetto a quello che guadagniamo qui."

Be', potrebbero trovare il modo per riportare Sua Santità il Dalai Lama in Tibet contribuendo alla pace nel mondo. Potrebbero creare un progetto per salvare la foresta pluviale. Potrebbero lavorare con gli adolescenti tossicodipendenti. Potrebbero insegnare. Potrebbero fare volontariato. Potrebbero trovare il modo per donare qualcosa.

Non ho detto niente di tutto ciò. Li ho solo ascoltati.

Uno aveva una foto della casa più bella che avessi mai visto. Sul mare, naturalmente.

"Cos'è questa meraviglia?" ho chiesto.

"Una casa per le vacanze. L'ho comprata oggi. Il prezzo è qui..." Era costata 1.850.000 dollari.

"Ha solo questa casa per le vacanze, immagino?" ho chiesto.

"Per ora, sì."

"Gli chieda che auto guida," mi ha detto uno dei suoi amici.

"Che auto guida?"

"La nuova biposto della Daimler."

"Gli è costata oltre ottantamila sterline," ha detto un altro.

Tutto ciò era stranissimo. Controllare il mio conto corrente era uno dei modi per vivere dieci minuti di puro stress, al pensiero che quest'anno o il prossimo per me e per mia figlia non ci sarebbero state vacanze. D'altra parte, dieci minuti mi bastano per riprendermi, tanto poi potrò dormire fino alle sette del giorno dopo. Ho pensato a questi uomini a casa con le mogli. In tempi duri dev'essere difficile non desiderare che il partner sia là fuori a guadagnare soldi e a spenderli.

"Be', almeno a casa non dovrete litigare per i soldi."

Si sono messi tutti a ridere.

“Ci sono un sacco di donne a caccia di un uomo che lavora nella City solo per i suoi soldi.”

Proprio come aveva detto Thomas, l’ufficiale dell’esercito che avevo conosciuto a Fulham. Gli uomini che puntano ai soldi sono destinati a essere puntati da ragazze che puntano ai soldi. Karma immediato.

Ha aggiunto: “I matrimoni migliori sono con donne che fanno lo stesso lavoro, perché capiscono. Le donne ci si gettano ai piedi. Ci trattano come calciatori”.

Senti senti, adesso gli uomini va di moda trattarli così: “come un calciatore”.

“Frequentando i nightclub, si incontrano un sacco di donne nei privé dei vip e si sentono storie tremende. Uomini che si portano a casa una ragazza, lei rimane incinta e vuole un milione di sterline o un anello di fidanzamento.”

“Un momento, conosce personalmente qualcuno a cui è capitato? Voglio dire, non sono solo racconti...”

“Certo che ne conosco.”

“Anch’io,” ha detto il suo amico.

Questi tizi devono conoscersi molto bene. O forse no. Lavorano fianco a fianco dodici ore al giorno per dieci o vent’anni.

“Un’altra cosa è che molte donne sono sostanzialmente prostitute di classe. Solo che non ne hanno l’aspetto. Conosci una donna in un night che sembra dolce e carina, cominci a parlarle e d’un tratto ti ritrovi a parlare di tariffe.”

“Anche questo è molto frequente.”

“Sul serio? Dove sono questi posti?”

“Oh, tutti i club migliori... China White’s, Pangaea, Mo*vida... nei privé dei vip. Molte delle donne in questi posti... non si riesce più a capire con chi si ha a che fare.”

Sentito, ragazze? Siamo “predatrici”.

“Quindi le donne ci vanno sperando di conoscere uomini della City?”

“O qualunque altro uomo pieno di soldi.”

Ecco dove ho sbagliato, allora. Ho sempre considerato la personalità. Sapevo di essermi persa qualche ovvio passaggio.

“Deve scusarmi... qui è successo qualcosa.” D’un tratto, il viso pallido sembrava tremendamente stressato. Ho visto la sua faccia e ho cercato di dare il mio contributo:

“La ringrazio per aver parlato con me”.

Lui mi ha fatto un cenno di saluto con la mano senza staccare gli occhi dallo schermo. Spero che la banca non avesse appena perso un miliardo di sterline per colpa sua.

Ho attraversato il trading floor osservando le facce. Proprio come mi avevano detto: quasi tutti bianchi, maschi e per lo più nella "prima metà della vita", fra i ventuno e i quarantun anni. Era strano provare pena per dei miliardari. Un'altra cosa che ho notato era il cattivo funzionamento del sistema di condizionamento. L'aria era stagnante come in un grande magazzino surriscaldato. Alcuni dicono che già questo contribuirà a ucciderli prematuramente.

Perché finiscono per passare seduti lì gli anni migliori della vita? Sarà come mi ha detto Jenny un giorno – "Tutta questione di orgoglio. Quello che fa più soldi vince. Usano i soldi per misurare il successo, che altrimenti sarebbe difficile da quantificare" –? Forse. Ma ho anche un'altra idea: stanno lì perché sono convinti che i soldi renderanno più felici loro e le donne della loro vita. Stanno lì perché amano le mogli e la famiglia e stanno, in un certo senso, sacrificando questi anni in modo da essere gli unici a provvedere a ogni loro necessità. Quindi, ironia della sorte, si prestano a diventare "schiavi", come dicono loro, per amore delle donne e dei figli.

Purtroppo, penso sia un altro esempio di uomini e donne che si fraintendono a vicenda. Di certo le donne vogliono i soldi, ma solo finché non si rendono conto che non tutto ciò che vale la pena avere si può acquistare con il denaro. Thomas mi aveva detto, sulla base di testimonianze di suoi conoscenti, che la violenza domestica è un problema enorme nella City. Gli uomini pensano ai soldi, finché a un certo punto si rendono conto che non è così che le mogli li ameranno di più. Qualcuno deve andare a dire loro che stanno sbagliando. Il ritornello più vero di tutti non è *Money makes the world go 'round*, ma *All you need is love.*

Perché uomini e donne continuano a non capirsi? Non vedevo l'ora di conoscere il professore.

Sono arrivata a Cambridge piena di ottimismo, senza rendermi conto che questa volta avrei trovato ciò che stavo cercando. Parte della risposta.

Il taxi mi ha portata al Trinity College. Qui c'era il cortile che Eric Liddell e Harold Abrahams avevano fatto di corsa e per il quale poi sono stati impersonati in *Momenti di gloria* da Ian Charleson e Ben Cross, che hanno fatto la stessa cosa. Chi aveva vinto quella corsa? Non me lo ricordo. Ricordo John Gielgud, decano del college, ritratto perfetto della superiorità paternalistica e arrogante della classe accademica peggio rappresentata.

Il professor Simon Baron-Cohen non è affatto così. Il grande ufficio di Simon si affaccia sul famoso cortile e, oltre alle migliaia di libri d'obbligo, ci sono una poltrona e un grande e accogliente divano. Com'è lui? Se volete, date un'occhiata al sito *www.autismresearchcentre.com* (l'autismo è la sua specialità), cercate nello staff e vedrete la sua faccia. Per essere un professore è giovane, o almeno sembra. Sulla quarantina? Non mi andava di chiederglielo. Un viso gentile e cortese incline al sorriso, con una stempiatura avanzata e gli occhiali. In forma, sano e pieno di energia. C'erano anche le foto di tre bellissimi bambini incorniciate con orgoglio perché tutti le vedessero.

La nostra corrispondenza via e-mail prima del mio arrivo era stata molto gioviale. Avevo letto il suo libro sulla differenza fra uomini e donne. Ma non volevo fargli un torto. Quindi ho pensato di svelarvi la triste verità direttamente dalla sua bocca e non dalla mia. Mi ha offerto un tè e io sono andata direttamente al sodo...

"Allora, Simon, oltre a qualche piccolo dettaglio... qual è la differenza fra uomini e donne? Ho cercato gli uomini nei loro ambienti, allo stato brado, direi. Mi piacciono molto, ma ho qualche problema a capire queste creature. E so che sono parecchie le donne che provano la stessa sensazione."

"Ci sono differenze chiare e ben definite nell'anatomia cerebrale maschile e femminile, per esempio il fatto che le donne possano avere figli e gli uomini no."

"Vale a dire?"

"Una differenza è che le donne sono più portate all'empatia e gli uomini alla sistematicità."

"E cosa significa esattamente?"

"L'empatia è l'impulso a identificare i pensieri e i sentimenti di qualcun altro e di corrisponderli con le emozioni appropriate."

"E la sistematicità?"

"È la tendenza ad analizzare o a costruire un sistema."

"Cos'è un sistema?"

"Qualunque cosa sia governata da leggi che ricevono un input e producono un output."

"Quindi alle donne piace capire le persone e agli uomini piace capire le cose?"

Ha alzato un sopracciglio. "Be', è un modo per semplificare il tutto, sì."

"Intende dire che siamo diversi biologicamente? I nostri cervelli sono alimentati in modo differente?"

"Sì. È provato. Tutti i mesi vengono pubblicati nuovi studi riguardo alle differenze fra i sessi nella struttura e nel funzionamento del cervello."

"Un momento. Così non annulliamo i risultati di una lotta femminista di quindici anni?"

"Avevo paura che succedesse, infatti ho aspettato cinque anni prima di pubblicare il libro: temevo che sarebbe stato considerato politicamente scorretto. Ma oggi le femministe non negano tali differenze biologiche. Nessuno dice che uno dei due sessi sia migliore dell'altro. Siamo solo diversi. Insomma, si sa che siamo diversi dal punto di vista ormonale e genetico. Adesso cominciamo a capire anche le differenze psicologiche."

"Allora... pensando alla prima cosa che mi viene in mente: perché gli uomini sono così interessati a guardare lo sport? Posso capire che vogliano giocare, perché è divertente. Ma guardare gli altri giocare?"

"Questo è un esempio interessante perché è universale. Agli uomini di tutto il mondo, e a una piccola percentuale di donne, piace guardare lo sport. Lo sport racchiude almeno tre sistemi."

"Davvero?"

"Prendiamo il calcio. C'è la classifica del campionato come primo sistema. 'La nostra squadra è quarta e se guadagniamo un altro punto possiamo avanzare di una posizione. O se quest'altra squadra perde, possono scendere in classifica'."

"Sì..."

"Poi c'è la 'tecnica'. Gli aspetti fisici e tecnici di ciò che comporta calciare la palla in un certo modo. E poi c'è la squadra stessa, che è un po' come una macchina. Ogni giocatore è un elemento dell'ingranaggio che può avere conseguenze sul funzionamento complessivo del sistema. Gli spettatori, che sono per lo più uomini, tenderanno a discutere senza sosta su quale giocatore dovrebbe entrare o uscire per ottenere i risultati migliori."

Mi si cominciavano a chiudere gli occhi.

"Perché è così importante? Perché ci tengono così tanto se la squadra sale o scende?"

"È una gerarchia sociale. I primati considerano importante la gerarchia sociale. Cambia la vita."

Io ormai ho lo sguardo fisso.

"Non mi crede? È provato che la vita di primati non umani è

radicalmente influenzata dalla posizione che occupano nella gerarchia. Il maschio più in alto di tutti avrà accesso per primo a cibo e femmine."

"Ma non ci siamo evoluti?"

"La posizione nella gerarchia sociale è una lotta di incredibile importanza per i maschi, è questione di vita o di morte. Una parte delle affermazioni della psicologia dell'evoluzione riguarda il fatto che non ci siamo ancora evoluti fino al punto in cui queste cose non importano più..."

Oh, povera me.

"...al contrario, possono esistere circuiti nel nostro cervello che condividiamo con i nostri antenati primati risalenti a milioni di anni fa e che influenzano ancora oggi il nostro comportamento di esseri umani. L'evoluzione ha formato il cervello degli uomini e quello delle donne in modo diverso. Naturalmente esistono delle eccezioni. Una piccola percentuale di donne è interessata alle classifiche sportive e lei sta parlando con un uomo al quale del calcio non interessa proprio niente."

"Questa è un'ottima notizia, Simon."

"Abbiamo messo a punto un questionario che misura il quoziente di empatia, o QE, in otto punti e il quoziente di sistematicità, o QS, in altri otto punti. Vuole sapere a che punto della scala si trova lei?"

"Certo." Compilo pazientemente il modulo e calcolo il punteggio.

"Il mio punteggio totale per la sistematicità è uno. Per l'empatia è settanta."

Lui ha sorriso.

"Bene, lei ha un livello di sistematicità incredibilmente basso... Un momento... ho qui i dati... Ecco, lei è nella percentuale più bassa di sistematicità e in quella più alta di empatia. Non mi meraviglia che abbia rischiato di addormentarsi mentre parlavo di classifiche sportive. Qualcuno appartenente al profilo opposto si sarebbe addormentato se avessi cominciato a parlare di qualità delle relazioni e delle interazioni umane."

"Ho il sospetto di essere stata sposata con un uomo con quel tipo di profilo per sette anni."

"Gli uomini con una tendenza più spiccata alla sistematicità sono la maggioranza."

"Ciò significa che gli uomini tendono generalmente a essere meno empatici delle donne?"

Ha aperto il portafogli e ha tirato fuori una tabellina semplificata. "Me la porto dietro perché non sempre ricordo le percentuali giuste."

	Estremo tipologia E	Tipologia E	Tipologia B	Tipologia S	Estremo tipologia S
Donne	6	44	36	14	0
Uomini	0	17	33	44	6

Con la mia tendenza minima alla sistematicità, ho osservato attentamente la tabella.

"Quante persone ha testato?"

"Durante tutta la ricerca? Migliaia." Ha indicato la casella in alto a sinistra. "Lei è in quel gruppo: empatia estrema."

"E lei?"

"Io non ho fatto il test perché sono troppo coinvolto, ma penso che sarei nel gruppo B, la tipologia bilanciata," ha detto con cautela.

"È per questo allora che le donne sono così frustrate dagli uomini?"

"Sì, e viceversa. Un uomo sistematico è ansioso perché è in programma una partita importante, non vuole perderne una sola azione e sa che dovrebbe cominciare fra 3,5 minuti. Mentre una donna empatica è in ansia perché vuole parlare..."

Mi ricorda qualcosa...

"...del perché lui non parla da tre giorni."

"Se entrambi si fermassero un attimo a osservare che l'altro la pensa diversamente, la relazione ne guadagnerebbe."

"Ah," ho detto. "Probabilmente stanno accadendo un milione di litigi mentre noi parliamo."

"Sì, del tipo: 'Mi fa imbestialire che sei sempre in quel capanno con i tuoi attrezzi'... La donna in questione potrebbe realizzare che gli attrezzi sono sistemi e che per lui è importante tenerli ben organizzati e in ordine."

"Quindi non è colpa sua se è fissato?" ho scherzato.

"Be', è stata lei a scegliere la parola... Io non direi così. Direi piuttosto 'preoccupato'."

Mi sono messa a ridere. Dobbiamo fare attenzione, eh?

"Va bene, Simon. 'Preoccupato'."

"Anche lei è preoccupata, ma per una cosa diversa. Per le relazioni e la loro qualità. Per l'intimità."

"Quindi non è colpa delle donne se gli uomini non comunicano le proprie sensazioni? Per anni ho sentito dire: 'Siamo noi a tirargliele fuori'."

"No. Naturalmente la cura è importante, ma lo è anche la biologia di ognuno."

"Ricordo di aver comprato a mia figlia una scatola di Meccano. Ricordo di averla incoraggiata a giocarci con tutte le mie forze, ma lei non era interessata. Preferiva disegnare."

"Molti genitori lo dicono. Provano a evitare giocattoli specifici per un determinato sesso, ma non funziona. Nemmeno in età prescolare e in famiglie senza televisore."

D'un tratto, un'illuminazione. Avevo avuto dei flashback riguardanti la settimana appena trascorsa. L'immagine di sedici fagiani appesi per il collo mi è comparsa nella mente all'improvviso. "Quindi gli uomini sparano agli uccelli per mancanza di empatia?"

"Quegli uomini o quelle donne che sparano agli uccelli lo fanno perché hanno un'empatia ridotta. Non che non ne abbiano affatto, ma per uccidere un animale servono livelli molto bassi di empatia. Da grande empatica, per lei sarebbe molto difficile uccidere un animale."

"Arrivo a evitare di uccidere un insetto. Riesco a uccidere le zanzare, ma odio anche quello."

Ed ecco che stavo di nuovo pensando a Harry. A quanto detestasse vedere qualcuno tagliare gli alberi. A come mi avesse capita quella volta in cui mi aveva chiamata e io ero triste perché i vicini stavano tagliando un albero sano nel giardino comune e il mio tentativo di salvarlo era andato a vuoto. A una conversazione che avevamo avuto una volta sui giardini e sul fatto di lasciar vivere piante e animali, tagliando meno e lasciando crescere di più. Ho trascinato la mia anima e il mio cervello di nuovo a Cambridge e ho guardato la tabella di Simon.

"Come si può fare a migliorare la situazione? L'empatia è qualcosa di innato? Gli uomini che ne hanno poca sono senza speranza o possono imparare?"

"L'empatia non è al cento per cento biologica. Ci sono molti modi per imparare, l'esperienza e l'allenamento possono modificare i livelli di empatia. Solo che, naturalmente, molti uomini non sono interessati a imparare a essere più empatici. Questa è una componente biologica... qui sta la controversia."

"Una mancanza di volontà in quest'area? Allora è per questo che, una volta in cui mi avevano convinta a partecipare a un seminario sulle vite precedenti, c'erano così pochi uomini? Non sono interessati perché sono cose non dimostrabili, come a me manca la spinta interiore per capire il funzionamento del mio computer. Tutto ciò che voglio è che funzioni. Come, non mi interessa."

"Proprio così."

"Allora, quando una femminista scrive un libro come *Men: the darker continent* e mette i problemi del mondo ai piedi degli uomini... ha ragione?"

"Be', non esageriamo..."

Certo che no, professore.

"...l'attenzione ai sistemi comporta molti aspetti positivi, come la tecnologia moderna."

Certo che sì, professore.

"Anche se sono convinto che molti dei problemi del mondo siano il risultato di azioni compiute sulla base di un sistema, più che sull'empatia."

Il mio cervello cominciava a fondere.

"Allora, Simon, per avere successo nel trading sarebbe utile avere una forte inclinazione alla sistematicità e una scarsa tendenza all'empatia per non lasciarsi troppo trasportare dai possibili effetti delle proprie azioni sugli altri?"

"Sì. E in guerra si potrebbe pensare: 'Bombarderemo centomila persone, ma vinceremo', quindi meno empatia è utile. Per una come lei, anche una sola vittima sarebbe troppo, ma Blair ha preso la decisione di bombardare l'Iraq, dove le vittime sarebbero state centomila. Quella è una decisione basata su un sistema... Così facendo... Saddam cadrà. E possiamo pensare a moltissimi altri esempi di problemi della società risultanti dalla mancanza di empatia."

"Come la violenza domestica."

"Gli stupri."

"Il bullismo."

"Questi sono casi estremi, ma anche il modo in cui la nostra società 'dimentica' gli anziani che non ci servono più come forza lavoro è un esempio di approccio sistematico sul lavoro. Di certo non si basa né sull'empatia, né sulla compassione."

Oh, santo cielo. Interessante. Ecco perché in Tibet insegnare la compassione e l'empatia è la parte essenziale del sistema scolastico buddista tibetano. Pensavo agli individui. Il mio ultimo inquilino, un esperto di sistemi, passava ore e giornate intere a giocare con il computer, eppure nessuno gli aveva mai insegnato a parlare con una donna. Quando diceva di non sopportare le feste, io gli consigliavo: "Per superare la timidezza, l'unica cosa che devi fare è pensare alla persona che hai davanti e non a te stesso. Cerca di mostrarti davvero interessato agli altri".

E anche con altri amici è lo stesso... Non necessariamente gli uomini nutrono un vero e proprio interesse per le donne, pensano solo a cosa devono dire e fare per ottenere il risultato che vogliono. L'esempio più estremo è rintracciabile in ciò che ha scritto Neil Strauss in *The game* su uomini che avevano elaborato un sistema per rimorchiare le donne. Ma oltre ad attirare una donna per una scopata, in una relazione c'è qualcosa di molto più complesso, dato che le donne costituiscono un sistema profondamente imprevedibile.

"Perché a un appuntamento sono così tanti gli uomini che parlano solo di se stessi? Se davvero sono così bravi con i sistemi, dovrebbero aver capito che devono anche ascoltare un po', giusto?"

"Parlare troppo è un chiaro segnale di scarsa empatia. Gli empatici sono ottimi ascoltatori. Ciò non significa che l'unica cosa che fanno è ascoltare, perché altrimenti non ci sarebbe dialogo, ma sapere quando ascoltare e quando parlare, e come rispondere con sensibilità, richiede empatia. Chi è davvero interessato ai pensieri e alle emozioni dell'altro non può limitarsi ad ascoltare il suono della propria voce. Quello non è un dialogo, ma un monologo."

"Ho osservato gli uomini in ambienti tutti maschili."

Lui ha sorriso. "Questi sono i luoghi ideali per vedere quanto possono essere scioccanti gli estremi. La scorsa settimana ero a passeggio con mio figlio nella New Forest e ci siamo imbattuti nel club di modellismo navale. Persino io sono rimasto sconvolto, dopo vent'anni di ricerche. Uomini adulti parcheggiano l'auto vicino a un lago. Aprono il baule che contiene dieci tipi diversi di modellini di barche e tutti gli strumenti per il motore a benzina. Trafficano con uno dei motori per ore e poi si infilano in quegli stivaloni verdi che arrivano alle cosce, rimangono in piedi nell'acqua per un quarto d'ora e fanno andare la barca nel lago. Giocano con le marce, le figure 'artistiche' e le onde. Adorano vedere quanto riescono a farla andare veloce, come sanno farla curvare. Poi la ripongono nell'auto, passano ore a pulirla, controllando tutte le parti, strofinando ogni singolo componente, sistemando gli utensili, e poi ripetono il tutto con la barca successiva. Il dialogo fra i membri del club è ridotto al minimo. Ed è domenica. A mio figlio è piaciuto un mondo, ma lui ha dieci anni. Questi sono adulti."

"Sarei portata a supporre che alcuni di loro siano single e iscritti alle agenzie di incontri on line."

"La scena che abbiamo visto io e mio figlio era probabilmente solo la punta dell'iceberg. Se li avessimo seguiti fino a casa, avremmo trovato un intero laboratorio dedicato al loro hobby." Ha esitato. "Almeno penso," ha aggiunto. "E naturalmente il club è aperto anche alle donne."

"Naturalmente. Meglio non generalizzare sui membri del club di modellismo navale." Mi sono messa a ridere. "Ma non le è mai capitato di vedere un membro donna?"

"No."

Mi sono venuti in mente i ragazzi delle Harley che confrontavano la grandezza del tubo di scappamento. Dicendo cose come: "Qual è l'inclinazione ideale?".

Adesso tutto aveva senso: sistemi, gerarchia, nessun obbligo di empatia... Perfetto.

"Lo stesso accade al club di tiro. La differenza fra un aggeggio e l'altro... e l'unica cosa che pensavo io era: 'Con quello potreste ammazzare qualcuno'."

"Guardi la tabella. Tre uomini su dieci appartengono alla tipologia B (bilanciata), due alla E, cioè hanno un'empatia più forte della tendenza alla sistematicità. Quattro sono tipi S (con minor empatia e maggior sistematicità) e uno è un sistematico estremo."

Non gli piaceva l'idea di aggiungere: "...con scarse o nulle capacità empatiche".

Così ha continuato: "C'è anche un altro tema correlato. Secondo il suo punteggio, lei si trova all'interno di quel 6 per cento di donne che sono E estreme".

"Quindi quante possibilità ho di trovare un uomo con il mio stesso livello di empatia?"

"Non esistono uomini come lei."

Mi sono messa a ridere.

"Grazie mille, Simon."

Per un attimo mi è sembrato un po' assente, mentre realizzava ciò che aveva detto.

"Ma quando dico 'zero' intendo dire meno dell'1 per cento," ha aggiunto garbatamente, "di appartenenti alla tipologia E estrema."

"Non che mi infastidisca uscire con un esperto di computer, è solo che la conversazione è così limitata ai sistemi e a se stessi... La definizione di uomo interessante che avevo coniato è 'un uomo che quando lo incontri sai che ti piacerebbe uscire a cena con lui e, dopo esserci uscita, sai che ti piacerebbe rivederlo'. Sembra un esame difficile da superare, visto che ci sono così tanti uomini che parlano solo di sistemi o di se stessi. La scorsa settimana ne ho conosciuto uno che continuava a parlare e c'era una donna che tentava di inserirsi nella conversazione, ma lui non glielo permetteva. Parlava, parlava. Alla fine l'ho guardato: 'Vuoi lasciar parlare lei?!'. Poi la donna mi ha detto: 'Quello è mio marito'."

"Gli uomini con una forte tendenza a costruire e ad analizzare sistemi sono la maggioranza: il 44 per cento. Il 17 per cento sono tipi E, con una maggior inclinazione all'empatia. Il 33 per cento sono tipi B, con empatia e sistematicità equilibrate... ma è raro trovare un uomo con un punteggio pari a settanta. E naturalmente gli uomini con livelli di empatia alti sono molto probabilmente già impegnati in una relazione."

"Quindi dovrei rassegnarmi?"

"Bisogna cercare quegli uomini nei posti giusti. Certo non in ambienti tutti maschili."

"E quali sono i posti giusti?"

"Dallo psicoterapeuta magari?" mi ha detto ridendo. Povera me.

"La sa quella dei due psicoterapeuti che si incontrano andando al lavoro? Uno dice: 'Buongiorno'. E l'altro si chiede che cosa intendesse dire con quella parola.

"Ecco perché mi sono sempre piaciuti uomini che non arrivassero a quel punto. Mi piacciono gli uomini che tendono a essere sistematici. Non mi dispiace se non amano parlare delle proprie emozioni.

"Voglio solo un livello di empatia che li porti a parlare e ad ascoltare, a godersi l'intimità e a non voler uccidere niente né giocare con motori e computer tutto il giorno. Perché un uomo mi colpisca, deve avere a cuore le persone, immagino. Quindi lei ha ragione. E sono certa che anche la maggior parte delle donne che conosco vorrebbe un uomo che tenga alle persone."

"Sembra che il suo uomo ideale dovrebbe essere concentrato sugli altri. Le aree in cui le persone acquisiscono un interesse negli altri e nella comunicazione. Scrittori che tengono agli altri, giornalisti, insegnanti..."

"Insegnanti?"

"Certo, a un insegnante di matematica piacerà solo la matematica. Potrebbe non interessargli niente degli studenti. Ma nel complesso, chi sceglie di lavorare con gli altri si interessa a loro."

Un uomo di un rango sociale inferiore ha bussato ed è entrato nella stanza. Sapevo che era di una classe più bassa perché portava un cappello a bombetta ed era venuto per ritirare la posta del professor Simon Baron-Cohen. Mi è venuto da sorridere.

"Ha detto che ci siamo evoluti superando le gerarchie?"

"Lo vorrei tanto."

Simon doveva andare. Aveva promesso a uno studente che avrebbe assistito a una sua presentazione ed era pronto a sostenerlo. Io, con tutta la mia empatia, ho capito la situazione e lui, sapendo il mio punteggio, era certo che avrei capito.

"Sarebbe utile, se fosse possibile, portare a un appuntamento il suo test e chiedere di farlo."

"Però addio romanticismo, non trova?"

Simon mi ha accompagnata alla stazione di Cambridge e io sono salita sul treno, cercando di pensare alle conseguenze di quell'incontro straordinario. Non era stato niente di eccezionale. Eppure avevo avuto la sensazione di essermi completamente sbagliata su chiunque, non avendo mai afferrato sul serio la differenza sostanziale fra i due sessi. Ed ero sempre andata a cercare uomini interessanti nei posti sbagliati.

Dopo l'incontro con Simon mi sono sentita sconvolta da tutti i nuovi collegamenti che mi si erano creati nella mente. Al punto che molte delle cose che mi avevano sconcertata del comportamento maschile in genere adesso sembravano avere senso. Qualche giorno dopo ho scritto un'e-mail a Simon:

"Ho sempre creduto che 'le persone fanno del proprio meglio sulla base delle conoscenze, della comprensione e della consapevolezza di cui dispongono in un certo momento'. E ci credo ancora, quindi non è il caso di arrabbiarsi con qualcuno o con se stessi perché, come dicono in certe associazioni, 'se avessimo saputo più cose ci saremmo comportati meglio'. Lei mi ha offerto una spiegazione dei motivi per cui la consapevolezza degli uomini è spesso così diversa in termini di qualità e priorità da quella di tutte noi del sesso opposto".

L'opera di Simon spiega perché gli uomini dei cantieri avevano l'impressione che le donne volessero solo impedire loro di divertirsi. Spiega tutto ciò che sta alla base di *The game*, i motivi per cui Rupert non capiva che mettere la mano sotto la gonna di Daisy non deponeva a suo favore, spiega il comportamento che talvolta alle donne sembra solo inspiegabile stupidità. Spiega persino la guerra. Adesso ho capito perché ci sono così pochi uomini nell'editoria e perché così tanti scrittori che ho conosciuto ai vari festival sono gay. Ho capito perché mi si chiudono gli occhi, mi sento frustrata e mi prende la tristezza quando, a pranzo con gli amici, cominciano a parlare di barche o di auto senza ascoltarsi l'un l'altro. Mi rendo conto che quando ho scritto che alla partita di rugby mi sentivo tagliata fuori, come se mi mancasse una parte di cervello necessaria per capire tutto ciò, non ero poi così lontana dalla verità. Inoltre, Simon aveva spiegato soprattutto la situazione degli uomini della City cresciuti nelle scuole private e in quella singolare enclave sociale elitaria di Londra.

In un certo senso mi sentivo sollevata. Sentivo di riuscire davvero a capirli meglio. Ma d'altra parte ero un po' triste. Le statistiche non mi piacciono. Se avessi guardato a tutto ciò che mi si ritorceva contro non avrei nemmeno mai pubblicato il mio primo libro. E non mi piacciono nemmeno gli stereotipi. Non sono razzista, né niente del genere. Ma se non avessi prestato attenzione, tutte queste mie riflessioni avrebbero potuto portarmi a diventare sessista e, nel caso delle "classi alte", anche classista.

Adesso avevo avuto una spiegazione accademica di come a tutti quegli uomini che avevano frequentato le scuole private fosse stata tolta l'empatia e come mai cercassero così attentamente di conservare la propria identità all'interno di un'élite sociale. Gerarchie... sistemi... Mi erano state spiegate questa visione del mondo e le principali differenze fra i sessi, e probabilmente era tutto giustissimo, ma è un modo di spiegare lo status quo che non apprezzo molto. È un approccio più sistematico che empatico verso gli esseri umani.

Voglio condividere con voi questa conversazione telefonica con un uomo delle classi davvero alte, diciamo poco sotto la famiglia reale. Ha frequentato scuole private e, in teoria, dovrebbe essere un esempio perfetto di stereotipo, ma naturalmente non ha niente a che fare con tutto ciò. Dovrebbe dispiacermi nel modo più assoluto. Va persino a caccia. E invece lo adoro. Non vi dirò il suo vero nome, non sarebbe carino. Ma potete ascoltare questa conversazione. Proprio nel momento in cui mi trovo nella posizione di dover andare alla scoperta dei diversi tipi di uomini, e soprattutto di quelli delle classi alte, lui e la moglie invitano la vostra narratrice a cena nella loro magnifica casa a... be', diciamo nella Contea di

Sfarzonia. Famosa, no? Questa è l'unica cosa che ho inventato, ma il resto lo riporto parola per parola...

"Vengo volentieri... ehm... intanto che siamo al telefono... ti spiacerebbe se ti facessi qualche strana domanda? Ultimamente ho incontrato un sacco di uomini di... ehm... delle... classi alte. E non li capisco."

"Siamo in due," mi ha risposto lui con il suo splendido e ricercatissimo accento. "Sono tante le cose che non capisco. Quelli che lavorano nella City si alzano alle sei e non tornano a casa fin quando è già buio. Non vedono mai i figli e in sostanza vivono solo due settimane all'anno. Quando verrà il momento in cui gli uomini capiranno che il tempo è più importante del denaro?"

"Non so. E poi tutti quei tizi delle scuole private con il cognome doppio... Non capisco il modo in cui si comportano con le donne."

"Vogliono sposare solo persone della propria casta. È un po' come i cani di razza. Le donne devono avere il pedigree giusto. È più un limite che un'opportunità. Io sono stato fortunato a trovare mia moglie."

Quindi Simon ha ragione sulle gerarchie sociali e sull'importanza di conservare la propria posizione. Ecco cosa intendeva dire veramente Rupert con: "Che tipo di donne porterai?". Intendeva "che pedigree hanno?", oltre a "scopano come conigli?".

"Osservando le cose dall'esterno, devo dire che gli uomini sembrano tutti così... persi. Nelle classi alte c'è una crisi d'identità maschile o qualcosa del genere?"

"Certo, senza dubbio. Non ci sono più soldi. Fino ad almeno cinque anni fa, si potevano fare un sacco di soldi gestendo, diciamo, una proprietà di mille acri, che non è delle più grandi ma è sufficiente per viverci. Ci si potevano guadagnare centomila sterline all'anno, ma adesso una cifra del genere non basta nemmeno per la manutenzione del tetto della casa o per il riscaldamento dell'ingresso. Quindi adesso la tentazione di sposarsi al di fuori della propria classe è forte."

"Non capisco. Se si è già all'apice, si può solo scendere, giusto?"

"Più in basso ci sono più soldi. La terra non frutta più. E a ogni modo, nelle antiche dinastie le donne non hanno mai avuto un soldo. Le mie sorelle non avevano niente. Ho ereditato io tutta la terra. Ai miei tempi, le ragazze non ricevevano nemmeno un'istruzione."

"Cosa intendi dire con 'ai miei tempi'? Quanti anni hai?"

"Quarantacinque. A Eton, nel mio anno almeno una quarantina si sono spostati a Oxford. Ma adesso non si può entrare né a Eton né a Oxford con tanta facilità."

"Nel senso che bisogna essere bravi?"

"Certo. Ormai appartenere alle classi alte non conta niente: non si può più accedere a Eton automaticamente, e a Oxford non si può più entrare senza superare gli esami come chiunque altro, la caccia alla volpe è stata bandita, i redditi agricoli sono colati a picco e la House of Lords è stata per lo più abolita. Non è rimasto alcun privilegio."

Mi è sfuggito un risolino. "È buffo."

"E la cosa strana è che si tende ad attirare un sacco di ragazze in cerca di denaro. Mia moglie mi ha voluto bene nonostante i miei soldi."

Questa sembra una battuta di Oscar Wilde, ma lui l'ha detta davvero, ve lo garantisco.

"Per me è un mistero. Tu sei così gentile e dolce e so che sei impegnato in molte associazioni caritatevoli... eppure vai a caccia e spari con il fucile."

"Siamo sempre stati sulla terra. Fa parte della nostra vita. A proposito, per cena preferisci pernice o fagiano?"

"Mi prendi in giro?"

"No, sul serio. Abbiamo delle pernici dalla battuta del weekend scorso."

Ho esitato, non volendo confessare di essere vegetariana. Sembrava così prevedibile per una come me. Sono lo stereotipo della scrittrice che vive d'arte. Forse avrei dovuto chiedere lenticchie.

"Oh... sei vegetariana?"

"Purtroppo sì. Mi dispiace."

"Va benissimo. Non ti preoccupare."

"Non avrei mai creduto che potesse piacermi qualcuno come mi piacete tu e tua moglie, anche se vai a caccia. In un certo senso sei uno stereotipo, ma per tanti altri versi non lo sei affatto. Ecco il bello degli stereotipi: non esistono. Ci sono così tante eccezioni."

"Felice di esserti stato utile."

"Grazie per il tempo che mi hai concesso."

"C'è altro che possa fare?"

Sì. Parlarmi del futuro.

"Be', ci sarebbe un'altra cosa... Mi stavo solo chiedendo se... vostro figlio... lo manderete a Eton?"

"Dopo cinque generazioni in quella scuola? Certo, ma sempre che riesca a entrarci."

PARTE TERZA

Luoghi da visitare, persone da incontrare

1.
IL GIOCO DEI DIECI LUOGHI: UNA RICERCA PER TUTTI

A quanto pare, Simon sostiene che si debba "fare qualcosa di diverso". Quindi proviamoci. La mia idea di frequentare ambienti maschili era buona in termini di osservazione e comprensione etnografica, ma del tutto inutile in termini di scoperta di una serie di esemplari ideali per uscire insieme. Adesso che ci penso, sembra basarsi sulla logica zoppicante secondo cui tutti gli ambienti maschili sono pieni di uomini che non amano le donne o non le capiscono, o per lo meno stanno meglio con altri uomini.

Allora quali sono quegli ambienti in cui uomini e donne si mescolano e dove c'è anche la possibilità di sostenere una conversazione interessante? Dove sono i comunicatori intelligenti, gli uomini che sia io sia tutte voi vorremmo conoscere perché non ci annoieremmo nemmeno un secondo?

Vi propongo un gioco che tutti possono fare. L'ho chiamato "gioco dei Dieci luoghi". Dieci luoghi in cui si possono incontrare uomini intelligenti. Vogliamo sapere dove va di sera la gente intelligente, quella che non guarda la televisione.

"Ah... allora adesso sei a caccia dell'intellighenzia?" mi ha detto Jenny.

"Cos'è esattamente l'intellighenzia, dottoressa?"

"Cercalo sul vocabolario."

Non è una parola che si sente spesso al giorno d'oggi, vero? Ma l'intellighenzia ha una definizione che va ben oltre i libri di storia russa.

Il vocabolario dice che gli individui appartenenti a questo gruppo sono "intellettuali, vale a dire professionisti come avvocati, medici, ingegneri, professori, scienziati" e... ehm... scrittori.

Certo, l'intellighenzia include alcuni scrittori, ma non tutti.

Ogni grande città ha gruppi di questo genere. Ho sempre l'impressione che esistano club privati in cui si riuniscono. Per entrarci bisogna essere invitati da un membro. Inoltre, l'iscrizione a questi club eleganti ed elitari è, per forza di cose, incredibilmente costosa, per tenere alla larga, per esempio, gli scrittori di un certo tipo.

Allora concentriamoci per trovare posti in cui tutti possiamo andare: senza costi esorbitanti e in cui ci sia almeno la possibilità di intrattenere una conversazione intelligente. Il mio tentativo parte da qui: se nelle nostre città esistono più di uno o due uomini single interessanti, chissà come passeranno la serata? Andranno agli eventi per single? Non credo proprio. Staranno in pub rumorosi e pieni di fumo a infilare mani speranzose sotto le gonne e senza un barlume di conversazione che vada oltre qualche monosillabo, perché non si sente niente? Certo che no. I pub sono posti in cui è raro trovare l'intellighenzia. Sono troppo intelligenti. Lo stesso vale per i nightclub.

Quindi l'esperimento è il seguente. Usando Londra come mia città di riferimento, voglio trovare dieci luoghi in cui si tengono eventi come conferenze, dibattiti, tavole rotonde, aperti al pubblico. Per favore, ripetete l'esperimento nella vostra città. Trovate tutti i posti più intelligenti in assoluto, e se ci riuscite mandatemi un'e-mail tramite il mio sito, *www.isabellosada.com*: metteremo insieme un elenco di informazioni utili per tutti. Come campo d'azione io userò Londra, voi le vostre città e poi metterò insieme i risultati. Quindi sul sito la lista dei dieci luoghi sarà a mano a mano modificata e aggiornata, così come quella riferita alla città dove vivete voi. Dipende da quanti di voi accetteranno di giocare...

Ecco qualche criterio da tenere presente:

1. Non frequentate nessun luogo che non vi interessi sul serio. Non siamo a caccia di uomini, ma stiamo facendo "qualcosa di diverso" in luoghi interessanti, in cui potrebbe anche esserci la possibilità di avere almeno una conversazione interessante.
2. Quando si sceglie un evento a cui partecipare, di solito al momento della prenotazione con un po' di cortesia si riesce ad avere un'idea del tipo di pubblico che parteciperà: "Posso chiederle quante persone vi aspettate? Di solito qual è la fascia d'età più presente? Ci saranno più donne o uomini?".
3. Dovete essere interessati all'argomento in questione, ma non pensate di dover essere per forza ben informati. Nessuno sa

tutto di tutto e assistendo a una conferenza tenuta da un oratore esperto potrebbe venirvi voglia di sapere un po' di più su una qualsiasi materia. Per quanto mi riguarda, non so praticamente niente di niente, quindi considero di possibile interesse qualunque argomento.

4. Se avete un'amica da portare con voi è più facile, anche se poi sarete tentate di parlare fra voi. Vi raccomando di uscire dal guscio, parlando con gli estranei. Dopo tutto, non è difficile sorridere e dire: "Interessante, vero?". (Neil Strauss dice che non si dovrebbe mai andare da sole, perché altrimenti dareste l'impressione di non avere amici... ma dice anche che chi vi portate dietro dovrebbe essere meno affascinante di voi, quindi non so se vi andrà di giocare secondo le sue regole.)
5. Se l'entrata è libera, tanto meglio. Ma non lasciatevi intimidire da una modesta cifra per l'ingresso. Spesso sarà la stessa che spendiamo per il cinema, ma al buio quante possibilità abbiamo di conoscere qualcuno?

Quindi... questi sono i miei pensieri fin qui. Vediamo come funziona nel mondo reale.

Prospect

Esiste una rivista inglese che si chiama "Prospect", sulla quale si può trovare un ottimo (benché non esaustivo) elenco di molti degli eventi più intelligenti di Londra, e anche di alcuni fuori città. È consultabile on line all'indirizzo *www.prospect-magazine.co.uk*. Come ho già detto, non ho intenzione di partecipare a niente che non mi interessi davvero ma, allo stesso tempo, lo scopo dell'esperimento è capire dove si trovano gli uomini. Terrò d'occhio la folla e vi farò sapere.

Ho guardato l'elenco su "Prospect" e ho trovato parecchie conferenze e dibattiti che mi interessavano. Il primo era alla British Library, *www.bl.co.uk*. La biblioteca ha un anfiteatro da duecentocinquanta posti e molto spazio per intrattenersi dopo l'evento. Ha attirato la mia attenzione una conferenza su T.S. Eliot, che ho sempre adorato soprattutto perché le sue poesie mi lasciavano la sensazione di essere ignorante e confusa. Ho chiamato e ho chiesto un sacco di cose alla signora delle prenotazioni.

"E, per finire, posso chiederle che tipo di pubblico vi aspettate a un evento del genere?"

"Saranno quasi esclusivamente donne, bianche, classe media e oltre la cinquantina."

Accidentaccio. Il mio interesse per T.S. Eliot stava scemando con incredibile rapidità. Proviamo con "La scienza dell'amore" all'Institute for Cultural Reserch, *www.i-c-r.org.uk*, con il dottor Glenn Wilson. Avrebbe parlato dei "principi dell'attrazione sessuale e dell'eccitamento, delle condizioni che portano all'amore romantico e delle aree del cervello coinvolte". Vuoi vedere che riesco a spiegarmi come mai tengo ancora così tanto a Harry? Ho chiamato subito... "Era la settimana scorsa." Niente, non lo capirò mai.

Bene, allora proviamo con la Royal Society for the Encouragement of Arts, Manufacturers and Commerce, *www.rsa.org.uk*.

"L'RSA prevede un programma di conferenze sulla base di cinque tematiche:

incoraggiare la nascita di imprese;
andare nella direzione di una società a impatto zero;
rafforzare le comunità minoritarie;
sviluppare una popolazione attiva;
promuovere la cittadinanza globale."

Sembra tutto molto altisonante. C'è una serata su creatività, innovazione e diritti d'autore, che vedrà la partecipazione di duecento persone. Ed è GRATIS. Allora si comincia da qui.

RSA

È capitato che io sia approdata all'RSA dopo aver letto un altro libro che vi consiglio, *Men in love: men's sexual fantasies. The triumph of love over rage.* Finora è il libro che più di tutti contiene riferimenti espliciti al sesso. L'autrice, Nancy Friday, ha raccolto duemila lettere in cui gli uomini avevano messo per iscritto e in maniera molto esplicita i dettagli delle loro fantasie sessuali. È un libro che bisogna leggere, o per lo meno è un libro che *io* dovevo leggere. Mi ha dato lo spunto per mettere sotto esame la mia sessualità e mi sono accorta di quanto fossi sempre stata sciocca. Sesso con un perfetto estraneo conosciuto una sera al bar? con un parente? in gruppo? con animali? con un'altra donna? con un uomo ma con addosso uno strap-on? Vi sembrerò senza immaginazione... ma non ho mai fatto nessuna di queste cose.

Non mi sono nemmeno mai fatta vedere nuda da un uomo per conquistarlo. Questo l'ho letto ieri sera: non sono mai stata legata alla parete da un uomo che ha in casa tutto l'occorrente per farlo. Non mi sono mai trovata davanti a un uomo desideroso di indossare un pannolino e farsela addosso. (Non avete idea di quanto sia comune.) Poi ci sono quelli che chiamano "sport acquatici". Perché mai un uomo dovrebbe eccitarsi se una donna gli urina addosso? E nemmeno questo è così raro. Eppure io non capisco.

Ogni tanto mi è capitato di indossare la mia uniforme scolastica per giocare con il mio ex marito che, avendo insegnato al liceo, era libero di scatenare tutte le sue fantasie. "Professore, le piacerebbe che mi sedessi in braccio a lei mentre mi corregge il compito?"

Leggendo *Men in love* sono giunta alla conclusione di aver avuto una vita sessuale piuttosto tranquilla e adesso comincio a guardare gli uomini da una prospettiva diversa. Chissà se quell'uomo l'avrà mai fatto con una mucca? Chissà se avrà voglia di fare sesso di gruppo e se l'ha mai detto alla moglie? Chissà se si eccita di più vedendo dei tacchi a spillo che una vagina? Questi sono alcuni dei pensieri inappropriati che mi passavano per la mente mentre ero seduta al bar dell'RSA a mangiare una fetta di torta.

E pensare che io mi ero sempre goduta il sesso come espressione di amore e intimità! Che ingenua! Mi sono guardata attorno, alla ricerca di un uomo con cui, anche solo in teoria, avrei voluto ampliare le mie esperienze sessuali. In un angolo c'erano due preti. Ve lo giuro, non me lo sto inventando. In un altro angolo c'erano due sessantenni che parlavano fitto fitto fra loro. Poi c'erano tre eleganti signore che chiacchieravano bevendo un bicchiere di vino. Al tavolo vicino al mio c'erano due uomini che leggevano il giornale. Sembravano pronti per un provino nel ruolo di Humpty Dumpty... sapete, quello della filastrocca. Non vedevo altri motivi per cui avrebbero dovuto indossare quei vestiti e avere una pancia così comicamente rotonda.

Poi è entrata una mia amica. Avevo deciso di costringermi a parlare con gli estranei ma, dato che non c'era nessuno con cui avrei voluto parlare, ero contenta di vederla. La mia amica, della quale come capirete poi non posso dirvi il nome, si è seduta e si è divertita quando le ho detto perché mi trovavo lì.

"Come vorresti che ti descrivessi?"

"Una volta in un annuncio personale mi sono descritta come 'una pensionata molto attiva'. È stato un grosso errore. Di' ai tuoi lettori, se mai dovessero scrivere un annuncio personale, di non usare mai l'aggettivo 'attivo'. Un'altra volta ho scritto 'sensibile'... meglio evitare anche questo." Io mi sono messa a ridere. La mia amica è sia attiva sia sensibile, ma forse io ho una definizione diversa delle due parole, nonostante l'influenza di Nancy Friday. "Vengo all'RSA da anni e ti dico che gli uomini interessanti arrivano a due a due. E non sono colleghi di lavoro."

"Ma dai! Non ci credo."

"E comunque io ho deciso che preferisco parlare con i gay. Sono molto più divertenti. Qual è l'alternativa?" Ha dato un'occhiata ai sosia di Humpty Dumpty al tavolo vicino. Io ho fatto un sospiro mentre entravamo in un auditorium affollato.

Sul palco c'erano uomini di grande prestigio: John Howkins, direttore di Adelphi Charter (oltre ad altre mille cariche), James Boyle, William Neal Reynolds docente di diritto (e molto altro) e sir John Sulston, premio Nobel, fra le altre cose. Mi sono messa comoda, pronta a essere intrattenuta e istruita.

Si discuteva di come tutelare il diritto di libero accesso alle informazioni. Sapevate che quasi un quinto di tutti i geni umani ormai sono brevettati? Ve lo giuro. A proposito di sistematicità delle idee... Una società, la Incyte Pharmaceuticals/Incyte Genomics possiede i diritti d'autore di duemila geni umani. Ciò significa che se fate una ricerca sul cancro al seno, per esempio, potrebbe capitarvi di non riuscire ad avere accesso alle informazioni di cui avete bisogno.

Ascoltavo con attenzione. E osservavo anche la platea. Il pubblico era composto da uomini e donne più o meno in parti uguali... quindi sempre meglio della serata su T.S. Eliot. Ma il mio "rilevatore di gay" era confuso. In caso non viviate in una grande città e non l'abbiate mai sperimentato, il "rilevatore di gay" è una sorta di sesto senso, più o meno preciso a seconda del modello, che indica se un uomo o una donna è etero, gay o bisessuale.

Dopo dieci anni di lavoro in teatro ormai mi fidavo ciecamente del mio rilevatore. Ma adesso qualcosa non andava: facevo fatica a individuare gli uomini etero. Un uomo che tiene per mano un individuo molto simile a lui è un indizio... ma quelli da soli, ben vestiti e pronti a ricambiare il vostro sorriso? Che dire? Era tutto molto strano.

"Non potranno certo essere tutti gay!" ho sussurrato alla mia amica.

"Sinceramente, non saprei."

Tuttavia, gli uomini sul palco mi sembravano eterosessuali. Pensate sia una calunnia? Insomma... un gay potrebbe citarvi in giudizio per aver pensato che fosse etero? Il primo oratore, John

Howkins, era descrivibile come un tipico gentleman inglese. Un po' troppo femmineo per i miei gusti, gentile e probabilmente uscito da una scuola privata. Per un secondo, ho pensato che non me lo sarei mai immaginato con in mente una sola delle fantasie descritte in *Men in love*. Il secondo oratore era tremendo. Era buffo, si batteva per la libertà di informazione e io ero d'accordo con tutto ciò che diceva, ma non con il modo in cui lo diceva. Era così "di destra", nonostante le idee palesemente di sinistra, e mi ricordava gli uomini descritti in un altro dei libri che vi ho segnalato in appendice: *Men: the darker continent*, in cui Heather Formaini incolpa gli uomini, in modo piuttosto convincente, di tutti i problemi dell'universo. E se mi avessero offerto un milione di sterline per indovinare se fosse gay o no, avrei dovuto fare testa o croce.

Vorrei sottolineare che di solito non partecipo alle conferenze pensando al tipo di sessualità degli oratori – normalmente ascolto la conferenza –, ma potrete capire che il mio modo di vedere le relazioni umane era stato lievemente influenzato dalla lettura di un libro di trecento pagine sulla sessualità maschile.

Il terzo oratore era fantastico. Se era nato con una "tendenza alla sistematicità", ne aveva fatto un ottimo uso. Sir John Sulston è quell'uomo che una mattina si è alzato e ha tracciato la mappa del genoma umano. È andata così: il lunedì ha identificato tutti i venti-venticinquemila geni del Dna umano. Il martedì ha determinato la sequenza dei tre miliardi di coppie di basi chimiche. Il mercoledì ha ordinato le informazioni raccolte in un database. Il giovedì ha scoperto il modo per migliorare la strumentazione per l'analisi dei dati. Il venerdì ha considerato l'idea di trasferire tutte le tecnologie correlate verso il settore privato e si è fatto venire il mal di testa a pensare ai temi etici, legali e sociali che sarebbero emersi in seguito a tutto ciò. Il sabato ha vinto una causa legale che permetteva di conservare tutte queste informazioni nell'ambito pubblico. E la domenica gli hanno dato il premio Nobel. Magari ho sbagliato qualcosa. Probabilmente ci avrà messo più di una settimana, ma il succo è questo.

E, in tutto ciò, era adorabile. Era umile e discreto, modesto, insomma... be', penso che avendo fatto una cosa del genere, lo si possa essere. Ma mi ricordava anche mio zio, o almeno com'era quando io ero piccola. Leggere Nancy Friday è pericoloso, perché è un'analista freudiana. Freud allaccia l'intero percorso sessuale di ognuno all'esperienza avuta nell'infanzia. A sentire Freud, l'inconscio continua a guidarci per sempre. Per quanto riguarda me, questo è particolarmente preoccupante, perché il mio sviluppo sessuale dovrebbe in tal caso dipendere in larga misura dalla mia relazione con mio padre. E io un padre non l'ho avuto. Avevo uno zio assente emotivamente e fisicamente, che vedevo circa una volta all'anno. Non ho mai dato molto peso a Freud, ma adesso guardavo John Sulston e mi interrogavo. Come mio zio, aveva una folta barba. Nonostante quello che pensano molte donne, a me la barba è sempre piaciuta, anche quando è bianca. Forse perché da piccola aspettavo con ansia le rare visite dello zio? Davvero le esperienze infantili influenzano tutta la nostra vita e davvero il fatto che io sia cresciuta in una famiglia tutta femminile (senza fratelli o sorelle, soltanto con mia madre e mia nonna) con tanti gatti c'entra con il fatto che attualmente vivo in una casa abitata da sole donne con dei gatti? Oddio, spero proprio di no. La prossima volta che sarò in cerca di un inquilino, darò la stanza solo a un uomo. "Sei maschio? Sai tenere pulito te stesso e il tuo spazio? La stanza è tua."

Non mi sono mai piaciuti molto gli uomini più vecchi e, guardando John Sulston, mi facevo qualche domanda. Fino a che età dovrebbe avere un uomo perché io sia disposta a uscire con lui, e perché? Se conoscessi un uomo come quello che sta parlando, sicuro di sé e modesto, un uomo da ammirare e allo stesso tempo pieno di umiltà, lo scarterei se fosse più vecchio di me di oltre dieci anni? O se fosse più giovane di dieci? E voi? Qual è il vostro limite in entrambe le direzioni? O se avete un partner e lui/lei se ne andasse, quale sarebbe il vostro limite di età per gli eventuali candidati a uscire con voi, sia più vecchi sia più giovani? Oppure non vi interesserebbe? Shere Hite ha sessant'anni e il suo compagno ne ha oltre venti di meno.

Sir John Sulston stava dicendo che l'etica non dev'essere subordinata all'economia. E io stavo pensando al privilegio di stare nella stessa stanza con un uomo del genere. Gli ho augurato ottimi risultati in ogni cosa facesse, nonostante la nostra comunicazione fosse stata del tutto silenziosa. Il timbro della voce, il modo di fare, uno sguardo gentile: cosa dice quella famosa statistica? Che l'80 per cento della comunicazione è non verbale?

La conferenza è terminata e metà dei presenti, compresa la mia amica, se ne sono andati subito. Io sono scesa con l'altra metà per intrattenermi un po'. Mentre ero in fila per prendere un bicchiere di vino, mi ha avvicinata un uomo piuttosto sovrappeso, evidentemente etero e desideroso di comunicare. Mi ha chiesto chi fossi, cosa facessi e più o meno cosa avrei potuto fare per lui. Io sono stata un po' al gioco e poi me la sono data a gambe. La sala era piena per lo più di uomini, ma sembravano tutti intenti a parlare fra loro. Mi sono chiesta se non fossi per caso invecchiata più velocemente di quanto pensassi o se quella sera avessi un aspetto particolarmente poco attraente. Qualunque fosse il motivo, nessun altro aveva intenzione di avvicinarsi a me. Allora sono andata da un uomo che mi ha sorriso e abbiamo cominciato a parlare. Era americano e abbastanza anziano. Era uno dei direttori del Wellcome Trust, e mi ha detto quanto era costato aiutare John Sulston a vincere la causa per mantenere la mappa del genoma umano nell'ambito pubblico. Io mi sono messa a ridere per la cifra che aveva un sacco di zeri.

"Ah, allora non è stata l'etica a fargli vincere la causa?"

"Un suo ruolo l'avrà anche avuto."

Quando stavamo parlando da circa dieci minuti, è arrivato un tizio che mi ha fatto capire in modo inequivocabile che avevo già parlato fin troppo con quell'uomo di grande importanza. Era ora di salutarsi.

"Bene, piacere di averla conosciuta."

"Non viene a cena?"

"No. Non sono sulla lista degli invitati." E da qualcuno non sarei stata nemmeno gradita come invitata, a quanto pareva.

Ho preso un volantino delle prossime conferenze gratuite e sono uscita nell'aria calda della sera. Ed ecco com'è andata la mia prima serata all'RSA. Punteggio: sette su dieci per la conferenza e quattro su dieci per la possibilità di conoscere uomini interessanti. Sono tornata altre due volte all'RSA per conferenze intellettuali ma non molto interessanti, ed era come se gli spettatori non avessero energia. C'è di meglio.

Tate Museum

Il secondo evento a cui ho partecipato è stato al Tate Modern, *www.tate.org.uk*. Tutti i musei Tate (Tate Britain, Tate Modern, Tate Liverpool e Tate St Ives) offrono un'ampia scelta di conferenze e dibattiti. Alcuni sono meravigliosamente assurdi... Le installazioni video, per esempio, non sono mai state il mio forte. C'era una conferenza di Pipilotti Rist sulle sue opere. Magari mi sarebbe anche piaciuto andarci, ma senza dare troppo rilievo all'evento.

"Le sue utopie digitali sono accattivanti, leggere e illuminate con tutti quei colori puri e quelle animazioni che sembrano svelare la dimensione oscura di desideri e aspirazioni. Pipilotti Rist rimescola i presupposti culturali che abbiamo su femminismo, corpo, fantasia e realtà con la tecnologia che dà origine alle sue opere."

Questi sono tutti temi che mi interessano. Però sono andata a una conferenza di architettura.

Sono arrivata abbastanza presto da poter notare che il pubblico era composto, questa volta, al 90 per cento da studenti. Non è questo che ci interessa, vero? Insomma, è difficile per uno studente non riuscire a conoscere altri studenti. Se avete meno di ventun anni e non riuscite a incontrare ragazzi interessanti, a meno che stiate studiando per diventare infermiere o parrucchiere, potreste non aver fatto troppi sforzi. Conosco donne che si lamentano del fatto che gli uomini sotto i trenta siano immaturi... ma almeno sono più facili da trovare, no?

Dalla parte opposta della sala ho individuato un uomo dall'aspetto interessante. "Uao! Che energia!" ho pensato – il che è strano, dato che non lo vedevo bene, ma in un certo senso riuscivo ad avvertire la sua energia. Volete sapere come si fa? Solo risposte private su questo, prego.

L'ho osservato. Indossava un abito scuro, molto semplice e casual-chic, con una sciarpa di seta rossa. Aveva un aspetto piacevole perché sembrava rilassato e a proprio agio. Si è mosso tra la folla verso il palco. Inevitabilmente, avevo individuato il relatore principale. In realtà, avevo puntato uno dei più grandi architetti del mondo.

Bernard Tschumi, francese, attualmente sta progettando il Museum for African Art di New York, il Museum of Contemporary Art di San Paolo e il New Acropolis Museum di Atene.

Quest'ultimo è un progetto stupefacente: un museo sotto l'Acropoli destinato ad accogliere i famosi marmi del Partenone, che il British Museum non ha alcuna intenzione di restituire.

Durante la conferenza mi sono goduta la vista di quegli strani edifici e l'ho invidiato per quelle creazioni tridimensionali in cui la gente può entrare e camminare. Un'architettura così splendida e complessa; una fusione di estetica, ingegneria e di tutti i sensi possibili in un edificio di grande magnificenza e splendore. Un uomo del genere è facile da ammirare. E ho pensato di andare da lui dopo la conferenza per dirgli: "Adesso va a cena? Posso venire?". Ne sono capacissima, ed è stato grazie alla mia faccia tosta che ho conosciuto gli amici più interessanti che ho, ma per qualche motivo quella sera non avrei osato.

Lo so benissimo che scegliendo premi Nobel e architetti di fama mondiale sto *a)* mettendo un limite alle mie possibilità e *b)* evitando di soddisfare i vostri interessi. Al Tate Modern c'erano tanti studenti ma... a dire il vero, non penso di aver reso giustizia al Tate. Sono incredibili le opportunità che derivano dal passeggiare fra le gallerie nel weekend osservando, oltre alle opere d'arte, i visitatori. Potete pensarlo come un gioco. Un po' come quegli esercizi californiani del tipo "Ma che caspita ne sappiamo?" basati sul fatto che siamo noi a creare la realtà stessa in cui viviamo. Letteralmente.

Funziona così. Uscite e, invece di pensare: "Chissà se oggi alla galleria conoscerò qualcuno di interessante?", fate un programma per la giornata; può sembrare ridicolo, ma lo fanno in tantissimi. Basta decidere: "Oggi alla galleria conoscerò qualcuno di interessante". Lo chiamano "contatto essenziale". Allora quando uscirete non guarderete le opere d'arte chiedendovi se incontrerete qualcuno, ma vi chiederete semplicemente *quale* persona sarà il vostro contatto essenziale. Poi individuerete la persona ideale e farete in modo che il contatto avvenga, perché così dev'essere.

Io non ho mai creduto troppo a queste teorie, mi sembrano a dir poco "egocentriche". Ma poi mi lascio prendere perché, un po' come la preghiera, per chi ci crede davvero è molto più efficace. Ecco il mistero. In che modo quello in cui crediamo può influenzare le nostre esperienze? Cosa dovremmo dire dell'insegnamento di Gesù, secondo il quale se si ha una fede grande anche solo come un granello di senape basta dire a una montagna "Spostati!" e lei si sposterà? Voi come la vedete?

Dico questo perché una volta ho fatto un esercizio del genere a un seminario di livello avanzato con la Insight Seminars. L'esercizio consisteva semplicemente nell'uscire, crearsi un contatto essenziale e tornare per le cinque del pomeriggio. Io sono andata a Battersea, dato che stavo per trasferirmi lì, ho parlato con un po' di persone e ho conosciuto un uomo che poi mi ha aiutata a collegare la lavatrice quando ho traslocato, cosa all'epoca essenziale... Anche se non era proprio quel che avevo in mente. Quindi immagino di non essermi guadagnata un punteggio molto alto con questo esercizio. Eppure, al corso c'era una donna (Tina, se ricordo bene) che aveva deciso che avrebbe conosciuto il suo futuro marito. È andata a sedersi in un parco (sul serio, ve lo giuro), è arrivato un uomo e hanno cominciato a parlare. Adesso sono sposati e hanno due figli. Quindi da qualche parte un mistero ci deve pur essere. Non sto dicendo che questa gente abbia ragione ma, di sicuro, fino a un certo punto siamo in grado di influire sulla realtà in cui viviamo con le nostre aspettative, e molto più di quanto immaginiamo.

Ma chissà se riuscirei a creare un pubblico di uomini disponibili e attraenti alla conferenza alla British Library sulle opere di T.S. Eliot? Non credo proprio. Se avete intenzione di andare a una galleria d'arte, portatevi un amico e godetevi le opere. Un incontro interessante dev'essere un gioco e un premio.

Frontline Club

E adesso dove si va? Ho pensato al giornalismo. A Londra c'è un posto chiamato Frontline Club – *www.thefrontlineclub.com* –, un club per giornalisti in prima linea che rischiano la vita per fare il proprio lavoro. I membri sono al 60 per cento uomini (ci credete? A Londra?). "Sì, ma, Isabel, tu non sei una giornalista in prima linea." Ah, ma non è necessario esserlo. Ho chiamato e l'unico requisito indispensabile è l'interesse per l'attualità. Oltre al fatto di essere raccomandati da un membro del club. Come si può fare, allora, in questo e in altri club in cui non si conosce nessuno? Semplice, basta andare a qualche serata, conoscere qualcuno e chiedere. La vita predilige gli amanti del rischio e, del resto, per uscire con un uomo di questo tipo l'audacia è un requisito necessario.

Ma nell'ambito di questa caccia ai dieci luoghi, non ho intenzione di iscrivermi, voglio solo partecipare a qualche evento. Il club ne organizza tutte le settimane e, oltre che ai membri, sono aperti anche al pubblico. Volete un esempio?

"Tragedie e tradimenti in Medio Oriente: come sfuggire al corso della storia in Iraq. Con Robert Fisk. Grazie a una visione più approfondita degli eventi attuali, verranno offerte interpretazioni molto diverse da quelle della stampa a larga diffusione."

Fisk è l'unica persona che io abbia mai sentito parlare dal vivo che ha intervistato Osama Bin Laden tre volte e l'ha anche fotografato mentre sorride benevolo all'obiettivo. (La fotografia compare nel suo libro.) Non avevo seguito la sua rubrica sull'"Independent" ma sono molto interessata a capire meglio la questione mediorientale. Così, ecco che mi ritrovo con la possibilità di conoscere uomini nuovi e di partecipare a una serata interessante: tutto corrisponde alle mie aspettative.

Quello era il gruppo di persone senza dubbio più istruite e colte in cui mi fossi mai trovata. Mentre prendevamo posto, aleggiava la sensazione che insieme avremmo potuto scatenare una rivoluzione. Giornalisti esperti di affari esteri, importanti personaggi del mondo arabo, gente che aveva l'aria di sapere benissimo cosa stava accadendo nel mondo. Persone particolari. Sembravano tutti impegnati per il bene del mondo e, come se non bastasse, sembrava ci tenessero sul serio. Per me era un sollievo già solo stare in una stanza con persone del genere. Mi piaceva osservarli.

Mi sono complimentata con una donna per la giacca elegante che indossava. Invece di dire: "Oh, grazie," e guardarmi imperturbabile come sa fare certa gente, mi ha teso la mano dicendo: "Salve. Piacere di conoscerla. Mi chiamo Poppy. Lavoro con l'ISM".

Non potevo fingere di aver capito.

"Scusi?"

"L'International Solidarity Movement. È mai stata in Palestina?"

"No."

"Se mai volesse andarci, si metta in contatto con noi."

"Cosa fate esattamente?"

"Volontariato. In Palestina. Siamo un movimento internazionale filopalestinese non violento e pacifico. Opponiamo resistenza all'occupazione della West Bank usando solo azioni dirette non violente."

"Ah, sicuro, ho una certa familiarità con l'azione non violenta."

"Visiti il nostro sito: *www.ism-london.org.uk*."

"Lo farò. E lo dirò anche ai miei amici, in caso qualcuno di loro stia cercando qualcosa di nuovo da fare."

"Bene, arrivederci allora. Il mio posto è là avanti."

Robert Fisk era una fonte di ispirazione. "Il nostro lavoro di giornalisti è dire la verità. Sfidare i centri del potere ovunque si trovino. È stato questo il grande fallimento dei giornalisti dopo l'11 settembre. Se viene commesso un crimine, la prima domanda che pone un agente di polizia è: 'Qual è il movente?', ma allora nessuno ha fatto quella domanda. Avremmo potuto chiedere 'Chi è stato?', 'Come hanno fatto?', 'Da dove vengono gli attentatori?', ma chiedere 'Perché?' voleva dire essere antiamericani e per nulla patriottici."

In effetti non ricordavo di aver mai letto qualcosa che spiegasse sul serio le motivazioni dietro al solito "perché odiano l'America".

"Quando ho intervistato Bin Laden nel suo campo, costruito dalla Cia – questo risale a prima dell'11 settembre, naturalmente –, mi ha detto che il suo piano era quello di ridurre gli Stati Uniti a un'ombra di se stessi."

La Cia aveva costruito il campo di Bin Laden? Evidentemente questa non era una novità per nessuno là dentro, a parte me.

Ho azzardato una domanda stupida. "Come mai non sappiamo molto altro sul punto di vista opposto al nostro, pur non trovandoci in accordo con esso?"

"L'ultimo argomento tabù è il rapporto dell'America con il Medio Oriente."

"E con Israele," ha aggiunto un uomo del pubblico.

"Non è nemmeno solo una questione di patriottismo americano. Quando a Londra domandavo: 'Perché hanno attaccato le torri gemelle?', mi accusavano di essere poco diplomatico."

Il discorso di Fisk comprendeva i grandi temi della storia mondiale e i principali avvenimenti di attualità. Mentre si avviava alla conclusione, abbiamo capito che non era affatto ottimista sul ritiro dall'Iraq di Stati Uniti e Regno Unito. "L'Iraq adesso è più pericoloso e caotico che mai." Doveva pur saperlo lui, visto che aveva trascorso là tutta la sua vita adulta. "L'idea che ci stiamo avvicinando alla democrazia e alla libertà è una falsità."

"Ma il popolo iracheno non vuole la libertà?" ha chiesto una donna dall'ultima fila.

"Certo che vogliono democrazia e diritti umani, ma vogliono anche liberarsi di noi."

"Alla gente non interessano gli arabi musulmani," è intervenuto un americano che si è presentato in veste di giornalista.

Fisk era d'accordo. "Finché tutti pensano al petrolio, nessuno penserà di certo agli iracheni."

Ha concluso dicendo di non essere mai stato così pessimista sul Medio Oriente e ha precisato di essere contrario a ogni tipo di violenza, da parte di chiunque e in qualunque circostanza.

Piacere di sentirglielo dire. L'abbiamo omaggiato di una standing ovation. Poi tutti si sono dispersi, abbiamo ordinato del vino e abbiamo potuto parlare un po'. Perché al cinema non si fa così?

Ero in fila per congratularmi con lui. Due uomini parlavano dietro di me. Uno diceva all'altro: "Adesso vado a Soho a mangiare qualcosa e poi esco con degli amici, ti va di venire?".

Io mi sono voltata con un sorriso. "Perché no? Volentieri, grazie."

L'amico arabo di quello che aveva parlato mi ha sorriso. Io mi sono messa a ridere: "Oh, non stavate parlando con me?".

"Ci farebbe molto piacere se ti unissi a noi. Lui è Paul del Bbc World Service. Io sono Ahmed."

"Grazie, vengo volentieri. Mi farebbe piacere sentire cosa ne pensate della conferenza di stasera. Questo è un argomento di cui so e capisco pochissimo."

Siamo arrivati in fondo alla fila. Ho stretto calorosamente la mano di Robert Fisk. Ho pensato a ciò che separa le persone l'una dall'altra. Stringendo la mano al Dalai Lama ero stata a un passo dalla stretta di Mao, che Sua Santità aveva conosciuto da giovane. Stringendo la mano a Robert Fisk ero a un passo dalla stretta di Bin Laden. È piccolo il mondo.

"Mi ha confortata sentirle dire che non giustifica la violenza in nessuna circostanza," ho detto. "Secondo lei spingere il governo a incoraggiare la Cina a impegnarsi realmente sul piano politico nelle trattative di Pechino con il Governo Tibetano in Esilio sarebbe il modo più logico per fare un passo avanti nella guerra al terrorismo?"

La situazione internazionale gli sembrava disperata. "Non so niente del Tibet. Non è il mio campo."

"Certo, lo so. Ma il Dalai Lama ha sempre seguito la via della non violenza e..."

Ho notato che era distratto. Ero solo una dei tanti che volevano dirgli qualcosa per cui lui aveva la sensazione di non poter fare niente. Non vedeva alcuna connessione fra il Tibet e il Medio Oriente, né fra gli insegnamenti del Dalai Lama sulla speranza e la sua personale disperazione. Non importa.

"È stato molto interessante," gli ho detto sorridendo. Era ciò che voleva. Era troppo esausto per qualunque altra cosa. "Complimenti."

"Grazie."

I due dietro di me gli hanno stretto la mano e poi mi hanno detto: "Andiamo, allora?". Mi sono guardata attorno e ho visto che la sala era piena di individui dall'aria interessante e quasi mi dispiaceva andarmene, ma loro non volevano trattenersi oltre, così sono uscita a cena con Paul e Ahmed. E abbiamo parlato della situazione internazionale. O meglio, loro parlavano e io ascoltavo facendo una domanda stupida di tanto in tanto. Ho cercato di far colpo su Ahmed con il fatto che avevo preso quattro lezioni di arabo e ho scritto su un tovagliolo la parola "Salaam" così سلام. Dopo la serata a cui avevamo partecipato, che una scrittrice di Londra sapesse scrivere la parola "pace" in arabo sembrava una sorta di minuscolo gesto simbolico a fronte delle accuse di indifferenza totale che erano state lanciate qualche ora prima.

"Perché stai studiando l'arabo?"

Che adorabile supposizione. "Un momento, io non ho detto che sto studiando l'arabo, ho detto che ho cercato di impararlo. Non sono sicura sia la stessa cosa. Comunque lo sto studiando perché è una lingua bellissima. Direi che il motivo principale è questo."

"Di lingue bellissime ce ne sono tante."

Non avevo vita facile.

"Anche la scrittura è bellissima."

"Questo vale anche per il cinese."

Nessuna via di scampo.

"Okay, allora è perché mi piace la passione tipica degli arabi. Con tutti gli arabi che conosco ho sempre sperimentato generosità, accoglienza e calore, tanto che adesso odio il fatto che, in un gioco di associazioni di parole, quella che viene in mente alla maggior parte delle persone dopo 'arabo' è 'terrorista' o 'estremista', o qualcos'altro del genere."

Ahmed ha fatto un sorriso gentile.

Gli uomini con cui stavo cenando parlavano entrambi quattro lingue. Quindi ben presto sono tornata a limitarmi ad ascoltare. Prestavo particolare attenzione, con un certo orrore, quando la conversazione verteva su uomini, donne e relazioni.

"Quella occidentale è una società che pratica una poligamia nascosta," ha detto il mio nuovo amico egiziano. "La maggior parte degli uomini che conosco nel Regno Unito, potenti e benestanti, hanno moglie e famiglia e una serie di amanti. Alle donne interessano solo gli uomini potenti."

"Henry Kissinger diceva che il potere è il migliore degli afrodisiaci," è intervenuto Paul.

E non so come, ma Harry ha fatto la sua comparsa al tavolo. "Cosa ne pensi, Isabel? Ti faccio impazzire perché sono un uomo potente?"

Mi sono ritrovata a sorridere a qualcuno che non c'era. Il suo potere su di me era fondato esclusivamente sul sorriso. Sull'energia. Lui non aveva potere, nessuna posizione di prestigio. L'avrei adorato anche se avesse posseduto un abito e nient'altro. Poi ho notato un silenzio. Forse qualcuno fisicamente seduto al tavolo mi aveva chiesto qualcosa. Non avevo idea di quale fosse la domanda, così ne ho fatta una io.

"Non pensate che le donne vogliano uomini interessanti e disponibili?"

"'Interessanti' significa 'proprietari di un'azienda'," ha detto Ahmed. "Se un uomo è potente, alle donne non sembra importare molto altro. Vogliono solo farsi il capo. E nemmeno agli uomini importa granché. Non si rendono conto che le loro azioni lasciano traccia. È come un uomo che piscia contro un muro e pensa che, dal momento che è voltato verso il muro, la gente non vedrà le conseguenze di quell'atto."

"È questo che pensi degli uomini occidentali?"

"Sì." Mentre mangiavamo aveva fatto un disegno sulla tovaglietta di carta. "Guardate, non vi sembra che questo disegno di un uomo che piscia contro un muro sia un'ottima immagine degli uomini nel mondo occidentale?"

Era difficile dire se fosse più arrabbiato o amareggiato. Nessuna delle due cose lo rendeva affascinante, tuttavia. Capivo perché le donne non facevano la fila per lui e il motivo non era la mancanza di denaro o di potere. Ho cercato di buttarla sul ridere.

"Quindi il tuo consiglio alle donne single di Londra sarebbe di andare in Egitto?"

"Esatto. Ma di certo saprai che sia donne sia gay vanno in cerca di uomini in Egitto da anni!"

"Be', in realtà, no. È una cosa che non ho mai preso in considerazione. Non ci sono problemi nei matrimoni misti quando i litigi per la custodia dei figli vedono contrapporsi due lingue e due culture diverse?"

"Quelli sono i casi che si leggono sui giornali," è intervenuto Paul. "Delle unioni felici non parla nessuno. Ho molti amici che vivono a Damasco con moglie o marito europei e non hanno problemi."

"Davvero?"

"Non più che in qualsiasi altro matrimonio. Penso addirittura che a volte siano i matrimoni migliori, perché marito e moglie sanno che devono impegnarsi per formare una famiglia unita."

Ecco che da una serata al Frontline Club di Londra nasce un'inattesa soluzione alternativa. Abbiamo considerato seriamente le altre culture? Magari potrebbe funzionare. Mi piacerebbe poter scommettere che una qualsiasi donna sulla trentina che si trasferisca a Damasco e si iscriva all'Università per studiare non debba aspettare i trentanove anni e tre quarti per conoscere un uomo con cui vorrebbe uscire a cena.

Forza e coraggio.

A South Kensington c'è l'Institut français. Proiettano film francesi e, a sabati alterni, organizzano conferenze mattutine con caffè e croissant. Le conferenze al Café Diplo – *www.monde-diplofriends.org.uk* – sono quasi sempre in inglese e dopo c'è l'opportunità di conoscersi e persino di rimanere a pranzo e parlare con il relatore o chiunque altro dall'aria interessante.

Mi permetto di ricordarvi il principio fondamentale del gioco dei Dieci luoghi: "Non partecipate mai a qualcosa che non vi interessi sul serio".

Dopo una magnifica serata al Frontline Club, avevo parlato con il conferenziere arabo, che mi aveva consigliato Sami Ramadani. È un rifugiato politico fuggito dal regime di Saddam Hussein che ha lottato per la democrazia in Iraq opponendosi strenuamente all'occupazione guidata dagli Stati Uniti.

Quella mattina ho sentito la miglior spiegazione in assoluto della presenza statunitense e britannica in Iraq, seguita da una spiegazione dei motivi per cui non si sarebbe mai verificato il ritiro delle truppe, ma solo un'ulteriore "resistenza" che avrebbe inevitabilmente trasformato l'Iraq in un altro Vietnam. Il professor Ramadani parlava con grazia e consapevolezza, più che amareggiato era molto triste, e in tanti avevamo le lacrime agli occhi. Io ero meravigliata ed estasiata. Per inciso, siccome so che vi piacciono le soluzioni, forse vorrete sapere qual è l'unica soluzione all'occupazione secondo il professor Ramadani: "Le persone devono ribellarsi al proprio governo, come è successo con il Vietnam". (Poco prima aveva detto molto apertamente che perché i governi occidentali riescano ad avere il controllo devono "dividere e opprimere" costringendo le varie fazioni a scontrarsi.) Quindi, il punto a cui voglio inevitabilmente arrivare è che, ancora una volta, tocca a noi, a ogni singolo individuo, agire per promuovere il cambiamento.

Sapevate che tutta la scena della distruzione della statua di Saddam era pilotata? Ho visto le immagini sui giornali e alla tv e ho creduto si trattasse proprio di una folla di iracheni. Invece, ecco com'è andata. Le strade attorno alla statua erano state chiuse e l'accesso era consentito solo a un gruppo di giovani pagati per distruggere la statua e festeggiare. Adesso mi credete? Vi chiedete come faccia a saperlo? Non dal professor Ramadani, ma da un film girato da un gruppo di arabi filoamericani che all'epoca lavoravano per Al Jazeera e che avevano realizzato questo film intitolato

The control room sull'invasione e sull'occupazione. Avreste mai creduto che avrebbero potuto prenderci in giro su una cosa tanto stupida come distruggere una statua e poi fingere che fossero stati gli autoctoni iracheni a farlo? Cosa pensano? Che siamo stupidi? Be', io lo sono. Perché ci avevo creduto.

È stata una mattinata memorabile e tutti siamo rimasti anche a pranzo. Ma c'è un altro lato triste della storia di cui davvero non riesco a capacitarmi. Dal punto di vista della nostra ricerca, mi spiace dover dire che l'80 per cento del pubblico era composto da donne bianche, di ceto medio e oltre i cinquant'anni. C'era qualche uomo, ma per lo più sulla sessantina. Avrei pensato che gli uomini intelligenti sarebbero stati ansiosi di sentire un punto di vista alternativo, all'interno dell'ambito politico, rispetto a quello dei media. Ma a quanto pareva non era così.

Prima che Sami Ramadani se ne andasse, gli ho dato un bigliettino. Su un lato ho scritto: "*The control room*, prodotto da Al Jazeera. È un film da vedere, se riesce a trovarlo". Sull'altro lato, per la seconda volta in una settimana ho scritto "Salaam" nella mia miglior calligrafia araba. Lui l'ha guardata e ha sorriso. Gli ho raccontato del film e poi gli ho fatto una domanda che penso non si aspettasse: "Cambiando argomento... perché, secondo lei, oggi sono venute soprattutto donne?".

"Penso che le donne abbiano più a cuore la sofferenza del popolo iracheno. Agli uomini non importa. Perché mai dovrebbero curarsi del fatto che i nostri figli muoiono perché bevono acqua inquinata e perché gli ospedali vengono bombardati? Il sabato, poi, sono occupati a fare sport, no?"

Ero perplessa. D'un tratto avevo voglia di difenderli... Magari lavoravano sodo tutta la settimana e nel weekend volevano stare con i figli. Questa è la soluzione compassionevole. Oppure non amano rimanere passivamente ad ascoltare qualcuno. O magari sono al supermercato. È anche vero che molte delle donne presenti non erano giovani e quindi gli uomini avrebbero forse avuto più energia per venire ad ascoltare un relatore il sabato mattina.

Ecco perché vi ho raccomandato di assicurarvi che l'argomento vi interessi perché, ovunque siano gli uomini single e interessanti fra i venticinque e i cinquantacinque anni residenti a South Kensington il sabato mattina, di certo non li troverete a discutere di eventi internazionali all'Institut français.

Institute of Contemporary Arts

Sono stata all'Institute of Contemporary Arts sul Mall tre volte. Forse sono stata sfortunata, o forse sono proprio io... Sono troppo pretenziosi (e questa non è una parola che uso molto spesso). Considerano "radicali" le loro conferenze e tutto ciò che fanno ma, nonostante riesca a individuare le cose strane, surreali e persino oscure, qui non ci vedo niente di radicale, vedo molta facciata e poca sostanza. Le conferenze a cui ho partecipato non mi hanno entusiasmata e non c'è nemmeno la possibilità di parlare con gli altri dopo perché, appena finita la conferenza, tutti se ne vanno. C'è solo un bar molto rumoroso dove sarebbe impossibile intrattenere una conversazione diversa da quelle fatte di sorrisi-cenni-sforzi-di-corde-vocali.

Pensando di essere stata poco corretta, li ho chiamati e, con mia profonda sorpresa, si sono mostrati d'accordo con me: "No, questo non è un posto per conoscere gente. È vero che la maggior parte delle persone va via subito dopo le conferenze. L'unico modo per conoscere qualcuno qui sarebbe portare un gruppo di amici e mettersi d'accordo per incontrare qualcun altro che ha fatto la stessa cosa. Questo è un buon posto per venire con gente che già si conosce, vedere un bel film e poi rimanere al bar, che è aperto fino all'una del mattino. Ma sono d'accordo con lei, non è un posto ideale per conoscere persone nuove. È difficile fare conoscenza nei bar e nei club".

Ecco tutto. Però hanno la più bella selezione di film in assoluto. E magari il programma attuale delle conferenze contiene qualcosa di radicale e interessante... e forse, dopo aver letto queste righe, troveranno un modo perché chi partecipa alle conferenze poi possa conoscersi. Il loro sito è *www.ica.org.uk*.

Royal Institution of Great Britain

Adoro la Royal Institution of Great Britain. Se siete negli Stati Uniti, o in qualunque altro luogo fuori Londra, date un'occhiata a *www.rigb.org*. È un posto incredibile. Ma non la pensavo certo così all'inizio. Un amico mi aveva consigliato una serata dal tema "Codifiche e decodifiche", il relatore sarebbe stato il dottor Simon Singh.

Sono arrivata alla Royal Institution per cena, prima della conferenza, e mi hanno fatta entrare in una biblioteca piena di uomini in smoking. Immagino starete pensando di congratularvi con me: Isabel ha finalmente trovato una sala piena di uomini eleganti e intelligenti. A parte il fatto che l'età media doveva essere sui novantasette anni. Evidentemente, si erano divertiti a recitare nella scena del film in cui ero appena stata catapultata: *Isabel e il suo ultimo disastro*.

Erano seduti tutti ingobbiti nei loro smoking e chini sugli occhialini. Non ce n'era uno senza occhiali.

"Che fasciatura elegante," ha detto uno che, per la quantità di rughe, era stato ovviamente prescelto come portavoce. Avevo avvolto il mio braccio fasciato in una stola cercando di indossarla come accessorio.

"Grazie. Sa, è l'ultima moda."

Lui mi ha guardata con aria inquisitoria, senza capire il mio umorismo. Sono fuggita in bagno, dove ho incontrato una signora che mi ha fatto i complimenti per il mio abito.

"Grazie. Scusi se glielo chiedo... lei nutre un interesse particolare per le decodifiche?"

"No, ma mio marito è un vecchio babbione che adora mettersi lo smoking e darsi arie. Avrei dovuto lasciarlo anni fa, quando ho scoperto che preferiva i cani da caccia a me, solo che non mi sono mai decisa e adesso guardi in che casino mi trovo... Ho ottant'anni e sono sposata con uno di quei personaggi della biblioteca."

Non l'ha detto veramente, ma aveva tutta l'aria di volerlo fare. Siamo andati a cena. I posti erano già stati assegnati e io ero vicino a un tal professore, un chimico che aveva fatto una fortuna con un preparato artificiale per esaltare il sapore della carne. Lunga vita ai vegetariani!

Dall'altro lato c'era un uomo più giovane con la moglie. Lui mi ha chiesto, di punto in bianco, cosa pensassi di Fermat.

"Fermat?"

"Un matematico del Cinque-Seicento... di certo lo conoscerà! Il teorema di Fermat." Ecco... un sistematico parla con un'empatica.

"Cos'è un teorema?"

"È una dimostrazione matematica. Lui ne aveva scoperto uno, poi ha scritto nel suo libro: 'Ho scoperto questa dimostrazione fantastica, ma non c'è abbastanza spazio a margine per scriverla'."

"Non era una presa in giro?"

"Ci sono voluti trecento anni per essere certi che non lo fosse, e alcuni studiosi di Cambridge hanno impiegato due anni per dimostrarne l'esistenza."

"Cosa stava cercando di dimostrare? In termini che possa capire, grazie."

"Be', ha presente $x^2 + y^2 = z^2$?"

"Certo"... che no. Mi suona come la descrizione di un sistema.

"Pitagora. E ciò che diceva Fermat è che non vale per qualunque valore diverso da due."

"Perché quei tizi di Cambridge avrebbero passato due anni della loro vita a cercare di risolvere questa cosa? Può essere di aiuto all'umanità?"

"Non ne ho idea. Ma era un problema che andava risolto."

"In sé e per sé? Come altre mille assurdità accademiche?"

"Precisamente."

"Questa è tutta roba da maschi, vero? Da amanti dei sistemi?"

"Sì. È anche una prova di quanto gli uomini siano stupidi."

Sono rimasta scioccata sentendoglielo dire, così all'improvviso, quando ormai pensavo dedicasse la vita ai teoremi.

"Pensa che gli uomini siano stupidi?"

"Certo. E non credo sia una novità per lei."

"A me piacciono abbastanza."

"Be', questione di gusti, immagino," ha detto, "ma di certo io non ne sposerei mai uno e non mi imbarcherei nemmeno in una semplice relazione."

"Perché no?"

"Che gusto c'è? Non abbiamo nemmeno una qualità in grado di affascinare."

Io ho sorriso.

"No, sul serio. Gli uomini sono egoisti e ottusi. Di cosa parlano? Birra, calcio, computer, auto... Pensa che anche solo uno di questi argomenti sia interessante?"

Mi sono messa a ridere. "Ma lei mi sta parlando di matematica. Quindi non è come gli altri. Mi tolga una curiosità: se non si trovasse qui con sua moglie e suo suocero [il chimico] ma fosse single, dove sarebbe in questo momento?"

"Mmm... Sarei al pub ad annoiarmi a morte con un gruppo di uomini che parlano di birra, calcio, computer e auto."

"Ma perché? Perché non si metterebbe a fare qualcosa di più interessante?"

"Per pigrizia e comodità."

Cosa si può fare con questa gente?

"Be', la pigrizia posso capire, ma non sono certa di quello che intende per 'comodità'."

"Un gruppo di uomini in un ambiente senza stress." Ah! Proprio come mi aveva detto Big Dave.

"Quindi preferisce la noia allo stress?"

"Il venerdì sera, sì. È più facile far parte della folla che sforzarsi di essere un individuo. Mi piacerebbe pensare che andrei lo stesso alle gallerie d'arte e alle conferenze intelligenti come questa, ma la verità è che sarei molto più tentato di stare a casa. Quale uomo andrebbe mai a una galleria d'arte da solo?"

"Perché no?" ho detto piena di speranza. "Un uomo è così patetico da non essere in grado di guardare un'opera d'arte da solo?"

"Sì. Sto dicendo proprio questo."

"Stupidaggini," ho risposto. Avrei tanto voluto avere più prove per sostenere il mio ottimismo.

Nell'auditorium è suonata una campanella: tre quarti del pubblico che riempiva la sala erano uomini di tutte le età, quindi a quanto pare solo la biblioteca è riservata ai dinosauri. Simon Singh, icona della sistematicità, è salito sul palco da cui, nel 1832, Michael Faraday aveva spiegato il sistema di induzione elettromagnetica a una sala altrettanto affollata. Aspettativa ed entusiasmo palpabili nell'aria.

Singh ha cominciato la conferenza sugli Enigmi, raccontandoci come i codici e le decodifiche ci abbiano aiutati a vincere la guerra. È strano pensare che, se non fosse stato per un gruppetto di uomini con l'ossessione di cifre, numeri e combinazioni, adesso parleremmo tutti tedesco.

Alcuni punti del discorso erano così complessi che in matematica mi sentivo una bambina delle elementari. A volte, invece, usava modi molto semplici per dimostrare una teoria matematica.

"Un astronomo, un fisico e un matematico sono in vacanza in Scozia. Guardando fuori dal finestrino di un treno, vedono una pecora nera in mezzo a un campo. 'Che cosa interessante,' dice l'astronomo, 'tutte le pecore scozzesi sono nere.' Il fisico risponde: 'No, no... alcune delle pecore scozzesi sono nere'. Il matematico alza gli occhi al cielo e poi sospira: 'In Scozia esiste almeno un campo che contiene almeno una pecora che, almeno da un lato, è nera'."

Dopo tutte le generalizzazioni che abbiamo incontrato in questo libro, sono lieta di raccontarvi questa storia della pecora per concludere, grazie a un esempio matematico, che l'unica cosa che posso dimostrare dopo la mia conversazione durante quella cena è che esiste al mondo un uomo che ogni tanto parla di birra, calcio, computer e automobili. È anche pronto ad ammettere che è noioso e che lo fa solo perché è pigro. Penso sia una cosa molto importante da tener presente la prossima volta che vedremo un pub pieno di uomini: stiamo guardando solo uno dei loro lati.

Non ero certa che la mia mente fosse del tutto concentrata sulla conferenza. Singh ha fatto una dimostrazione dell'uso di un codice e ha parlato del Data Encryption Standard e l'uomo vicino a me ha fatto senza accorgersene un grugnito di soddisfazione. Avrà avuto trent'anni appena. Forse era un sistematico estremo? Mi sono chiesta se sarei mai potuta uscire con un uomo che si entusiasmava tanto per la distribuzione di chiavi crittografiche.

Singh stava dicendo: "E questa è stata la più grande delle scoperte in crittologia in duemila anni". Ma avevo perso il filo e non sapevo di cosa stesse parlando. Quando frequentavo la scuola di teatro ci dicevano sempre che un bravo attore deve accontentare tre tipi diversi di pubblico:

uno che ci sente ma non ci vede;
uno che ci vede ma non ci sente;
uno che ci vede e ci sente ma che non parla la lingua.

Come relatore, Singh aveva un altro requisito da soddisfare: uno che ci vede, ci sente e parla la lingua, ma che non capisce niente dell'argomento. Doveva fare in modo di farmi uscire da lì sorridente nonostante la gran parte del suo discorso mi fosse riuscita semincomprensibile.

Stavo aspettando di vedere se alla fine ci sarebbero state abbastanza possibilità di instaurare conversazioni intelligenti per raccomandarvi questa storica istituzione come uno dei luoghi ideali per il nostro proposito. Ed è così. Siamo scesi al piano di sotto e abbiamo preso sandwich e vino chiacchierando per il resto della serata. È esattamente come ve lo immaginate. Come in una macchina del tempo. Sembra che abbiano lasciato tutto inalterato dal 1799, quando la Royal Institution è stata fondata. Gli americani la adorerebbero. La Gran Bretagna che tutti hanno sempre visto nei film è qui. Candelieri, enormi dipinti a olio, libri antichi su scaffali infiniti di cui tutti sembrano sapere tutto. Si potrebbe persino pensare che la Gran Bretagna abbia ancora un Impero. Naturalmente ci si sente fuori dal mondo e non mi piacerebbe viverci, ma per una sera è divertente. Ho parlato con un uomo di nome Giles. Mi ha chiesto: "Le piacerebbe prendere parte al mio ballo?".

Io ho sorriso. Penso di non aver mai sentito nessuno rivolgersi a me così prima di quella sera. "Mi dica qualcosa del ballo, Giles."

"È un ballo di beneficenza al Natural History Museum, che si terrà l'anno prossimo. Lo organizzo per sostenere la ricerca sul cancro al fegato e al pancreas. Ci saranno cinquecento invitati."

"Il Natural History Museum? Niente male. Quanto le costerà?"

"Trentamila sterline. I costi sarebbero di centoventimila sterline, ma ci pensano gli sponsor. Quindi tutto il denaro dei biglietti andrà in beneficenza."

"Quanto costerà un biglietto?"

"Centocinquanta sterline."

"Capisco. Però! E cosa verrà offerto agli ospiti per la loro generosità?"

"Un'orchestra di otto componenti, una cena da tre portate, alcuni ospiti famosi e, naturalmente, un aperitivo a base di champagne e canapè."

"È un appuntamento annuale?"

"Certo."

Quando quelli che si chiamano "Giles" raccolgono fondi, li raccolgono sul serio.

"Allora?"

"Lo dirò ad altri, Giles. Ho in mente qualche amico in giro per il Regno Unito che potrebbe avere voglia di fare qualcosa di diverso, facendo anche una donazione e venendo a Londra per il suo ballo. Esiste un sito?"

"Sì, è *www.blucharity.org*."

Allora? Cosa ne pensiamo? Non sarà certo un modo economico per conoscere gente nuova, ma sarà senz'altro una serata grandiosa. Signore, consideratevi pure invitate, con o senza principe. Penso di non essermi soffermata sulla questione di un eventuale numero equivalente di uomini e donne... dopo tutto è per beneficenza. Giles mi guardava perplesso. Immagino dovesse pensare che non c'entrassi molto con tutti quei dipinti a olio. "Cosa la porta alla Royal Institution?"

"Sto frequentando diversi luoghi di Londra dove è possibile conoscere persone interessanti. Nello specifico, uomini interessanti."

"Qual è la sua definizione di 'interessanti'?"

A quel punto ho sfoderato l'ormai storica definizione: "In questo progetto, un uomo interessante è un uomo con cui, quando lo si conosce, si ha voglia di uscire a cena e dopo si torna a casa contente e si desidera rivederlo".

"Bello. Uscire a cena è una sorta di prova del nove, perché è lì che emerge una conversazione vera."

"Esatto."

"Meglio di conoscere qualcuno al pub." Ero così felice di sentirglielo dire.

"Allora le piace la definizione?"

"Sì. È mai stata al Royal College of Surgeons?"

"No. Che tipo di persone ci sono?"

"Una varietà di pseudointellettuali che, in realtà, sono solo brave persone."

"Ci sono soprattutto uomini?"

"No, sto parlando in generale."

"Quindi sono comprese anche le donne fra le 'brave persone' di cui parla?"

"Certo."

Vogliamo crederci, vero?

"Che tipo di serata mi consiglierebbe?"

"Lei non è un medico, vero?"

"No. Ma naturalmente la salute mi interessa."

"Questo mese hanno organizzato una serata sul cancro al seno, ma non credo avrebbe potuto conoscere molti uomini in quell'occasione. Serve qualcosa di forte. Operazioni a cuore aperto, interventi cerebrali, traumi, cose del genere. Ginecologia e dermatologia non fanno al caso suo; ignori tutto ciò che finisce per 'ologia'. So di cosa parlo, sono un chirurgo."

Oddio. Un momento. Tutto ciò che sappiamo è che in qualche parte di Londra c'è un chirurgo che, una sera, si è espresso in questi termini.

"Farò delle ricerche. E penserò al suo ballo, Giles. Lo dirò anche a qualche amico."

"Grazie. Lietissimo di averla conosciuta."

Frase tipica da gente come Rupert.

Dopo di lui, mi si è avvicinato un altro uomo e mi ha salutata. Io ho sorriso.

"Splendido papillon."

"Anche il suo fondoschiena, signora."

Mi è venuto da ridere. Mi ero chinata a scrivere i dettagli dell'associazione di beneficenza di Giles. Sono rimasta scioccata. Mi aspetto sempre che un anziano si comporti da gentiluomo.

"Potrei chiederle quanti anni ha?"

"Certo che potrebbe."

"...Mi direbbe quanti anni ha?"

"Certo che glielo direi."

"Insomma, quanti anni ha lei?"

Mi ha sorriso. "Le andrebbe un altro bicchiere di vino?"

"Sì, grazie."

Nella sala c'erano uomini dall'aspetto stranissimo. Ho pensato che osservare un po' la folla sarebbe piaciuto al mio nuovo accompagnatore. "Quel signore con il panciotto blu non ha un gran bell'aspetto, non trova?"

Lui si è guardato attorno ridacchiando dello sfortunato e anche di me. "Si chiama fascia."

"Di cognome?"

"No. Il 'panciotto'."

"Sarebbe perfetto per fare uno dei gemelli Tweedledum e Tweedledee di Alice nel paese delle Meraviglie."

Di solito non prendo in giro la gente, devono essere stati i tre bicchieri di vino rosso.

"O anche tutti e due. Spielberg lo prenderebbe per farli entrambi. Con un gioco di telecamere."

"E con la fascia di due colori diversi."

Cominciavo a odiarmi. La moglie dell'uomo è comparsa giusto in tempo guardando il suo sorriso con disapprovazione. Forse è vero ciò che diceva Bob sul cantiere, riguardo alle mogli che non amano che i mariti si divertano troppo.

"George, dobbiamo andare."

"Certo, cara."

Mi ha guardata con un'aria da condannato a morte sul patibolo. Ah! Le gioie del matrimonio. Non posso credere che, se mai mi fossi sposata con Harry e lui avesse passato i sessantacinque anni, mi sarei permessa di strapparlo via da una conversazione divertente con una donna più giovane.

Oh, accidenti d'un accidentaccio! Cos'ho appena fatto! Non riesco nemmeno ad arrivare alla fine di un paragrafo sulla Royal Institution senza parlare di Harry.

Royal College of Surgeons

Mi sono informata sul Royal College of Surgeons, ma al momento in cui ho scritto tutto questo non c'era niente che mi interessasse e che non richiedesse il titolo di chirurgo per parteciparvi. Sarò anche dedita alla ricerca anima e corpo, ma c'è un limite a tutto, specialmente di fronte a un laboratorio di anatomia endoscopica o a una conferenza su un particolare intervento chirurgico alla spalla. Ma se siete un medico o avete uno spiccato interesse per la medicina, questo dev'essere un buon posto in cui andare.

Gresham College

Bisogna far fatica per trovare i posti adatti. Come ve la cavate voi con la città in cui vivete? A Londra c'è un gioiellino chiamato Gresham College (*www.gresham.ac.uk*) a Holborn, nella City. Qui organizzano conferenze pubbliche e gratuite da oltre quattrocento anni. Non si ha sempre l'occasione di scambiare due chiacchiere, visto che la maggior parte delle volte la gente arriva, ascolta la conferenza e se ne va, ma ogni tanto capita che venga offerto anche un drink. Non possono far pagare niente perché così ha detto sir Thomas Gresham. E che sia morto nel 1579 non fa differenza. Quindi, conferenze gratis per tutti. E bravo sir Thomas. Mi sono iscritta alla loro mailing list e non ho potuto non andare a sentire cos'avesse da dire il professor Raj Persaud sulla "Psicologia dell'attrazione". Cosa ci attrae del sesso opposto?

Ragazze, ecco qualcosa che non vi sorprenderà... A quanto pare, le donne considerano "l'intelligenza" un fattore chiave. È stato chiesto sia a donne sia a uomini quanto contasse per loro l'intelligenza in tre diversi tipi di relazione: storia di una sera, relazione a breve termine e matrimonio. Le donne hanno risposto che l'intelligenza è il fattore determinante in tutte e tre le situazioni. Gli uomini, che è importante per il matrimonio e un po' meno in una relazione a breve termine, mentre pare che per una sola sera vada bene qualunque forma di vita che respiri.

Io non sono affatto sorpresa. E voi? Il professor Raj ha continuato dicendo che le donne usano il senso dell'umorismo per giudicare l'intelligenza. Un buon senso dell'umorismo è indicativo di un uomo intelligente. Forse per alcuni uomini in platea questa era una novità. Ma a cena con un gruppetto di donne non se la sarebbe cavata con rivelazioni di questo genere. Gli avrebbero detto: "Certo, professore. Adesso ci dica qualcosa che non sappiamo".

Ci ha spiegato come sedurre George Clooney. Se mai vi capitasse di incrociare George mentre andate al supermercato, non ditegli: "Eri bravissimo in *E.R.*". Perché no? Ancora una volta, non è ovvio per una donna? Non sono forse gli uomini, di solito, gli imbranati nella scelta delle frasi di approccio? Non dovete dirlo semplicemente perché è quello che gli dirà il 99 per cento delle donne appena lo incontra. Dovete essere più astute, dimostrando una sorta di vero interesse, facendo un'osservazione su un film sconosciuto che ha fatto all'inizio della carriera e che lui pensa dimenticato da tutti. Funziona così. Naturalmente con chiunque sia abituato a sentirsi lusingare.

Il dottor Raj ha sottolineato che se, pur andando a tantissimi appuntamenti, nessuno funziona, potreste dover considerare meglio ciò che state facendo. Ma lui non capisce. È un uomo e felicemente sposato. Quello che lui non sa è che il problema per le donne è in primo luogo trovare un uomo con cui ci piacerebbe uscire. La maggior parte delle donne sa benissimo cosa fare dopo, una volta scovato il tipo giusto. Ci ha mostrato la scena della seduzione del film *Ricomincio da capo*, evidenziando come Bill Murray riuscisse a rovinare tutto nonostante avesse più di una possibilità di rivivere la stessa serata. Ciò che voleva dire era che dovremmo osservare con attenzione quel che facciamo e imparare dai nostri errori. In altre parole: "Se fai sempre le stesse cose, avrai sempre gli stessi risultati...".

C'è qualche piccola informazione che di tanto in tanto potrebbe anche tornare utile, quindi ve la dico. Lo so che sto facendo un'altra digressione, ma chissà che magari queste cose non possano servirvi? Perché noi donne ci trucchiamo gli occhi? Be', per fare in modo che gli occhi sembrino più grandi. Ovvio. Ma perché vogliamo avere occhi più grandi? A quanto pare perché, di nuovo a livello di inconscio, siamo tutte programmate per accudire bambini e i bambini, naturalmente, hanno gli occhi grandi rispetto alla dimensione della testa. Quindi, così facendo ci rivolgiamo direttamente al subconscio maschile dicendogli: "Portami a casa e prenditi cura di me". Ah ah, spero ci sia qualche lettrice femminista che si stia mangiando le mani dalla rabbia.

Il fard. Le donne si truccano le guance fin dai tempi dell'antico Egitto. Pensavo avesse a che fare con l'eccitazione, invece il messaggio alla base è ancora più sottile. A quanto pare la pelle delle donne è più arrossata nei giorni dell'ovulazione. Dunque, truccandoci le guance è come se dicessimo: "Esemplare da riproduzione... scegli me". Pensiamoci, la prossima volta che usiamo il fard.

Un uomo sarà più probabilmente attirato da voi, e voi da lui, se avrete tratti simili. Se ognuno di noi si scattasse una foto e, con un po' di abilità, attribuisse all'immagine caratteristiche del sesso opposto, a quanto pare, tutti diremmo: "Questa persona mi piace". Pare, in definitiva, che siamo alla ricerca di qualcuno come noi. Pensiero inquietante. Ci sentiamo più attratti dai visi simili al nostro, o almeno così dicono le ricerche. Nonostante, mentre venivano dette queste cose, un uomo dall'aspetto non bellissimo e con degli occhiali molto molto spessi bofonchiasse tra sé: "No, no, no". Evidentemente, a lui faceva orrore la prospettiva di conoscere una donna che gli somigliasse.

Io stavo pensando alle parole di un'amica che aveva conosciuto Harry e mi aveva detto: "Tu sei la sua versione femminile. Avete la stessa energia, la stessa personalità, lo stesso amore per l'umanità... vi somigliate quasi". Mi sono accorta che con il pensiero ero volata in Scozia, allora ho fatto subito marcia indietro alla conferenza.

Pare che la tendenza a gradire cose simili a noi si estenda all'assurdo. È stato chiesto a varie persone un parere sul monaco Rasputin. Poi veniva detto loro che era nato il loro stesso giorno. Alla luce di questo elemento, il parere migliorava, per il semplice motivo che a quanto sembra pensiamo che chiunque sia nato il nostro stesso giorno non può essere così male. Siamo creature molto semplici. E l'assurdità non si ferma qui. Probabilmente, usciremo più volentieri con qualcuno il cui nome abbia la stessa iniziale del nostro cognome. Quindi io avrei più probabilità di voler uscire con "Paul Lumacone" che con "Paul Mortorio". Ma quanto siamo fuori di testa?

Poi il professor Raj ha cominciato a dire qualcosa di interessante sul serio. A suo parere diamo troppa importanza al fascino e non abbastanza alla compatibilità. Funziona così: in tante vanno da lui dicendo di aver conosciuto un uomo affascinante e gli chiedono come fanno a sapere se è lui Quello Giusto.

Secondo lui, l'uomo in questione sarà con tutta probabilità Quello Sbagliato. Ecco come scoprirlo. Pensate quali sono le dieci cose che assolutamente non riuscireste a sopportare. Quelle che, se anche incontraste un George Clooney miliardario ma facesse una delle cose sulla lista, non riuscireste a vivere con lui. Vediamo... La crudeltà sugli animali è la prima cosa che viene in mente a me.

1. Crudeltà verso animali o bambini (o chiunque altro).
2. Chi non è gentile sempre e con chiunque.
3. Chi non è interessato agli altri, alle culture diverse o ai viaggi.
4. Chi non si lava. (Sto scrivendo nell'ordine in cui mi vengono in mente.)
5. Chi pretende che cucinare sia solo e soltanto compito mio. *"Mi spiace, George... non vuoi fare la tua parte? Questa è la porta." "Oh, Isabel, non possiamo semplicemente uscire a cena tutti i giorni? Ho un sacco di soldi. Come faremo a spenderli tutti?" "Ah, ok allora."* Ma nella vita reale mi piacerebbe cucinare insieme.

Queste sarebbero le primi cinque voci della mia lista. Quindi il punto è che, indipendentemente da quanto vi sentiate attratte da qualcuno, se le cose sulla lista sono discordanti, finiranno per allontanarvi da lui. La compatibilità risulta più importante dell'attrazione reciproca.

"Non è nei momenti tranquilli," ha detto il professor Raj alla fine della serata, "che saprete se la vostra relazione funzionerà... sarà il modo di affrontare una crisi a farvelo capire."

"Ma noi non abbiamo avuto crisi!" ha esclamato una donna del pubblico.

Il professor Raj le ha sorriso. "Allora ne scateni una."

Sull'ultimo consiglio sono perfettamente d'accordo. Penso di aver detto io stessa qualcosa di simile in qualche occasione. Qual è il modo migliore per sedurre una persona? Per avere gente che fa la fila per uscire con voi? Divertirsi. Godersi la vita. Perché, così facendo, gli altri vorranno sempre stare con voi e far parte della vostra vita. Dunque, secondo lui, la frase migliore per rompere il ghiaccio è: "Ti stai divertendo?" perché, qualunque sia la risposta, gli altri vi assoceranno automaticamente alla famosa parola magica. Divertirsi.

Royal Geographical Society

Adoro le serate in cui qualcuno fa qualcosa di positivo, così ho trovato un evento stupendo alla Royal Geographical Society, *www.rgs.org*. Questo è un altro posto di Londra dove si tengono conferenze dopo le quali ci si può fermare un po' al bar a chiacchierare con gli altri. La RGS sostiene che i partecipanti possono essere divisi in due gruppi: i viaggiatori in poltrona, vale a dire persone interessate a geografia, viaggi e luoghi sperduti del mondo, e i viaggiatori veri.

"Tesoro, dove potremmo andare in vacanza?"

"Che ne dici del Polo Sud per quest'anno?"

Ho trovato una conferenza sulla foresta pluviale. Un uomo di nome Hylton Murray-Philipson sta facendo il possibile per salvarla. L'ho contattato e, guarda caso, lui aveva sentito parlare dei miei sforzi per salvare il Tibet raccontati nel mio ultimo libro. Dovrebbero fare una specie di club per quegli individui che tentano di cambiare il mondo. L'unica differenza, naturalmente, era che il relatore di quella serata aveva avuto un successo considerevolmente maggiore di me nell'impresa. Aveva appena raccolto mezzo milione di sterline per Rainforest Concern (*www.rainforestconcern.org*), una piccola associazione benefica che si occupa degli indigeni che vivono nella foresta pluviale brasiliana. Adesso stava parlando a seicento persone della tutela di questo ambiente naturale di così grande importanza. Quindi non a tutti gli uomini con due cognomi piace sparare alle cose e giocare a rugby.

Mi sono messa un vestito elegante e ho preso un biglietto. Il pubblico naturalmente era costituito da personaggi illustri e potenti. Gli uomini erano tutti in giacca e cravatta e sembravano tutti con moglie al seguito. Io ho portato la mia bella vicina, Daisy, la modella che non ha gradito Rupert, e due amici druidi che credono nella tutela della foresta come una questione ricca di significato spirituale oltre che come una necessità ecologica. Noi quattro non eravamo esattamente a tono con la serata, ma nessuno sembrava farci caso.

Vi sembrerò ingenua... ma sapete che ero del tutto convinta che la foresta pluviale fosse protetta? Pensavo che esistessero delle leggi per bloccarne la distruzione e il disboscamento illegale. Così, con una strana sensazione di déjà vu, mi sono sentita dire che i principali colpevoli della distruzione sono i cinesi, che stanno costruendo strade in tutte le foreste. Ci hanno mostrato una cartina del Brasile e, invece di ciò che pensavo ci fosse, vale a dire il continente verde che si vede sull'atlante, quello che si vedeva era una fitta rete di strade con qualche albero in mezzo. E tuttora la distruzione continua al passo di nove campi da calcio al minuto. Hylton ha cominciato la conferenza.

"Le strade segnate in rosso sono ancora sterrate, ma tutte quelle gialle sono state asfaltate, così che gli autocarri possano andare e venire portando via ciò che desiderano. Evidentemente la maggior parte degli abbattimenti sono illegali, ma quando non si vede un agente di polizia nel giro di cinquecento chilometri è impossibile controllare."

Ci ha mostrato qualche immagine della foresta intonsa, la biodiversità più ricca della Terra... E poi altre immagini di cosa accade quando viene rasa al suolo per allevare bovini o coltivare soia.

Mentre ascoltavo la passione con cui quest'uomo calmo e gentile era tornato, dopo aver vissuto con gli indigeni, determinato a fare qualcosa di concreto, ho sentito una grande gioia dentro di me. Ecco un uomo che stava dimostrando il bello degli esseri umani. E persino in forma maschile. Era come ascoltare una dimostrazione matematica. Non stava facendo una presentazione di automobili, computer o di cricket. Lui non era colpevole di nessuno dei crimini di cui sentivo accusarsi a vicenda. O di cui vengono accusati i politici. Non era né cinico, né arrabbiato, né aggressivo. Avrei voluto essere l'astrologo della storiella di Simon Singh per concludere che tutti gli uomini sono gentili, hanno a cuore il mondo e stanno facendo tutto il possibile per renderlo migliore.

Quando ha finito, mi sono rivolta a Daisy: "Allora... cosa ne pensi di questo posto? Prenderesti in considerazione l'idea di tornarci?".

"Penso sia un posto fantastico."

"Non pensi che, per una giovane come te, sia un po' serioso?"

"No. Lui è stato splendido, sono interessatissima e non ne posso più dei nightclub di Londra pieni di tizi allucinati. Tutti quelli che ci vanno si drogano ed è impossibile sostenere una buona conversazione."

L'avevo già sentito dire da altri ventenni. Preferiscono le feste di Parigi, dove la gente si droga molto meno e balla di più. Il mio compagno-di-coccole Mark dice che quando esce la sera non prende niente, ed è l'unico che comunque non smette un attimo di ballare, al punto che gli altri pensano abbia qualcosa di strano. Eppure, non sono ancora convinta che sia davvero una cosa così diffusa come mi dicono.

"Dai, Daisy, stai esagerando... Non possono drogarsi tutti ogni volta che escono."

"No. Certo. Allora sarà il 90 per cento dei club e il 90 per cento delle volte. Ne ho piene le scatole. Ho passato una serata molto più interessante qui."

Però! Approvazione della mia caccia all'intelligenza da uno schianto di ventiquattrenne.

Dopo la conferenza, Hylton ci ha invitati a uscire a cena con una cinquantina di loro. Ci ha presentato la moglie, Noo, e il maggiore dei due figli, ed erano tutti così adorabili che ho dimenticato l'altro motivo per cui mi trovavo là. Ci siamo seduti (io, Daisy e i druidi) al tavolo con un gruppo di donne brasiliane e abbiamo discusso dei modi in cui noi (io e voi), come individui, possiamo dare un contributo per salvare la foresta pluviale. Abbiamo creato una lista di dieci cose e io mi sono lasciata prendere al cento per cento, dato che adoro cercare modi per trasformare le nostre singole azioni in cambiamenti significativi. Alla fine della serata la lista era pronta:

DIECI COSE CHE TUTTI POSSONO FARE PER SALVARE LA FORESTA PLUVIALE

1. Mangiate sano. Non mangiate carne di manzo, perché la foresta pluviale viene rasa al suolo per allevare questi bovini. Se proprio non potete farne a meno, accertatevi che non venga dall'America centrale o dal Sudamerica e insistete per avere carne prodotta nel luogo in cui vivete.
2. Se dovete acquistare un'auto, prendete una Smart. Votata come auto più amica dell'ambiente in assoluto dall'"Ethical Consumer Magazine", è anche buffa e facile da parcheggiare. Una mia amica ne ha una gialla... *www.smart.com* o, ancora meglio, visitate il sito *www.car-pool.co.uk.*
3. Siate d'animo nobile. Se dovete comprare dei mobili, prendeteli di seconda mano o da un fornitore locale che abbia merce riconosciuta dal Forest Stewardship Council. Per informazioni: *www.fsc-uk.info.*
4. Fatevi dei nemici. Al lavoro insistete sul riciclo, naturalmente, ma assicuratevi anche che la vostra azienda usi carta proveniente da una fonte sostenibile. In caso contrario, chiedete di adeguarsi, poi date loro un mese di tempo per farlo e se non lo fanno, organizzate un'amichevole petizione in ufficio. Non siate critici, ma garbatamente persistenti. Date un'occhiata a *www.greenstat.co.uk.*
5. Andate in vacanza. Sul sito *www.sustainabletourismbrazil.org* si possono trovare bellissime vacanze etiche in Brasile.

6. Lasciate il lavoro per un po'. Prendetevi un anno sabbatico per fare volontariato per salvare la foresta pluviale. Ecco due associazioni che se ne occupano: *www.btcv.org.uk* e *www.questoverseas.com*. Entrambe offrono viaggi a breve e a lungo termine.
7. Soffiatevi il naso con cura. Il sito di Greenpeace *www.saveordelete.com* sta promuovendo il boicottaggio dei Kleenex, che usano carta vergine ottenuta da foreste antiche per fare i fazzolettini!
8. Comprate alimenti "veri". I vantaggi degli alimenti biologici prodotti in loco sono innumerevoli. Non sono confezionati, si può vedere da dove vengono e sono più buoni. Questa società vi porterà la spesa a casa in sacchetti di stoffa e bottiglie di vetro da restituire: *www.farmaround.co.uk*.
9. Attenti alla soia... Gran parte della foresta pluviale brasiliana viene rasa al suolo per coltivare la soia (la produzione internazionale è di centodieci milioni di tonnellate all'anno). Se usate prodotti alla soia, controllatene l'origine e comprate sempre soia biologica, perché quella non biologica è prodotta in Brasile. Inoltre, così facendo non incoraggerete l'uso di pesticidi.
10. Mettetevi comodi. E leggete una rivista. Abbonandovi per un anno a "Ethical Consumer Magazine" – *www.ethicalconsumer.org* – potrete controllare ogni cosa prima di comprarla e diventare pienamente consapevoli delle vostre azioni.

In taxi, al ritorno, pensavo a tutte le cose che avrei potuto fare con quella lista. Avrei potuto metterla sul sito e darla ad altri amici perché la pubblicassero su altri siti. Avrei potuto trasmetterla a Greenpeace, Rainforest Concern e Friends of the Earth per giocarci un po' e adattarla. Avrei potuto pensare a cambiamenti da fare nella mia vita a partire dalle parole di Hylton, ricche di ispirazione. Era stata una bellissima serata.

Solo allora mi sono ricordata... Quella sera ero uscita a caccia di uomini single e interessanti. Mi ero fatta trasportare dalla gioia e dalla passione al punto che, chiacchierando al tavolo con quelle signore, avevo completamente dimenticato perché mi trovavo lì. Morale della storia? La verità è che, indipendentemente da quello che si dice nelle canzoni, nei film, in letteratura e in arte... ci sono cose più importanti che conoscere esemplari dell'altro sesso. Evviva!

Bene. Torniamo a noi. Ero ancora preoccupata che i posti in cui avevo cercato di trovare uomini "intelligenti" fossero troppo vecchio stile e pieni di bellimbusti in doppio petto, così ho chiamato Daisy per chiederle se, dopo tutto, sarei dovuta andare anche in un nightclub.

"Assolutamente no. Sono perfetti per ballare, ma certo non per conoscere uomini intelligenti o interessanti. E anche se fossero intelligenti non te ne accorgeresti, perché avranno di certo preso qualcosa e in quel momento si comporteranno tutti allo stesso modo. In un club non mi aspetto mai di conoscere qualcuno con cui mi piacerebbe uscire."

"Ma in realtà, a parte la Royal Geographical Society, nei posti in cui sono stata... i posti per cervelloni, intendo... Tu non ci vorresti andare, vero?"

"Perché no?"

"Cosa? Anche alla Royal Institution, per esempio?"

"Certo."

Così, tanto per fare un ulteriore controllino, ho deciso di portare Daisy alla Royal Institution. C'era una serata sulla "Magia della mente". A quel punto, un po' di magia era proprio quel che mi serviva.

Royal Institution

Il dottor Richard Wiseman non poteva che essere un buon oratore. Aveva cominciato come mago (sistemi) e poi era diventato psicologo (empatia): ottimo allenamento per tenere un discorso di alta qualità. Prima ci ha catturati con la magia e poi ci ha affascinati raccontandoci i meccanismi psicologici grazie ai quali aveva funzionato, pur senza svelare nessun segreto del Circolo di Magia, di cui fa parte. Si era esibito in illusioni ottiche incredibili, per esempio una in cui mostra un videoclip dicendo al pubblico di concentrarsi per contare i passaggi in una partita di basket e alla fine nessuno si accorge di un uomo vestito da gorilla che arriva, si batte il petto e se ne va.

"Tutto questo, naturalmente, ha un certo rilievo per la ricerca medica e scientifica... se siamo così concentrati su una cosa da non notare un gorilla, chissà cosa potremmo perdere di vista mentre siamo intenti a cercare qualcos'altro."

Non mi entusiasma l'idea di applicare questo pensiero al nostro progetto. Chissà che non mi sia sfuggito qualche gorilla potenzialmente meraviglioso? Probabile. Il dottor Wiseman ha scritto un libro sulla fortuna, quindi al momento delle domande del pubblico ho deciso di chiedergli quale rilievo avrebbe potuto avere nel corso della nostra ricerca.

"Sto scrivendo un libro sulle modalità in cui membri interessanti di sessi opposti possano incontrarsi..."

"Bene! Molto piacere!" ha detto lui con voce sexy facendo ridere il pubblico.

"Mi chiedevo se potrebbe fare un commento sul ruolo della fortuna in un contesto del genere."

Il pubblico ha riso ancora. Ho aggiunto poi: "O qualunque altro commento voglia fare".

"Allora... le racconterò una storia. Stavamo facendo delle ricerche per il libro. Abbiamo intervistato due gruppi di persone: un gruppo che si considera molto fortunato e un altro molto sfortunato. È stato davvero interessante, perché nel gruppo degli sfortunati c'era un uomo che aveva vinto quattro milioni di sterline alla lotteria."

Il pubblico evidentemente invidiava l'uomo per la sua sfortuna.

"Quando l'ho intervistato, gli ho detto: 'Scusi se glielo chiedo, ma non ci sono molti vincitori della lotteria in questo gruppo... Potrebbe spiegarmi come mai per lei è un esempio di sfortuna?'.

"'Ma *sono* stato sfortunato!' si è lamentato lui. 'È stato un esempio tipico della mia sfortuna. Io avevo scelto i numeri giusti, ma anche un altro bastardo li aveva scelti. Se non l'avesse fatto, il premio non sarebbe stato diviso e io avrei vinto otto milioni.'"

Sapete come e quando agiamo così? In sostanza stava dicendo una cosa di cui io sono convinta da sempre, vale a dire che la nostra fortuna dipende solo da noi e da come ci comportiamo in ogni circostanza. Facile a dirsi. Talvolta, però, nemmeno tutto l'ottimismo del mondo sembra bastare a creare le opportunità giuste. Ho sussurrato a Daisy: "Quanti uomini affascinanti vedi fra il pubblico?".

"Nessuno."

"Come nessuno? ...E lui?"

"Sembra uno psicopatico."

"Non è vero!" Ho guardato meglio. "Forse un po' psicopatico lo è... E quello allora?"

"No, troppo scialbo."

"L'altro?"

"Sembra uno scienziato."

"Probabilmente lo è."

"Isabel, stai chiedendo alla persona sbagliata. A me piace l'uomo latino... e qui di certo non ce ne sono."

Così sembrava che, ancora una volta, stessi trascorrendo una bella serata nel posto sbagliato.

Poi la conferenza è finita ed è comparso Giles, quello del ballo di beneficenza che avevo conosciuto a un'altra serata. "Salve, questa è Katie, la mia compagna, e lui è mio padre."

"Salve. Lei è Daisy."

Oddio, sembrava che conoscessi gente che frequenta la Royal Institution. Abbiamo parlato un po' e poi, dal momento che quella sera dopo la conferenza non c'erano drink (cosa molto sgradevole, se decidete di andarci, controllate prima), ci hanno invitate a unirci a loro per cena e ci hanno portate in un casinò dietro l'angolo con annesso un ristorante. Ho notato tantissimi uomini seduti ai tavoli. Mi sono chiesta se qualcuno di loro fosse venuto sul serio con la speranza di conoscere una donna interessante, ma forse stavano solo buttando via un po' di soldi.

Ci siamo seduti. Mentre Daisy, Katie e Giles parlavano di chirurgia, io parlavo con il padre di Giles, un distinto gentiluomo sui sessanta. Mi ha chiesto inevitabilmente del mio progetto e io gli ho detto che spesso uomini e donne sembravano avere difficoltà a incontrarsi e a dare vita a relazioni vere.

"Perché gli uomini sono bugiardi," ha detto lui. Non è interessante vedere quanti uomini parlino male degli altri uomini?

"Cosa intende dire?"

"Voglio dire che fanno credere alle donne cose in cui in realtà non credono o di cui non sono affatto convinti."

"Pensa che gli uomini si comportino così?" Sono rimasta neutrale, limitandomi a fare domande.

"Penso che tutti lo facciano, ma gli uomini lo usano come modo per portarsi una donna a letto e le donne ci cascano sempre."

"Che tipo di bugie raccontano gli uomini alle donne, secondo la sua esperienza?"

"Cose che le donne vogliono sentirsi dire."

"Tipo?"

"Il 99 per cento degli uomini, per esempio, non è interessato ai segni zodiacali, ma se una donna dice durante una cena: 'Io sono del leone, e tu?', tenderà a fingere un interesse smodato per lo zodiaco o per qualunque altra cosa dica la donna su qualunque argomento. Fingerà di essere interessato anche se detesta l'argomento." Accidenti! Non avrà mica letto *The game*?

"Quindi per lei quelle sono bugie?"

"Certo. Non credo che le donne lo facciano. Lei ha mai finto di essere interessata al calcio?"

"No."
"Ma gli uomini hanno un movente ulteriore."
"E cosa pensa delle bugie vere e proprie?" Quelle che chiamo "dirette" parlando di Tom e di Dick. "Del tipo 'Ho una barca' quando invece non è vero."
"La maggior parte degli uomini non lo fa. Tendono a tutelarsi psicologicamente, in modo da poter dire di non aver mentito su qualcosa perché in realtà è stata lei a non fare la domanda giusta."
"Come 'Sei sposato?' per esempio?"
"Precisamente. E mentono alle mogli di continuo. Conosco uomini sposati che vanno a letto regolarmente con un sacco di donne single senza alcuna intenzione di lasciare la moglie e le single sembrano lasciarli fare. Il motivo ci sarà."
Era in vena di raccontare vicende da Tom.
"Ho un amico che ha detto alla moglie che il sabato pomeriggio va a giocare a golf. Ma il sabato, in realtà, è il giorno per scopare. Sul serio. Tutti i sabati si fa una donna diversa. Si è persino comprato un set completo di mazze da golf: prima di tornare a casa le infanga un po' e poi le pulisce, tutte le settimane, di fronte alla moglie."
Vi viene da ridere, vero? "Una volta la moglie ha detto: 'Ormai sarai bravissimo a giocare a golf', e naturalmente lui non aveva mai giocato nella sua vita, ma è andato a comprarsi dei trofei di golf con il suo nome inciso sopra."
"Sul serio?"
"Sul serio. È così che fanno."
"Quindi a lei non sembra un comportamento insolito?"
"No, potrei raccontarle un milione di storie del genere. Quest'uomo ha un amico che ha apprezzato la storia del golf, ma non aveva intenzione di spendere una fortuna per le mazze, quindi ha deciso di buttarsi sul cricket. L'unica cosa che avrebbe dovuto comprare erano gli abiti bianchi adatti. Ma qualcosa è andato storto. Un giorno, la moglie ha detto che le sarebbe piaciuto vederlo giocare e lui non è riuscito a trovare una scusa abbastanza prontamente. Così l'ha portata dove stava giocando una squadra di cricket del posto, fingendo di essere in panchina, mentre invece non conosceva nessuno."
"E se l'è cavata così?"
"Se l'è cavata fino all'ora del tè, quando sarebbe ormai diventato ovvio che nessuno lo conosceva. Quindi ha fatto in modo di convincere la moglie che non avevano più bisogno di lui e che quindi potevano tornare a casa: lei naturalmente, non sapendo niente di cricket, gli ha creduto."

Povera me. Quanto amiamo i nostri uomini e quanto crediamo in loro.

"Non l'ha mai scoperto?"

"No, aveva funzionato benissimo. Lei si era annoiata così tanto da non chiedere più di tornarci. Ma bisogna essere fortunati, immagino, per cavarsela così a buon mercato."

"O semplicemente avere una moglie che ha fiducia nel marito."

"Conosco uomini che si inventano un'identità completamente falsa per guadagnarsi una sera con una donna. Ma scommetto che non le sto dicendo niente di nuovo, giusto?"

"Conosco molti uomini che dicono la verità."

Lui si è rivolto a Daisy. "Lei conoscerà di certo uomini che si inventano cose per portarsi a letto una donna, vero?"

"Certo, è un comportamento molto diffuso."

Giles ha aggiunto: "Dovremmo considerare una grande varietà di persone in una grande varietà di situazioni". Grazie al cielo, erano stati alla conferenza di Simon Singh sulla matematica.

Katie ha detto: "E anche allora non si potrebbe mai essere certi che il campione sia attendibile e non si potrebbe dimostrare se ciò che hanno affermato è una bugia".

Ma il padre di Giles insisteva. "Sì, ma lo sanno tutti che gli uomini sono bugiardi." Esattamente come certa gente è sicura che tutte le pecore scozzesi sono nere?

Mentre tornando a casa ne parlavo con Daisy, mi sono resa conto di quanto siano complesse queste situazioni, che avevo ascoltato ridendo, e di quanto sia difficile trarre delle conclusioni da tutto ciò. Una delle cose che avevamo notato era fino a che punto erano disposti ad arrivare gli uomini di quei racconti per fare sesso con un'altra donna ma senza rattristare la moglie. Per non parlare del livello di autoconvincimento in entrambi i casi. Possibile che le due donne non avessero notato proprio niente, settimana dopo settimana? E gli uomini riuscivano sul serio a giustificare con se stessi quel comportamento?

Personalmente, non credo che gli uomini siano migliori o peggiori delle donne. Avendo partecipato a un milione di seminari, so benissimo che, quando ci si tolgono le maschere, si scopre che l'unica cosa che tutti vogliono è amare ed essere amati. Tutti noi vogliamo essere accettati per ciò che siamo. Quindi non ho intenzione di giudicare. Ma sto cercando di concentrarmi sulle differenze. Le bugie su cosa si basano? Sulla paura.

Una volta, quando mia figlia era piccola, ho scoperto che mi aveva mentito. Ho chiamato una cara amica per chiederle un consiglio. Lei mi ha detto: "La cosa che devi prendere in considerazione, Isabel, è il motivo per cui lo ha fatto. Di cosa ha avuto paura? Della tua reazione se ti avesse detto la verità?".

Se un uomo mente nel tentativo di sedurre una donna, è perché è convinto di non essere accettato com'è realmente o perché non si sente all'altezza dell'immagine che secondo lui una donna vuole? È un peccato per le relazioni umane. Gli uomini che in queste storie non hanno alcun interesse per il golf o per il cricket si creano reti intricate, senza dubbio, per ragioni molto complesse. Chissà se hanno a cuore le loro mogli che, per ragioni ancora più complesse, non sono più interessate al sesso? Oppure gli uomini hanno paura di essere rifiutati e di rimanere da soli? O hanno semplicemente paura di perdere chi si prende cura della casa? Oppure vogliono soltanto conservare, a tutti i costi e con scarsissima credibilità, un'immagine di sé di "brave" persone?

Penso che le donne siano capaci di mentire esattamente come gli uomini, con l'unica differenza che noi mentiamo in modo molto meno ovvio. Quindi non credo che ci possiamo arrabbiare o rattristare proprio con nessuno, se ci fermiamo un momento a guardare cosa sta succedendo, cercando seriamente di capire. Dobbiamo cominciare in tutta onestà da noi stessi e poi trovare il coraggio di comunicare apertamente gli uni con gli altri. Se ci rifiutiamo di farlo perché ci siamo autogiudicati negativamente o perché temiamo che l'altra persona ci giudichi così, allora stiamo anteponendo il desiderio di corrispondere a una certa immagine (falsa, naturalmente) alla verità che abita il nostro cuore. Così facendo ci sentiamo persi e nessuna relazione può essere reale.

La relazione con noi stessi è il punto di partenza, insieme al fatto di considerare se vogliamo relazioni intime con altri in cui sappiamo di non riuscire a essere onesti. Come diceva Gandhi, possiamo "essere il cambiamento che vorremmo vedere nel mondo". Quindi, tutto ciò che possiamo fare è essere onesti e buoni con noi stessi e con gli altri. Che siano uomini o donne... Questo è il potere che abbiamo.

Ecco perché penso che il gioco dei Dieci luoghi debba essere un progetto continuo e un mezzo per aprire il discorso sui modi per far incontrare le persone. In qualità di lettori di *Uomini!*, adesso ne fate parte anche voi. Vogliamo davvero continuare a conoscere gente nei pub, dove l'aspetto è l'unica cosa che conta e dove anche una come Daisy, benedetta da madre natura con tanta grazia e con tutte le curve al posto giusto da potersi guadagnare da vivere grazie alla bellezza, è d'accordo nel dire che conoscere gente in questo modo non porta a niente? Non c'è da meravigliarsi che tante relazioni e matrimoni vadano male, se il modo in cui conosciamo le persone è questo! Per non parlare del fatto che ormai molti devono assumere qualche sostanza per prendere il coraggio a due mani e dialogare con qualcuno.

Nei luoghi che stiamo cercando, la conversazione è necessaria, fondamentale e apprezzata. Le persone con tutta probabilità saranno sobrie (nonostante ci siano un bicchiere di vino o due, ma senza eccessi). I dieci luoghi non dovranno essere prevalentemente femminili o esclusivamente maschili, con una preferenza per una folla mista, come al Frontline Club, in cui gli uomini siano in numero maggiore rispetto alle donne.

Sono consapevole che potrei continuare così per un anno alla ricerca dei dieci luoghi di Londra migliori da questo punto di vista, molti dei quali nel corso dell'anno potrebbero subire cambiamenti o addirittura non esisteranno più. L'unico modo per tenermi aggiornata è attraverso il mio sito web. E dobbiamo rimanere aggiornate anche per quanto riguarda la vostra città.

Quello dei Dieci luoghi è un gioco senza fine. Tutte dovremmo cominciare a giocarci. Le donne di ogni nazione potrebbero incontrarsi nei pub o in casa di qualcuno e, invece di lamentarsi di quanto sia tutto impossibile, fare il gioco dei Dieci luoghi.

"Quali sono i tuoi dieci luoghi a Edimburgo?"

"Al primo posto ho messo il ristorante vegetariano Henderson's..."

"No... Anche a me piace, ma per conoscere uomini al primo posto metto il cinema di Lothian Road, mentre Fiona ha scelto la libreria Word Power. Organizzano tantissimi eventi e cose del genere."

Le donne devono smettere di discutere del problema e cominciare a unire le forze per trovare una soluzione. Ma nel frattempo, mentre tutte ci lanciamo in questo gioco, ho l'impressione che sia necessario un unico provvedimento più radicale. Ho trovato la soluzione al problema dello sport che tutti amano così tanto guardare, un ambiente che sia prevalentemente ma non esclusivamente maschile, un'idea che ci allontani dai vari Tom, Dick, Harry e Rupert... un modo per uscire dal grigiore delle città... trasportandoci in un mondo diverso. Diverso, ma dove gli uomini siano presenti. Fate un bel respiro.

PARTE QUARTA

Sempre più giù: dal calcio alle immersioni

1.
PROFONDO BLU A BIRMINGHAM

Sto per fare un'affermazione molto rischiosa. Allungo il collo oltre la folla, il vento spira nella direzione opposta, la marea è contro di me e praticamente tutto mi dice: "Non dirlo!", e invece lo dico lo stesso... costi quel che costi: "Guardare lo sport è noioso". So bene che certe donne hanno scoperto che far parte di una folla enorme a una partita di calcio ha un certo fascino... Certo, certo... Ma anche stare seduti a guardare la partita alla tv ha lo stesso fascino?

Immaginate di trovarvi nella posizione in cui ero io da sposata. Facevo l'attrice, lavoravo sei giorni alla settimana in teatro e vedevo mio marito solo un giorno alla settimana, esattamente come chiunque altro lavori sodo o abbia un partner con un lavoro molto impegnativo che gli permette di essere a casa solo nel weekend. Davvero siamo disposte a passare il weekend con uomini che stanno tutto il giorno davanti alla televisione a guardare calcio, cricket, rugby, equitazione, automobilismo, o persino atletica leggera?

Ho la netta sensazione di rappresentare la gran parte delle donne, secondo le quali starsene imbambolati a guardare lo sport è una cosa stupidissima. Ma nessuna osa più ammetterlo. È diventato normale essere obbligate ad accettarlo. Proprio come la donna è colei che resta incinta, l'uomo è colui che guarda lo sport in tv. Quasi fosse una questione genetica. Come se essere ossessionati dal sali e scendi in classifica di un gruppo di uomini che rimarranno per sempre degli estranei sia un comportamento normale. Chissà quand'è stato aggiunto quel microchip nel cervello degli uomini? Ai tempi di Shakespeare, per lo meno dalle opere che ho letto, gli uomini sembravano più interessati all'arte della seduzione.

In casa abbiamo una tazza con sopra una vignetta che mostra una famiglia seduta sul divano, con il padre, i due figli e il cane che fissano tutti la parete. Sotto c'è scritto: "Prima dell'era del televisore". Cos'è successo alle gite di famiglia? Cos'è successo a mariti e mogli che imparano qualcosa insieme? Magari i massaggi? La fotografia? La cucina? La degustazione dei vini? L'arte? Le lingue? La musica? (Suonando qualcosa, s'intende.) Il sesso?! (Facendolo, s'intende.) Cosa ne è stato del volontariato, magari per salvaguardare un fiume o una foresta? E cos'è successo alle nostre comunità? All'idea di dare il proprio contributo per qualcosa? Può essere che sia tutto riconducibile alla risposta del professor Sami Ramadani durante quella splendida ed emozionante conferenza tenuta di fronte a un pubblico prevalentemente femminile: "Nel weekend gli uomini sono impegnati con lo sport, giusto?". Sport e tv: possibile che sia tutto qui, accidenti?

Non fraintendetemi... Non sono contraria allo sport. Lo sport dà slancio alla vita. Quello a cui sono contraria è lo sport "da guardare". A tutto ciò bisogna aggiungere un'ulteriore considerazione: non possiamo cambiare gli uomini. Né nessun altro. Il nostro compito è voler bene alle persone così come sono. Ovviamente, non è appropriato uscire con un uomo che adora guardare il calcio nel weekend e poi cercare di convincerlo a fare qualcosa di diverso. No, no, non se ne parla. Così cominceremmo a comportarci come la moglie di Bob del cantiere, convinto che le donne vogliano solo che gli uomini smettano di divertirsi. Non cercate mai di impedire a un uomo di fare una cosa che gli piace. Altrimenti potrebbe lasciarvi e trovare una donna che lo amerà così com'è.

Ciò significa che dobbiamo stare molto attente quando li conosciamo in prima battuta.

Se volete una relazione felice e attiva con l'uomo che amate, considerate l'idea che gli sport si suddividono in due gruppi: quelli che anche voi potete fare e quelli che non potete fare. Il calcio è naturalmente il peggior esempio del secondo gruppo. Ma poi c'è il primo gruppo, gli sport attivi, ma non necessariamente competitivi. Nel gruppo di quelli competitivi ci sono il tennis, il badminton, lo squash, dove spesso, per questioni di forza, per le donne è difficile competere con gli uomini. Poi c'è un altro gruppo molto, molto divertente: parapendio, arrampicata (questo è fantastico! L'ho fatto qualche volta, non è competitivo anche se potrebbe diventarlo, e ti permette di andare in luoghi meravigliosi e affidare la tua vita a qualcun altro), o anche paracadutismo (dovete provarlo perché, se avete un uomo che non l'ha mai fatto prima, avrete entrambi paura allo stesso modo). Ma se tutto questo vi lascia terrorizzate e senza fiato e siete ancora a caccia di un uomo che adori un bellissimo sport non competitivo che possiate praticare insieme a parità di forze, allora ho la soluzione adatta a voi: le immersioni. A questo proposito faremo degli studi speciali. Trasformeremo le immersioni nel nuovo calcio per chi vuole coltivare una bella relazione. Per le coppie che desiderano imparare qualcosa insieme, esplorare insieme un nuovo elemento, sperimentare la magia di meravigliarsi insieme e magari, risparmiando un po', vedere il mondo insieme.

La dottoressa Jenny, mia inquilina e donna dai molti misteri che ha fatto del proprio meglio per stare fuori da questa storia, un giorno ha detto la sua, di punto in bianco: "Dovresti considerare le immersioni. È un ambiente decisamente maschile che può piacere molto anche alle donne. Io ci ho pensato. Un paio di volte all'anno fanno una fiera sulle immersioni che si chiama Dive Show. Credo che ce ne sia una questo weekend. Sarebbe bene che ci andassi".

Persa nella contemplazione del mio polso ancora restio a ruotare, l'ho guardata a bocca aperta.

"Devi semplicemente prendere il treno e andare a Birmingham."

Credo che il National Exhibition Centre sia l'edificio più grande in cui sia mai entrata. Il Dive Show, con una previsione di soli sedicimila spettatori, per loro è un evento di minima portata. Sono entrata e mi sono seduta a fare un po' di "man-watching" e poi ho dovuto prendere un caffè, perché ormai mi ero quasi convinta di essere impazzita. È possibile che sia così accecata dal mio amore per Harry che la visione di tutti gli altri risulta distorta? E non intendo dire metaforicamente. Non mi riferisco a "come" li vedo, ma a "cosa" vedo. Non è affatto questo che avevo in mente come soluzione al problema.

In effetti, il 90 per cento dei presenti erano uomini ma, tanto per cominciare, tutti calvi o con capelli cortissimi o rasati. Può essere che non vedessi migliaia di uomini insieme da così tanto tempo da non sapere più come fossero? Non avrebbe dovuto esserci una certa varietà? Non esistono più uomini con i capelli un po' più lunghi di zero? E poi un'altra cosa: erano tutti sovrappeso. E non mi sono basata su un campione ridotto... erano tutti tondissimi: e questo è di gran lunga più allarmante. Ero lì e pensavo: "No, non può essere vero, ci dovranno pur essere uomini con un bel fisico e con un po' di capelli! Ce ne sarà almeno uno decente! O almeno quasi decente!". Ho tirato fuori un po' di musica dalla borsa e ho deciso di scomparire nel mondo dell'assurdo di Frank Sinatra. Quindi con Old Blue Eyes-Frank che mi cantava, non senza una certa ironia, la sua *Songs for swingin' lovers*, sono andata a fare due passi.

L'atrio del Centro era occupato da vari stand: vendevano mute stagne e semistagne, boccagli e qualunque altra cosa utile per andare sott'acqua. C'era una lunga serie di annunci pubblicitari che dicevano che, prenotando la prossima vacanza sub con la tal società, nel tal paese, avresti potuto vedere più pesci possibili.

Immagini di Bahamas, Tenerife, Filippine, Honduras, Mar Rosso mi riempivano gli occhi mentre Frank mi carezzava le orecchie. C'erano ovunque magnifiche fotografie subacquee e schermi che mostravano filmati di visi a palla (e tutt'altro che pallidi!) che vagavano serenamente in mezzo a ciuffi di alghe. Erano presenti tutte le scuole di sub del Regno Unito, oltre a una quantità incredibile di organizzazioni ambientaliste (per esempio per la tutela degli squali, *www.sharktrust.org*). Poi c'erano aggeggi vari, come gli scooter subacquei! Macchinette a cui ci si aggrappa per avanzare sott'acqua.

"Forte!" ho detto all'uomo che li vendeva. "Non è che sono inquinanti?"

"No, rispettano completamente l'ambiente."

"Cosa succede se ci si stacca? Vanno avanti da soli per sempre?"

"No, si fermano. Vede?"

Naturalmente pensava fossi una potenziale cliente. "Le interessa vederne uno?"

"Mi piacerebbe. Ma non sono mai stata sott'acqua in vita mia."

"E allora...?"

"Stavo solo dando un'occhiata ai suoi aggeggini."

Macchine fotografiche subacquee. Videocamere subacquee. Ma dove sono stata per tutta la vita?

Sembrava l'hobby più bello del mondo. L'unico problema erano... gli uomini. In uno stand ho visto una ragazza in sedia a rotelle. Mentre la guardavo, mi ha sorriso.

"È stato un incidente subacqueo?" mi ha chiesto guardandomi il polso ancora fasciato.

Ho spento Frank Sinatra e mi sono seduta a parlare un po' con lei. "No, sono caduta da una moto. Lasciamo perdere. E il tuo è stato un incidente subacqueo?"

"Stavo andando a fare sub, ma sono caduta nel parcheggio." Aveva un bello spirito, ovviamente. Era molto affabile.

"Posso farti qualche domanda?"

"Certo. Sono istruttore di sub, quindi penso di poterti aiutare."

"Be', in realtà non riguarda le immersioni. Penso di essere sul punto di impazzire."

"Allora sono sicuramente la persona giusta."

"Gli uomini che vedo qui. Ho le allucinazioni o sono tutti senza capelli?"

Lei si è messa a ridere. "No, non sei pazza. Se li rasano perché sono sub, nell'acqua danno fastidio. I tuoi capelli ti farebbero ammattire. Immagino tu non sia una sub, altrimenti li avresti già tagliati."

"Ah, meno male. Stavo già pensando di essermelo immaginato. E non sono anche tutti un po' sovrappeso? O è una mia idea?"

"È uno sport-hobby un po' rustico. Non sono tante le donne a volerlo fare. Non ci si deve preoccupare dei capelli o del trucco. Si è sempre in disordine e con la muta stagna si puzza pure di sudore. E per quanto riguarda gli uomini sub..."

Oddio. Non ditemi che sto per sentire di nuovo la stessa cosa!

"...non sono i classici tipi alti con un fisico bestiale. Direi che sono una specie a parte. O anche più di una specie." La guardo negli occhi. "Ci sono diversi gruppi, diverse razze."

Solo un paio di settimane fa mi è stato detto che le classi alte ci suddividono per "razze" e adesso eccoci di nuovo allo stesso punto, non più nell'alta società ma fra i sub.

"I supertecnici, che sono come springer spaniel o dobermann. Non hanno paura di niente e intimoriscono gli altri. Adorano le acque buie e profonde. Poi ci sono gli amatoriali. Questi sono tutti labrador. Estremamente leali, ai quali si può affidare la propria vita in assoluta tranquillità. Sono amici di tutti." Ha esitato un po' e poi ha bisbigliato: "Però non vorrei mai uscire con uno di loro". Mentre parlava indicava alcuni uomini attorno a noi. "Poi c'è la famiglia dei barboncini. Gli uomini-gadget. Hanno sempre tutto, e persino più del necessario. Facendo sub con un barboncino, stai certa che, se hai dimenticato qualcosa, lui ce l'ha anche per te. Io sono andata a fare sub con un barboncino in Cornovaglia e aveva portato la muta stagna della figlia – che non sarebbe mai entrata a nessuno di noi –, ma l'aveva portata 'nel caso'. Ecco com'è l'uomo-gadget."

Non ci posso credere! Sono i fanatici dei sistemi di Simon Baron-Cohen applicati alle immersioni: sembrano robottini pieni di effetti speciali. Lo stand accanto a quello dov'eravamo sedute aveva un sacco di gadget e lei mi ha fatto vedere i suoi preferiti. Non è che saremo state un po' sessiste a parlare così? O "sub-iste"? In realtà, non so.

"Non sono molto agili e longilinei, vero? Non assomigliano per niente ai pesci."

"No. Anzi, sono ben piantati e hanno la pancia. Sembrano incinti di nove mesi."

"Come mai? Un po' di attività fisica la faranno, facendo sub, no?"

"Un po' sì, ma sono grandi bevitori di birra e adorano i sandwich al bacon. Questo è uno sport tipico del ceto medio e della classe operaia. Non ho mai visto uno delle classi alte fare sub."

Adesso anche gli hobby si possono dividere secondo le classi?

"Ma... Non capisco... Tutte quelle vacanze costosissime?"

"Oh, no. Quella a cui ti riferisci tu è la subacquea in acque calde. Tutti gli uomini che vedi qui fanno sub nel Regno Unito. Sub in acque fredde. Tu sei in cerca di sub d'acqua calda. Allora sei nel posto sbagliato. Questi sono diversissimi. I sub d'acqua calda sono fortissimi. Questi qui ne sono ossessionati. Loro fanno immersioni tutto l'anno." Ecco che, ancora una volta, sembra che io sia qui per capire uno degli strani comportamenti maschili.

"Quindi tutti questi uomini fanno sub nel Regno Unito? Sulle coste?"

"Non necessariamente. C'è un posto chiamato Stoney Cove, nel Leicestershire, che è il paradiso della subacquea costiera nel Regno Unito. Osservando questo lago di domenica, si riesce a vedere il livello dell'acqua che si alza mentre tremila persone, il 90 per cento delle quali sovrappeso, scompaiono sott'acqua. In sostanza diventa un'enorme pozza torbida." Come con i patiti dei modellini delle barche, ma senza gli stivaloni.

"Ma se si è davvero interessati alla subacquea in acque fredde, almeno può essere un posto interessante per conoscere qualcuno?" ho detto cercando disperatamente di guardare i lati positivi.

"Non molto. Non noterebbero nessuna donna, a meno che abbia le curve di una top model e indossi una minigonna inguinale. Le donne che trovi lì non si truccano e parlano di come fare pipì nelle mute semistagne."

"Probabilmente è un modo per riscaldarsi, no?"

"Certo. È disgustoso, ma a me non è dispiaciuto durante un'uscita gelida in marzo. Eppure, stanne certa, nessuna donna sana di mente uscirebbe con un sub britannico. Fanno immersioni tutti i weekend."

"Per tutto l'inverno?" Oh, santo cielo! Questa poi! Scarsa sistematicità e scarsa empatia contemporaneamente?!

"Già. Il tasso dei divorzi nella comunità sub del Regno Unito è molto alto. A parte il fatto che alcuni istruttori sono notoriamente inguaribili dongiovanni che usano la propria posizione per fare colpo sulle allieve, anche quando non lo fanno le mogli si stancano presto. Quale donna vorrebbe passare tutti i weekend dentro una pozza fangosa?"

"Tu ci hai mai fatto sub?"

"Certo. Ma io sono un'istruttrice. Mi pagano per entrarci."

"Si riesce a vedere qualcosa?"

"Non dopo che tremila persone hanno mosso il fondale. Ma le immersioni in acque calde sono diverse. Il Mar Rosso è un ambiente del tutto differente."

"Quello è un buon posto per conoscere uomini?"

"Ottimo! Uomini splendidi, belli e abbronzati. Peccato che vivano tutti dall'altra parte del paese."

"Intendi nel Sud dell'Inghilterra?"

"Temo sia un esempio della spaccatura Nord-Sud. Quelli del Sud, per lo più sub d'acqua calda, fanno meno i duri... Qualcuno naturalmente direbbe che sono codardi."

"Quindi si riesce a distinguere i due tipi di sub a prima vista?"

"Vedi quelle magliette?"

Una diceva "*Chissene frega di Nemo, cercate me*". Un'altra "*Fai sub nudo, sott'acqua è tutto più grande*".

"Sì, le vedo."

"Magliette orrende, testa rasata, pancia, stivaloni e intenti a comprare gadget. Ecco i classici sub britannici."

Povera me. Stando così le cose, credo che eviteremo questo ambito dello sport. Avrei tanto voluto potervi dare qualche buona notizia almeno su un tipo di uomo inglese, a questo punto del racconto. Invece, non finisce qui.

2.
DAL SUBLIME AL RIDICOLO

Patrick Musimu e niente sms

Al Dive Show c'erano un sacco di conferenze e seminari, così ho pensato di partecipare almeno a qualcuno. L'evento principale era una conferenza di Nigel Marven, che aveva condotto diversi programmi in tv sulle immersioni che io non avevo mai visto. Diceva di aver cominciato solo perché lavorava come ricercatore per una serie di David Attenborough e si era semplicemente trovato nel posto giusto al momento giusto. Un giorno qualcuno gli ha detto: "Sei simpatico e con gli animali ci sai fare. Non ti andrebbe di presentare una trasmissione per noi?".

Era la prova vivente del fatto che a volte si può essere molto, molto fortunati. Secondo il mio modesto parere, di certo non gli hanno fatto un provino basandosi sulle sue capacità di oratore. Come si fa a tenere una conferenza con tono monocorde e senza mai prendere fiato? "Qui sono con Gerald Durrell bei tempi avanti con la prossima immagine grazie e qui è dove ho imparato a fare sub avanti pure con le immagini..."

Era così noioso che mi sono dovuta alzare e uscire. Sono andata a cercare l'ufficio degli organizzatori per chiedere informazioni sul mondo delle immersioni in acque calde. Sono entrata e mi sono presentata a una signora sorridente di nome Liz. Le ho raccontato della mia mattinata e delle T-shirt che avevo visto.

"Be', certo, le immersioni in acque calde sono tutta un'altra cosa. Per quanto mi riguarda, ho molte amiche che hanno conosciuto mariti e compagni a un corso di sub e penso che qualche motivo dovrà pur esserci. Quando ho cominciato io a fare immersioni ho conosciuto un uomo che stava facendo lo stesso corso, siamo rimasti in contatto e poi ci siamo sposati."

"Allora lei fa un'ottima pubblicità alle immersioni in acque calde! Era andata da sola al corso?"

"Sì. In realtà non ero single, vivevo con un uomo, ma mi annoiavo. Stavamo insieme da sette anni ed ero sempre andata in vacanza soltanto con lui. Quello era il mio primo viaggio all'estero da sola. Immagino si sia trattato della classica crisi del settimo anno."

"Quindi ha cominciato una storia con il secondo senza aver ancora lasciato l'altro?"

"Temo di sì. Naturalmente, non avrei voluto che succedesse così. Io ero andata là solo per fare sub. E invece... Capita spesso, quando in una relazione uno dei due è molto più avventuroso dell'altro. Penso sia una cosa piuttosto comune. Quello avventuroso decide di provare qualcosa di nuovo ed entusiasmante. Quando si va a fare sub, si conoscono altri pronti a tuffarsi in esperienze avventurose."

"Molte persone intente a fare 'qualcosa di diverso'?"

Evviva evviva!

"È facile fare amicizia perché in un corso ci sono circa otto persone con cui condividere l'esperienza di imparare una cosa nuova. Sia io sia lui eravamo andati da soli. La subacquea è uno sport equo perché non ha niente a che fare con la forza, quindi gli uomini non sono necessariamente migliori delle donne."

"Quindi avrei poche possibilità di ammazzarmi già il primo giorno o di spezzarmi un braccio?"

"La prima cosa che insegnano è la sicurezza."

"Lo dice perché è obbligata?"

"E da chi? Ci sono centinaia di scuole e di posti diversi per fare sub. Non mi pagano per dirlo. Sono semplicemente convinta che sia uno sport fantastico."

Gioia e giubilo. Forse potrebbe fare al caso nostro... Ma accertatevi che si tratti di immersioni in acque calde.

Nel frattempo, nei padiglioni della fiera sembrava esserci un'atmosfera bidimensionale, quasi "sistematica". Bisogna ammettere che un weekend per tuffarsi in un elemento nuovo, che risultava al momento mancante, era un'esperienza piuttosto limitata. Non solo perché nessuno stava facendo sub, ma anche perché attorno a me sembravano tutti avere un approccio puramente pragmatico rispetto alla vita. Dopo tanti anni di fatiche spirituali, e persino dopo una fiera sul tema "Mente, Corpo e Spirito", era come se lì tutto fosse passato da tre a due dimensioni. Senza mare, sembrava mancare la connessione a una spiritualità di qualunque tipo. Mi sentivo come se buona parte di me non dovesse necessariamente essere presente. Magari era la mia "tendenza a identificare pensieri e sentimenti degli altri e a corrisponderle con le emozioni appropriate", come direbbe il professor Baron-Cohen. Non c'era niente in quel posto che mi interessasse... a parte i gadget. Ecco perché c'erano così poche donne.

Ma poi sono capitata a una conferenza di Patrick Musimu, mi sono messa comoda e ho cominciato a sorridere. Quella era la conferenza giusta nel posto sbagliato.

Patrick Musimu è, in un certo senso, interessato ai sistemi. Ma quando per sistema si intende il proprio corpo, tutto diventa molto più interessante. Lui detiene il record mondiale, che ha migliorato per la quarta volta, di uno sport chiamato freediving. In questo sport si prende fiato e si scende in acqua senza strumenti per la respirazione e vince chi arriva più in profondità. Non si tratta solo del tempo per cui si riesce a trattenere il respiro (sette minuti e ventun secondi nel caso di Patrick), ma bisogna anche considerare l'effetto della pressione dell'acqua sul corpo, che aumenta con la profondità. Se si sbaglia qualcosa, si rischia la vita. Patrick ha battuto il record mondiale, che era di 117 metri, ma poi si è accorto che non gareggiava per vincere. Stava esplorando i suoi stessi limiti mentali e fisici, imposti unicamente dalle proprie convinzioni e da ciò che gli altri gli indicavano come limiti per il corpo umano. È affascinante vedere come le nostre convinzioni possano trasformarsi in limiti o incentivi. A un certo punto, comunque, si è stancato della confusione legata alle gare internazionali.

"Le federazioni sono uno di quei sistemi che ci incatenano e ci limitano. Guidano i nostri pensieri, proprio come la tv ci riempie le orecchie di propaganda che finiamo per considerare vera. Sono un limite per il nostro pensare. Volevo dimostrare che siamo in grado di vivere al di fuori dei sistemi. E che possiamo scegliere."

Così Patrick ha annunciato che si sarebbe spinto fino a una profondità di duecento metri... ma a modo suo. Il mondo della subacquea rideva di lui, perché sapevano che era impossibile. Ma Patrick era concentrato su un livello più alto. Voleva riprogrammare il proprio cervello.

"Il concetto di respirazione come mezzo per la sopravvivenza ora mi è estraneo," ha affermato di fronte a una sala piena di atleti venuti per imparare trucchi utili per le loro immersioni. "Quando mi rendo conto di essere da solo, mi si riempie il cuore di gioia," ha detto, e i sub si sono guardati in faccia, chiedendosi di cosa stesse parlando e che senso avesse nel contesto del freediving. Poi ci ha mostrato un video dell'immersione in cui aveva dimostrato a se stesso che siamo noi a definire i nostri limiti. All'inizio del video si dirige verso la barca con la moglie, il figlio, un paio di esperti pronti ad aiutarlo nell'immersione e un cameraman subacqueo equipaggiato di bombole. Ma per Patrick niente bombole.

L'abbiamo visto entrare in acqua e ci siamo zittiti non appena è iniziata la colonna sonora di sottofondo al video. Era una canzone religiosa che diceva: "*I miei peccati sono come montagne e le mie buone azioni sono poche*," e lui andava sempre più giù. "*Mi rivolgo a Te con il cuore pieno di vergogna*," e tutti continuavamo a guardarlo scendere, "*il mio cuore è pieno di lacrime*". Mi faceva venire voglia di pregare, anche se vedevo benissimo che era tornato sano e salvo. "*Infondi grazia e benevolenza su di me...*" La musica continuava, così come la canzone, e lui andava sempre più giù. Nel filmato durante la discesa, batteva le dita su una specie di cavo metallico, a quanto pare per comunicare a se stesso che era ancora vivo. "*Effondi grazia e benedizione sul profeta e su quelli che lo seguono.*" E sempre più giù. Alla fine ha fatto un gesto per indicare che era pronto per risalire. Quando ha raggiunto la superficie, si è saputo che era arrivato a 209,6 metri. Patrick viene dallo Zaire e, fino a sei anni prima, non era mai stato al mare e non sapeva nemmeno che fosse salato.

Ha risposto ad alcune domande del pubblico.

"Non è stato frustrante scoprire che la profondità da lei raggiunta non è stata riconosciuta dalla International Diving Federation?"

"Tutti sanno che l'ho fatto," ha detto con semplicità, "che differenza fa se è ufficiale o no? Allenandomi ho scoperto e attraversato una nuova dimensione. Le gare non mi interessano, per me non hanno nessun valore. Io sfido solo me stesso."

"È vero che fa entrare l'acqua nei polmoni mentre è in immersione?"

"No, la tengo nel setto nasale e nell'orecchio medio."

"Come si fa?"

"Tutti noi passiamo nove mesi in una cavità piena d'acqua. Basta insegnare al corpo che l'aria non serve."

"Quando si trova laggiù, non le viene voglia di fare un respiro?"

"No."

"Non le importa che di lei abbiano parlato pochissimo perché l'immersione non è risultata ufficiale?"

"Quando tocchi il cielo con un dito, non ti interessa che lo sappiano tutti."

Era fortissimo. Lui voleva parlare della dimensione spirituale e loro continuavano a fargli domande sul successo e sulla competizione.

Io di immersioni non sapevo niente, ma ero interessata a quel che aveva imparato. Ho fatto la mia domanda: "Quindi, è come se lei si separasse dal corpo mentre si trova laggiù? È vero, secondo la sua esperienza, l'insegnamento dei monaci secondo cui mente e corpo possono separarsi?".

Il pubblico si è voltato verso di me. Mi ero trasformata in una fanatica new age con tanto di gonnellona e sandali ai piedi. Patrick si è limitato a rispondere alla domanda.

"Certo. Altre persone, come i monaci, raggiungono questi livelli senza niente. Io ho bisogno dell'aiuto dell'acqua."

Poi è tornato a rispondere a domande tecniche sulle immersioni. Io ho sorriso e mi sono chiesta cosa ci facesse lì. Qualcuno gli ha fatto una domanda sul suo modo di allenarsi. Molti andavano da lui a chiedergli aiuto, ma quando scoprivano che voleva allenarsi senza nemmeno avvicinarsi all'acqua, perdevano interesse.

"Che piani ha per il futuro?"

"Voglio cominciare a respirare."

Una volta ho conosciuto un uomo che aveva meditato tutti i giorni per un'ora per vent'anni. Tentando di cogliere l'opportunità di un'illuminazione istantanea, gli ho chiesto: "Cos'ha imparato?". Lui ha sorriso e mi ha risposto: "A usare un cuscino".

Non voglio dire di essere stata l'unica a capire Patrick... Ma sembrava di essere a una conferenza di Anthony Robbins o di Deepak Chopra e di certo io ero molto più abituata a quei modi di pensare, anche se di quello sport non sapevo niente. Un giovane sub con la maglietta arancio e verde ha chiesto: "Come fa ad allenarsi a trattenere il respiro per sette minuti e ventun secondi?".

Patrick ha risposto: "Come fa lei a mettersi nella condizione di vivere la vita al meglio per la maggior parte del tempo?".

Risposta fantastica. Molto californiana. Solo che, come ho scoperto poi, Patrick non aveva mai sentito nessuno di quegli insegnamenti; li aveva imparati da solo con l'esperienza e con la passione per la vita e per il corpo umano. Ho chiesto un pass per la stampa in modo da potermi infiltrare nell'area degli organizzatori. Ero interessatissima a conoscere questo straordinario esemplare della specie maschile.

Ho trovato Patrick seduto in un angolo, ancora una volta, come se si trovasse nel posto sbagliato. Mi sono seduta vicino a lui.

"Signor Musimu, ha per caso la sensazione di parlare delle cose giuste a un pubblico sbagliato?"

Lui mi ha guardata attentamente negli occhi. "È stata lei a chiedermi della separazione di mente e corpo?"

"Colpevole."

"È vero. C'è sempre un folto gruppo che vuole solo sapere dettagli tecnici e un piccolissimo gruppo che capisce alcune delle cose che tento di dire."

"Lei sta dicendo qualcosa con un enorme potenziale umano. Anthony Robbins e Deepak Chopra sarebbero felici di conoscerla."

"Chi sono queste persone?"

Quanti mondi diversi esistono sul nostro pianeta!

"Sono due dei più famosi insegnanti di potenziale umano al mondo. Insegnano ciò che insegna lei. Solo che loro lo espongono come concetto. Lei lo mette in pratica. Loro dicono: 'I limiti esistono solo nella vostra mente,' e lei lo dimostra. Come mai viene a parlare qui?"

"Secondo lei?"

"Non ne ho idea."

"Soldi. Non posso permettermi di accettare di tenere conferenze gratuite, a meno che sia per scopi umanitari o scientifici."

Mi sono messa a ridere. "Non dirà sul serio! Lei ha fatto una cosa ritenuta impossibile, sfidando convinzioni umane e mediche, e si trova qui perché ha bisogno di soldi?"

"Mi chieda cosa farò domani."

"Cosa farà domani?"

"Starò seduto a una scrivania."

"Sta scrivendo un libro? È meraviglioso."

"No... Faccio televendite."

Ho riso di nuovo.

"Sto anche scrivendo, ma non so come fare per l'eventuale pubblicazione."

"Patrick, io sono una scrittrice."

Così siamo rimasti lì seduti, mentre lui mi parlava del corpo umano e di come si deve avere il permesso del corpo se si intende spingersi oltre un certo punto, e per riuscirci bisogna capire come funziona. Pensando di fare un favore a sua moglie, gli ho suggerito fra una cosa e l'altra che avrebbe potuto trovare interessante estendere la sua comprensione del corpo umano nella direzione del sesso tantrico.

"Sapeva che si può imparare a rendere l'orgasmo implosivo invece di esplosivo, in modo da sentirsi trasportare da un'onda mantenendolo per tutto il tempo che si desidera? Potrebbe essere un'ottima idea da esplorare con sua moglie." Io non avevo mai avuto la possibilità di farlo. Oh Harry!

Anche sul viso di Patrick è apparso uno sguardo assente. Seguito da un sorriso. Spero di aver seminato qualcosa in proposito. Poi mi ha chiesto del mio lavoro e io gli ho spiegato il processo della scrittura e il mondo dell'editoria internazionale ed ero così orgogliosa e felice di sapere qualcosa che potesse essere utile a quell'uomo fuori dal comune. Estremamente fuori dal comune. Per una volta si potrebbe anche dire "unico", senza esagerare.

Ero al settimo cielo solo per averlo conosciuto. Perché non sono riuscita a conoscere almeno un migliaio – o un milione – di uomini così? Uno per ogni donna che ne vuole uno. Ma a volte è bello sapere che un uomo tanto meraviglioso e interessante vive su questo pianeta! Molti lo definirebbero pazzo, naturalmente... ma per me non è un problema.

Camminavo a una spanna da terra... avevo perso la testa. E ho fatto una cosa stupida che non facevo da mesi. Senza pensarci, ho corso uno di quei folli rischi che corro ogni tanto, sperando semplicemente che lui avrebbe capito. Ho mandato un messaggio a Harry. Mi ero trasformata in una bambina entusiasta e volevo dire al mio migliore amico di aver conosciuto Patrick. Ma poi non è successo niente e il mio umore è sceso sempre più giù, proprio come nel filmato che avevo visto. Solo che, una volta toccato il fondo, invece di risalire in superficie, mi sono seduta sul fondale e ho inventato un sacco di storie sui motivi per cui non rispondeva. Chissà se anche gli uomini lo fanno, o se solo le donne sono così assurde?

Il processo di inventare storie è molto interessante e, in teoria, io sono "allenata" per non farlo. Accade un evento reale e, invece di attenersi all'evento stesso, per esempio una mancata risposta, la mente si inventa storielle ridicole, in preda al panico: "Harry non ha risposto... Non vuole sentirmi né parlarmi mai più". Oppure: "Harry non ha risposto, dev'essere arrabbiato con me". Vi prego di notare che a questo punto non è necessaria alcuna base logica per supporre l'esistenza della rabbia. "Harry non ha risposto... deve aver bloccato le chiamate provenienti dal mio numero." "Harry non ha risposto, starà scrivendo un messaggio che dice: 'per favore non scrivermi più' e non sa che parole usare." Poi, piano piano, più guardavo, patetica e umiliata, il cellulare (c'era un tempo in cui la risposta era immediata), più le invenzioni si facevano elaborate. "Harry ha prestato il cellulare alla moglie e il messaggio l'ha letto lei. Ho conosciuto Patrick e poi ho usato questa esperienza per rendere infelice un'altra donna. Probabilmente adesso starà piangendo e urlandogli contro, proprio mentre io sono qui seduta." Mi sentivo sempre più abbattuta per la vergogna. Avevo solo avuto voglia di sentire la sua voce, la sua risata... Ma quanto sono stupida?

Sono rimasta seduta a guardare il telefono e a bere tè. Una dell'organizzazione è venuta da me, tutta entusiasta, dicendomi: "Non ci credo che sei riuscita a parlare con Patrick per tutto quel tempo. Non è l'uomo più bello del mondo?".

"Cosa?"

"È un adone. Tutti quei muscoli... non hai notato che corpo magnifico ha?"

"No. Non stavo pensando a lui in quel senso. È sposato. Io non considero gli uomini sposati..." Ohi, ohi. Forse avrei dovuto dire che il più delle volte non considero gli uomini sposati? Tranne quando lo faccio? "Intendo dire che non stavo pensando a lui come uomo nel senso romantico del termine. È sposato e io mi sono solo goduta una chiacchierata con lui come con chiunque altro. Certo, è un bell'uomo, credo." In modo molto "poco Harry".

"'Credi'?! Isabel, sei appena stata seduta per un'ora con l'uomo più desiderato del mondo dei sub e mi stai dicendo di non averlo notato? È come dire di non aver notato che George Clooney è bellissimo. O Brad Pitt. Solo che nel mondo dei sub Patrick è molto più ambito di loro due messi insieme. Di cosa avete parlato?"

"Soprattutto di spiritualità. E penso di aver nominato il sesso tantrico... ma stavo solo pensando a sua moglie. Mi piaceva l'idea di avere la possibilità di rendere loro nota una diversa ricerca fisica che avrebbero potuto esplorare insieme."

"O sei santa, o sei impazzita," ha detto lei andandosene, esasperata per la rabbia e l'invidia. E io ho preso nota delle sue parole.

Eppure sappiamo bene qual è la risposta, vero? Ho tralasciato la santità e ho dedicato un sacco di tempo all'esplorazione della "pazzia". Per amore sono disposta a correre rischi. L'ho osservata mentre andava via, ho guardato la foto che mi aveva dato di me con Patrick e poi ho sbirciato il cellulare. Niente sms di Harry.

Quella sera c'era una festa organizzata per gli espositori, a cui Liz mi aveva simpaticamente invitata. Ho avuto solo il tempo di alzare gli occhi dal telefono, vedere visi sorridenti e accettare. "Probabilmente saremo le uniche donne," mi ha detto. In effetti la sala era piena, anzi strapiena, di circa cinquecento uomini con la pancia e con quelle T-shirt orrende. Liz ha dato un'occhiata e se n'è andata. Io ho deciso di rimanere a bere qualcosa. C'erano tre uomini in giacca e cravatta che sembravano fuori posto, così mi sono seduta con loro. Venivano dall'Olanda e fra loro parlavano olandese; non sembravano male ed erano bilingui, come tutti gli olandesi istruiti. Ho chiacchierato un po' con uno di loro e l'argomento era inevitabilmente costituito dagli uomini che entrambi stavamo osservando.

"Succede qualcosa agli uomini del mondo delle immersioni prima, durante e dopo un divorzio. Appena la loro vita comincia a crollare, decidono di diventare istruttori sub." L'olandese li guardava con un certo disprezzo. "È un modo per sentirsi liberi. Quindi lasciano il lavoro d'ufficio e lo fanno a tempo pieno. Sono pronto a scommettere che moltissimi degli uomini qui presenti stanno attraversando un divorzio. È così in tutto il mondo."

"Almeno si stanno godendo la vita." Ho ricordato ancora una volta le riflessioni del mio amico muratore-filosofo. "Almeno non si trascinano dietro matrimoni finiti e non passano tutta la vita davanti alla tv."

"Ah. Allora ecco perché il mio matrimonio funziona! Perché non guardiamo la tv!"

"Certo. Direi di sì. Se non guardate la televisione, farete di sicuro qualcosa di più interessante. Avete figli?"

"Il quarto è in arrivo per marzo, un altro maschio."

"Vede? È perché non guardate la televisione."

"Quell'uomo... è appena uscito da un divorzio."

"Comunque, cosa c'è di male nel divorzio?"

"La gente non lotta più per il matrimonio."

"Secondo me, invece sì." Ho amici che mettono un sacco di impegno per far funzionare il loro matrimonio. "Nessuno vuole che un matrimonio finisca con il divorzio. Il problema è che le persone non sanno essere felici e pensano che la colpa sia della persona che hanno sposato."

Continuavamo a osservare quella sala piena di uomini con la testa rasata che bevevano enormi quantità di birra e diventavano sempre più simili l'uno all'altro. Gli ho chiesto: "Quindi lei non raccomanderebbe un uomo appartenente al mondo delle immersioni?".

"È un mondo bellissimo quando si conoscono gli altri allievi dei corsi di sub, ma non bisogna mai uscire con gli istruttori."

"Perché?"

"Ogni corso dura da quattro a sei settimane e poi arriva un gruppo di studenti nuovi, quindi si sa fin dall'inizio quanto potrà durare una storia del genere."

Mi sono messa a ridere.

"Le garantisco che è vero," ha detto lui con ardore. "Nelle nostre scuole..." non mi andava di chiedergli più nel dettaglio a quale organizzazione appartenesse, "per essere accettati come direttori di corso dobbiamo soddisfare un certo numero di requisiti."

"Sarebbero?"

"Primo: bisogna essere divorziati. O almeno nel bel mezzo di un divorzio, anche se è preferibile che tutto sia già terminato. Secondo: il candidato deve avere almeno quattro figli da almeno due mogli diverse."

"O compagne?"

"No, no, mogli. Terzo: non deve avere soldi. Accettiamo solo carte di credito quasi in rosso."

"Quarto..." è intervenuto il tipo in giacca e cravatta vicino a lui, "il cervello dev'essere almeno un metro sotto il mento." Devo aver avuto lo sguardo perso nel vuoto per un attimo. "Certo, capisco."

"Circa un metro, sì. Dev'essere molto attivo in quella zona."

"Inoltre," ha continuato il secondo uomo, "richiediamo l'impegno quotidiano di mettersi davanti allo specchio tutti i giorni a farsi seghe."

Santo cielo... ho capito bene? Un altro attacco contro gli uomini?

"Scusate un momento," ho detto. Avevo smesso di sorridere. Non capivo tutta quella aggressività. Quegli uomini con le loro magliette mi sembravano innocui, dopo tutto. Lui mi ha fraintesa ed è andato avanti.

"Non sembrano tipi da 'Sono un poveretto con la pancia senza interessi né cervello', ma tipi da 'Ehi, non sono ancora da buttare via'. Sa come si dice... Quel che passa il convento."

Non è strano come gli uomini parlino degli altri uomini? Ho cercato di allentare un po' la tensione. "Quindi, signori, non mi sembra che rispettiate granché chi lavora in questo settore, giusto?"

"È una nostra scelta averli come clienti."

"Ma... Un momento..." Adesso mi ritrovo a difendere i sub da altri uomini del loro stesso settore?

Ho cercato di riportare un po' di equilibrio. "Mettiamo che ci sia un uomo la cui moglie muore di tumore al seno," dopo tutto, potrebbe essere chiunque di noi donne, "e che l'uomo abbia lasciato il lavoro d'ufficio perché si è accorto, dopo la perdita subita, della futilità di passare la vita ad accantonare soldi. È diventato istruttore perché desidera viaggiare per il mondo facendo immersioni e magari ha anche un certo interesse nella tutela dell'ambiente marino, e vuole condividere con altri la sua passione. Non si scopa tutte le allieve che gli capitano, perché ha un forte senso della responsabilità e desidera una relazione seria e a lungo termine, non una botta e via. Rispetta le donne perché gli piacciono. Riesce persino ad amarle. Dove si trova uno così?"

Loro si sono guardati in faccia.

"Di certo non qui."

Si è avvicinato un gentiluomo piuttosto anziano. "Questo è mio padre," ha detto uno degli olandesi. "Ora andiamo a cena. Le va di unirsi a noi?" Ho guardato il cellulare. Niente. "Certo, perché no?" Magari sarei riuscita a scoprire perché odiassero tanto gli uomini.

Siamo andati a un ristorante e qui comincio a riportare tutto ciò che è successo, in modo che vi rendiate conto di quanto io possa essere stupida. L'uomo anziano era simpatico e molto affascinante. Abbiamo ordinato e ci siamo messi a parlare. Ben presto è emerso che non eravamo d'accordo su niente. Non solo a loro non piacevano i sub e gli uomini in generale, ma sembravano non apprezzare proprio nessuno. Avevano case circondate da muri spessissimi e cani addestrati per uccidere chiunque li oltrepassasse.

Ero disgustata e ho cercato di spiegare loro perché. "Se io vivessi nella vostra città e avessi un figlio tossicodipendente che, per la disperazione, cercasse di rubarvi il videoregistratore, voi lo uccidereste. Giusto?"

"Certo, se entrasse nella mia proprietà..."

"Quindi siete a favore della pena di morte?"

"Sì, naturalmente."

Ecco una situazione interessante. Tre uomini ti offrono la cena. Sembrano tutti relativamente civilizzati e cortesi. Ma a poco a poco, mentre la serata procede, ti rendi conto di essere a cena con tre fascisti convinti.

"Se continuano a far entrare in Europa tutta questa gente di colore, cos'altro si può fare?"

"Come dice?"

È stato solo in quel momento che ho realizzato una cosa strana del mondo delle immersioni. Non c'erano né persone di colore, né asiatici. Non intendo dire, neanche lontanamente, che oltre a quei tre ci siano per forza altri razzisti nel mondo dei sub. Immagino che il motivo per cui non ci siano neri né asiatici è che abbiano di meglio da fare nel weekend che andare a fare sub in una pozza paludosa. Ma il risultato di tutto ciò è che i tre "gentiluomini" con cui ero a cena non avrebbero avuto la possibilità di incontrare qualcuno in grado di distoglierli dalla loro visione ristretta.

"È così in tutta Europa. Immigrati dappertutto. Ecco perché addestriamo i nostri cani a uccidere."

Qual è il momento giusto per alzarsi da tavola? Sarei dovuta rimanere seduta ad annuire e sorridere?

"Signori, io non credo che il colore della pelle di una persona la renda più incline a rubare i vostri averi. E non credo che esista una sola situazione in cui un uomo meriti di morire soltanto perché le circostanze della vita l'hanno portato a commettere un crimine. Potrei farvi un milione di esempi di ragazzi che si sono trovati nei guai e che poi sono riusciti a fare qualcosa di bello per gli altri, nonostante l'infanzia infelice che avevano avuto."

"Cosa farebbe lei, se entrassero in casa sua?"

"Spererei che, qualunque droga abbiano preso, non li porti a perdere l'umanità e a farmi del male. Ma di tutto il resto, degli oggetti, cosa volete che mi importi? Glieli lascerei prendere. Di certo non vorrei che fossero uccisi."

"Io sarei felicissimo se i cani uccidessero un uomo entrato nella mia proprietà. Se qualcuno oltrepassa la cinta di confine, io lo uccido."

"Cosa mi dite della compassione?"

"È semplicemente ciò che si merita questa gente. Non dovrebbero nemmeno essere nel nostro paese. Non sono come noi."

Stavano parlando contro di me, non con me. "Nel mondo esiste il male. Le persone sono il male."

Voi ve ne sareste già andati? O sareste rimasti ancora, spinti dalla necessità di dire la vostra continuando a essere educati? Una volta vivevo con un uomo che, secondo me, se qualcuno a cena avesse detto: “Penso che il tal gruppo di persone dovrebbe essere sterminato,” avrebbe potuto tranquillamente rispondere: “Puoi passarmi il sale, per favore?”. Ho cominciato un dibattito mentale. Isabel, non puoi rimanere al tavolo di questa gente, anche se ti stanno offrendo la cena. Ogni tanto devi prendere in mano la situazione. Così mi sono alzata.

“Scusatemi, signori. Siete stati molto gentili con me, ma non posso rimanere al vostro tavolo. Non sono affatto d’accordo con voi, penso soffriate di una mancanza di umanità sconcertante e che le vostre idee siano orribili.”

Ho messo sul tavolo una banconota da venti sterline e me ne sono andata. Poi, in preda al senso di colpa, sono tornata indietro. Per un attimo mi sono sentita una brutta persona. Proprio come loro. Dovevo pur essere civile, no? Allora ho stretto loro la mano.

“Grazie per avermi portata qui e per essere stati gentili con me. Spero che la vostra conferenza vada bene.” Ho stretto la mano di quello anziano che avevo considerato affascinante. Ero certa che fosse il peggiore di tutti.

Il ristorante mi ha chiamato un taxi e nell’attesa ho esaminato le mie azioni. Poi mi sono chiesta perché avessi stretto loro la mano. Mi ero ritrovata a tavola con dei fascisti razzisti e gli avevo pure stretto la mano? “La ringrazio, Herr Hitler, è stata un’ottima cena.” Ma cos’avevo in testa? Poi ho riflettuto ancora un po’. Erano stati così poco carini con i sub prima, eppure io ero salita in auto con loro. Avrebbero potuto portarmi ovunque. Facendomi qualunque cosa avessero voluto. E loro erano in tre, mentre io ero da sola. Perché riesco sempre a fidarmi dell’universo intero? Di solito raccolgo i frutti di ciò che semino e la fiducia viene sempre ripagata, ma quella volta ero stata davvero stupida. Pensavo di saper giudicare il carattere delle persone, ma con quei tre mi ero sbagliata. Ero stata stupidissima. Mi sentivo vulnerabile e mi sarebbe potuta succedere qualunque cosa.

Sono uscita, lontana dal loro sguardo. Fuori c’erano dei ragazzi che gironzolavano. Io ho sorriso. Erano così giovani. A caccia di ragazze. Uno mi fissava come se volesse dirmi qualcosa, ma non sapeva cosa. Almeno mi aveva fatto smettere di pensare a cosa mi sarebbe potuto succedere prima. Gli ho sorriso. “È gentile la gente di qui?” ho chiesto. “Sai, sono di Londra.”

“Sì,” ha riposto lui. “Con le donne, sì.”

“Cosa intendi dire?”

“Con gli uomini è diverso. La violenza viene tutta da lì.”

“Perché sono violenti?”
“Sono invidiosi.”
“Di cosa?”
“Soldi, droga, donne, auto, oggetti di valore, tutto. Se sono invidiosi, prendono le cose.”
“Con la violenza?”
“Con la violenza o comportandosi da Giuda.”
“Cioè?”
“Fingendo di essere amico di qualcuno e poi pugnalandolo alle spalle nel momento del bisogno. Qui ci sono un sacco di immigrati. Di stranieri. Noi non possiamo andare al college o trovare un lavoro per colpa loro.”
“Quanti anni hai?”
“Diciassette.”
“Posso farti una domanda strana?”
“Spara.”
“Secondo te cosa vuol dire essere un uomo?”
C’è stata una lunga pausa mentre ci pensava. Poi ha detto: “Veramente non so. Non dover dipendere da nessuno”.
“E cosa pensi che sia un essere umano?”
“Siamo noi, no?”
“Sì. Tu e io. E gli immigrati. E gli stranieri. Siamo tutti umani.”
È arrivato il taxi. Il tassista era un asiatico simpatico e gentile con un fortissimo accento di Birmingham. Gli ho raccontato la mia serata. Degli uomini che odiavano chiunque non fosse bianco, dei ragazzi che dicevano la stessa cosa. “Qui ce n’è un sacco di gente così. Quella è una brutta zona. Gira un sacco di droga. Ci sono posti migliori.”
Siamo arrivati all’hotel che avevo prenotato per la notte. L’ho pagato e gli ho lasciato una mancia di cinque sterline. Volevo solo essere carina con qualcuno. Per far sapere al mondo che la gentilezza esiste ancora.
“Prenditi qualcosa da bere,” gli ho detto.
“Non posso. Sto digiunando.”
“Stai digiunando?”
“È Ramadan.”
“Ah, certo. Sia lode ad Allah.” Grazie a Dio, per così dire, per Allah.
Sono entrata in camera. Ho tirato fuori il cellulare. Mi sono seduta sul letto e mi sono messa a piangere. L’unica cosa che volevo veramente era un messaggio di Harry.

3.
UN ANGELO

Lo Scuba Trust batte tutti

Il mattino dopo sono andata di nuovo alla conferenza di Patrick. A questo punto era già un'ottima cosa godermi la presenza di un uomo che mi ispirava. L'ho sentito ripetere la sua frase a effetto: "Come fa lei a mettersi nella condizione di vivere la vita al meglio per la maggior parte del tempo?" e mi sono sentita subito bene.

Sono uscita e sono andata in cerca di un caffè, consapevole del fatto che è una sostanza che mi aiuta a vivere la vita al meglio, e poi è successa una cosa che mi capita molto di rado e, soprattutto, che non mi è mai capitata al di fuori di Londra. Una donna mi si è avvicinata sorridente. Aveva una trentina d'anni, i capelli rossi, il viso tondo e un bel sorriso. È arrossita e mi ha detto: "Mi scusi l'intrusione, probabilmente penserà che sono pazza, ma... lei è Isabel Losada?".

Il fatto che mi avessero dato un pass della stampa con scritto "Isabel Losada" forse le era stato d'aiuto.

"Una specie," ho risposto. "Per lo meno una versione di lei, sì."

"Oh, io adoro i suoi libri. Non sapevo che fosse nel mondo delle immersioni." Si è seduta con il bicchiere in mano.

"Infatti non lo sono."

"È qui per lavoro?"

"In un certo senso, sì."

"Allora farà un'immersione?"

Non so come, ma ero riuscita a non pensarci. "Ehm... veramente non saprei. In questo momento ho un po' paura, sa, mi sono appena rotta un polso e..."

Si è messa a ridere. "Un attimo... io ho letto i suoi libri e ho imparato da lei a uscire dalla *comfort zone*. Lei mi ha aiutata a fare cose che non avrei mai fatto. Sul serio. Ne parla di continuo nei suoi libri."

"Ehm... grazie. Certo, lo so che lo faccio. È solo che... io..." Non potevo certo dire ad alta voce che non avevo ricevuto nessun messaggio da Harry.

"Ha paura di immergersi?"

"In questo momento... Mi scusi, piacere di conoscerla e sono felice che le siano piaciuti i miei libri. Lei è...?"

"Sarah."

"Sarah, la verità è che ho avuto un anno particolare e sto scoprendo di aver paura di qualcosa per la prima volta nella vita. Sento una spinta verso il ricamo, il cucito, cose che comportano un pericolo fisico minimo. Cose in cui nessuna parte di me, interiormente ed esteriormente, possa spezzarsi."

"Le immersioni non sono così pericolose. Certo, possono diventarlo, ma solo a livelli molto avanzati. Dovrebbe provare, davvero."

In realtà sapevo cosa non andava in me. In modo del tutto irrazionale, volevo fare immersioni con Harry. Che invece probabilmente non ci sarebbe voluto andare. Anche se avesse risposto ai miei messaggi. Era ora di rimettermi in sesto. Ho fatto ciò che Patrick diceva nella sua conferenza. Mi sono ricordata chi ero. Ho messo in pratica ciò che andavo predicando. Tutto qui. Ho ordinato un altro caffè.

"Quindi andare sott'acqua non è pericoloso secondo lei, Sarah?"

"Ricordo di aver sentito dire una volta che è pericoloso come giocare a bowling."

"Ci sono molti incidenti nel bowling?"

"Penso sia statisticamente più pericoloso rimanere in casa."

"Bene, Sarah. Lei ha ragione. Sto anche esplorando un altro argomento, oltre alle immersioni. Cosa dovrei fare per iscrivermi a un corso di immersioni in acque calde?"

"Vada al British Sub-Aqua Club. La aiuteranno loro. Mi ha fatto tantissimo piacere conoscerla. Lo dirò alla mia amica che mi ha regalato il suo libro."

Ho sorriso con gratitudine. "La ringrazio. Anche a me ha fatto piacere conoscerla. La vita è strana."

"Come?"

"Probabilmente mi serviva una spinta."

Stranissimo. Mi sono guardata attorno, ma non c'era più. Forse a volte capita davvero che gli angeli ci appaiano per guidarci nella direzione giusta. O almeno, sembrava più plausibile di me che incontravo una mia lettrice a una fiera sulle immersioni a Birmingham.

Il punto è che c'era/c'è una parte di me che proprio non vuole andare sott'acqua. È una paura irrazionale, come quella che avevo prima di lanciarmi da un aereo. Una paura basata su un'esperienza immaginaria che si è rivelata del tutto diversa da quella reale che ho provato lanciandomi con il paracadute. L'ironia di tutto ciò è che quando sono andata a imparare a guidare una Harley non avevo per niente paura, mentre un po' di paura in più mi avrebbe fatto bene.

Sono passata vicino a una donna in sedia a rotelle che era rimasta per tutto il giorno nello stesso posto a fare una raccolta di fondi per un'associazione di beneficenza. Sono tornata indietro e ho messo qualche moneta nel barattolo.

"Per chi è questa raccolta di denaro?"

"Per lo Scuba Trust. Insegnano ad andare sott'acqua a disabili come me."

"Davvero? Posso chiederle in cosa consiste il suo problema?"

"Per imparare a fare sub il mio grande problema era il terrore dell'acqua. Ma a parte questo ho una gravissima artrite reumatoide e soffro anche di un'infezione ai piedi. Non riesco neanche ad appoggiarli per terra, vede?"

Mi ha mostrato i piedi, gonfissimi, arrossati e doloranti.

"Non riesco a camminare. Ma nell'acqua posso muovere le caviglie. Quindi con le pinne mi muovo abbastanza bene."

"Caspita! Questa sì che è una bella notizia. Annulla quasi ogni scusa che potevo ancora avere per non imparare. Grazie al cielo non ho paura dell'acqua... lei come ha fatto a superarla?"

"Molto lentamente. Ma il problema più grosso è stato trovare un medico che mi rilasciasse un certificato di idoneità. Serve il certificato perché possano insegnarti ad andare sott'acqua e il primo medico da cui sono andata mi ha guardata e mi ha detto: 'Non se ne parla, lei è troppo malata'. Allora ho deciso di andare da un altro. Il terzo ha detto di sì. Lo Scuba Trust è una meraviglia. Quando mi alleno, ho due assistenti e un istruttore. Mi sto allenando per il certificato della IAHD, cioè l'International Association of Handicapped Divers."

"Lei è una fonte di ispirazione. Quali handicap hanno gli altri allievi?"

“C’è un sedicenne diabetico e il più anziano deve avere sessant’anni. Si chiama Alan ed è in sedia a rotelle. Soffre di forti tremori e parla male. Sarebbe dovuta essere una storia triste, perché facendo il muratore è caduto da un tetto, ma adesso è determinato a ottenere il brevetto. Poi c’è una ragazza a cui hanno tolto metà cervello dopo un incidente d’auto...”

Questa poi. “Vive anche solo con metà cervello?”

“Metà del suo corpo non funziona bene. Ma è ancora molto attiva e riuscirà ad avere il brevetto.”

“Questo posto è pieno di angeli.”

Mi ha teso la mano. “Mi chiamo Doreen, e lei?”

“Isabel.”

“Piacere di conoscerla, Isabel. Lei è un sub?”

“Non ancora, Doreen, ma penso che lo diventerò, adesso che ho incontrato lei. Insomma, ormai non ho più scuse. Nessuno ne ha.”

“Io vado al corso una volta al mese in piscina a Dorking e poi io e mio marito siamo appena stati a Dahab, sul Mar Rosso. È solo da un anno che faccio sub, ma la prima volta che mi hanno messa in acqua è stata un’esperienza indescrivibile.”

“Come fanno, se non riesce a camminare?”

“Mi hanno spinta in mare con la sedia a rotelle e poi mi hanno fatta scendere. È stato bellissimo. Con mio marito sono già andata due volte a fare sub. Sono stata la prima disabile che l’istruttore avesse mai portato a immergersi e ne era orgogliosissimo. La prima volta che sono entrata in acqua giravo la testa di continuo da tutte le parti, tanto che ha dovuto tirarmi fuori convinto che qualcosa non andasse, invece ero così entusiasta che volevo vedere tutto e muovevo la testa in ogni direzione. Ho visto persino uno scorfano. Deve provare anche lei.”

“Grazie, Doreen.”

A due passi da lei c’era lo stand del British Sub-Aqua Club. Mi sono avvicinata e ho trovato un viso femminile con un bel sorriso. Era Mary Tetley, capo delle operazioni.

“Salve. Posso aiutarla?”

“Sì. Mi chiedevo se può dirmi qualcosa delle immersioni in acque calde...”

4.
COME ALIENARE I LETTORI

Scrivere sulle rive del Mar Rosso

Ecco come sono arrivata, oggi, a essere qui seduta sul bordo di una piscina, a scrivervi guardando il Mar Rosso. Questa è un'esperienza che posso raccomandarvi a occhi chiusi. Perché mi ci siano voluti cinque anni per scoprire che non sono costretta a passare il mese di gennaio nella piovosa e gelida Battersea, proprio non so. Viste le circostanze, penso sia molto generoso da parte vostra continuare a leggere. Stiamo parlando di modi per conoscere uomini e questo è un modo che di certo batte internet. Ma vi prego, cercate di non odiarmi, perché condividerò con voi tutti i segreti che scoprirò.

Venire qui costa pochissimo (in gennaio, volo da ottanta sterline). Sono accudita da una piccola società chiamata Longwood Holidays (*www.longwoodholidays.co.uk*) ed è stata un'ottima scelta, visto che sono tutti gentilissimi e la responsabile in loco si è persino data la pena di imparare l'arabo, cosa che le è valsa tutta la mia ammirazione. In alta stagione non sarà così tranquillo, ma adesso il clima è perfetto, non troppo caldo, e l'hotel ospita esattamente il numero perfetto di clienti... vale a dire quasi nessuno.

Ve lo dico perché sto per raccomandarvi questo viaggio, non per l'Hotel Intercontinental, non per la città – se volete visitare l'Egitto non vi consiglierei Hurghada, che è nata per il turismo e non perché gli abitanti del luogo ci vivessero –, ma perché è il posto più bello e più sicuro al mondo per imparare a fare sub. Quando sono andata da Mary Tetley del British Sub-Aqua Club e le ho raccontato la mia avventura con le Harley Davidson, le ho chiesto di mandarmi a una scuola davvero sicura. Lei ha scelto i Divers' Lodge (*www.divers-lodge.com*), li ho contattati ed eccomi qui, seduta a bordo piscina. È un momento strano per scrivere, perché non sono né all'inizio né alla fine della storia. Sono nel bel mezzo della settimana qui, nel bel mezzo del corso, e voi siete per me una sicurezza perché – grazie al miracolo del passare del tempo – sono certa che quando leggerete tutto questo, io avrò finito il corso, per così dire, e siccome nessuno vorrà mai pubblicare questa roba postuma, vorrà dire che sarò sopravvissuta. Inoltre, ho una bellissima notizia da darvi nell'immediato. Venire qui e non conoscere neanche un uomo è impossibile.

L'unica donna che ho visto in questa settimana è Jane, una ragazza splendida che lavora alla Divers' Lodge. Quando ho chiesto a Jane se c'era qualcosa che potevo portarle da Londra, mi ha chiesto una scatola di tè e una copia della rivista "Hello". Il suo ufficio è circondato dal Mar Rosso. Letteralmente. L'edificio si trova alla fine di un pontile. Hanno un'aula, tre piccoli uffici e un magazzino per le mute. Hanno anche un bungalow di canne intrecciate per appendere le mute ad asciugare.

Oh, mio Dio. Il sole si è spostato e ora mi picchia addosso. Per continuare a scrivere devo cambiare sedia. Devo anche ordinare un caffè di supporto. Presto fatto.

Il bungalow è piccolissimo e non c'è abbastanza spazio per appendere tutte le mute bagnate, nemmeno a gennaio. Il centro non ha il bagno e avrebbe bisogno di una mano di vernice... Insomma, non sembra troppo promettente. Invece è una delle scuole di sub più antiche e meglio organizzate di tutto il Mar Rosso.

Quando si va in città, bisogna ignorare i negozi per turisti. Il motivo per cui qualcuno dovrebbe volersi portare a casa una piramide in miniatura o un dipinto di Cleopatra, rimane per me un mistero. Le nostre case non sono già abbastanza piene? A Hurghada, tuttavia, ci sono almeno tre camere iperbariche. Nell'improbabile caso in cui succedano incidenti subacquei, ci si ritroverebbe nella camera più vicina prima ancora di poter dire "bolla di azoto". Ecco un altro motivo per venire proprio qui.

Poi bisogna conoscere Wessam. Anche se non uscissi in mare mai più in vita mia, sarebbe valsa la pena di venire qui solo per conoscere questo egiziano fantastico, caloroso, simpatico e con un po' di pancetta. Immaginate un qualunque venditore di tappeti nel mondo ed è lui. Questo centro insegna le tecniche subacquee più avanzate che hanno alzato i livelli di consapevolezza riguardo alla quantità di incidenti internazionali in questa forma estrema di subacquea. E tutto accade in un minuscolo porticciolo. Ho anche scoperto che lo staff di questo centro è stata la squadra di sicurezza quando Patrick Musimu ha fatto la sua straordinaria immersione senza bombole.

Quindi mi sono sentita in ottime mani fin dal primo giorno, che si sarebbe svolto interamente in un'aula. Naturalmente il mio gruppo non è affatto tipico. Quando la sorridente Lizzie della fiera aveva fatto il corso, era con dodici vacanzieri inglesi maschi in altissima stagione. Io posso dire che anche il mio gruppo era completamente maschile, ma erano tutti del posto. Su sei uomini, tre si chiamavano Mohammed, ed erano tutti incredibili. Il corso era in inglese. Se passerò il corso, potrò fare sub in qualunque parte del mondo.

La giornata è ricca di sorprese: le bombole "a ossigeno" non contengono ossigeno. A quanto pare, immergendosi con una bombola di ossigeno puro, si rimarrebbe avvelenati.

"Qualcuno sa cosa c'è nelle bombole?" ha chiesto Wessam.

La vostra narratrice, sempre desiderosa di dimostrarsi brillante in una sala piena di uomini, alza la mano.

"Aria?" Adesso non siete ancora più felici di aver comprato questo libro? Non siete piacevolmente stupiti delle conoscenze della vostra narratrice?

Penso che Wessam sperasse in una risposta più tecnica, ma ha sorriso con cortesia e ha detto: "Esatto. E di cos'è fatta l'aria?".

A quanto pare, tutti noi respiriamo il 21 per cento di ossigeno e il 79 per cento di azoto con altre robette varie presenti in quantità trascurabili.

Poi c'è un'altra cosa. Devo dirvelo perché è semplicemente meraviglioso. Lo sapevate che, per via del fatto che l'acqua riflette la luce, se ci si immerge sotto i cinque metri non si vede più il rosso, sotto i dieci metri non si vede l'arancio, sotto i quindici il giallo, sotto i venti scompare il verde, a venticinque metri se ne va il blu e sotto i trenta metri è tutto grigio? Non si vede niente di colorato, a meno che non ci si porti una lampada, e a quel punto i colori ricompaiono perché in realtà ci sono sempre stati. Quindi quel pesce rosso era ancora rosso... anche se sembrava grigio. Strano, vero? E se nessuno si portasse dietro una lampada, il pesce sarebbe rosso lo stesso?

È un po' come una battuta che mi ha fatto un amico. Se un uomo si trova nel bel mezzo della foresta e fa un'affermazione senza che ci sia neanche una donna a portata d'orecchio, avrà torto lo stesso?

Gli appunti che ho preso il primo giorno di teoria delle immersioni parlano di quanta aria bisogna avere per immergersi a certe profondità, ma i sub freschi di brevetto non si spingono certo sotto i venti metri, quindi avranno sempre i cinquanta bar necessari di aria rimasta e saranno sempre accompagnati da qualcuno. Ecco una perla di saggezza di Wessam che mi è piaciuta molto: "Non potete fare sub insieme da soli".

Entro sera ho già capito gran parte delle cose che devo sapere e non vedo l'ora di mettermi quelle strane mute semistagne e di sedermi sul fondo della piscina dell'hotel. Quella sera uno dei Mohammed mi dice come fare per prendere l'autobus locale per la città in modo da sfuggire ai turisti e poter parlare con voi.

Che strano mondo... Sembra di essere in un posto in cui ci sono solo uomini. Mi trovo Allah sa dove, con appena le informazioni necessarie per avere una probabilità ragionevole di rivedere il mio hotel, ma mi sento un milione di volte più al sicuro e più felice che a Birmingham.

Non vale la pena di descrivervi il panorama... Da dove sono seduta si vede solo una grande strada piena di negozi per turisti. Tutto qui. Questa città, creata per i turisti, una volta era un piccolo e idilliaco villaggio di pescatori, ma le case originali sono state abbattute per essere sostituite da un McDonald's, da un Kentucky Fried Chicken e dalla solita serie infinita di bar e localini. Il 98 per cento degli abitanti sono uomini, e quasi tutti fumano il narghilè. Non è hashish, ma tabacco aromatizzato, infatti quando il fumo viene verso di me sento profumo di ciliegie o di mele. Sono un po' nel mio mondo, questo è vero, ma è il fatto di trovarmi "altrove" che mi fa sentire così, non il fumo passivo di narghilè. Quanto vorrei aver fatto più progressi con il mio arabo... Le poche frasi che conosco sono: "la pace sia con te", "se Dio vorrà", "per favore", "grazie" e pochissime altre. Probabilmente, è già più di quanto sappia il turista medio. Potrei sempre dire: "Grazie, caro", ma non so se sia il caso.

Perché sono così felice seduta qui a osservare la gente in un posto di cui non parlo nemmeno la lingua? Adoro che gli uomini si salutino con strette di mano calorose e baci. Adoro che qui tutta quell'odiosissima inibizione fisica fra gli uomini non esista. Adoro che rimangano a gruppetti di due, tre o più, impegnati in quella che ha l'idea di essere una sana conversazione. Osservo i due uomini davanti a me con un grado inappropriato di ammirazione. Parlano come farebbero due fratelli che si vogliono bene... ma evidentemente non lo sono. La cosa che mi sconvolge di più è che tutto ciò mi sorprende tanto. Perché l'arte e il piacere della conversazione fra uomini è diminuito così tanto nella nostra cultura, al punto di diventare un cliché su cui scherzare fra donne?

Anche i nostri pub ormai hanno quasi tutti un televisore acceso... così gli uomini invece di sedersi sul divano di casa a guardare lo sport escono con altri uomini, sempre a guardare lo sport. Oppure intraprendono conversazioni su argomenti insignificanti. Shakespeare usava una celebre espressione per descrivere una cattiva recitazione: "Piena di rumore e furore, ma che non significa nulla". Si parla molto più di quanto si ascolti, ribadendo le proprie opinioni come se non ne fossero già tutti pienamente consapevoli. Altri poi si impegnano al massimo in quella che potremmo chiamare una "gara", come la serie infinita di barzellette dei ragazzi del cantiere o il continuo strafare a cui si assiste ogni tanto nell'alta società.

Questo, invece? Uomini seduti insieme tutta la sera, niente tv in vista, che si godono la compagnia degli altri, con un'aria a volte pensierosa, altre volte triste, concentrata, come se le conversazioni passassero tranquillamente dalla famiglia ai problemi, alle evoluzioni della vita di ognuno di loro. Perché in Inghilterra non ho mai visto uomini parlare così? O non è così solo in Inghilterra? Forse in tutta la Gran Bretagna? O in Europa? O in tutto l'Occidente?

I camerieri si avvicinano e guardano ammirati la mia scrittura, proprio come farei io con i loro bellissimi caratteri egiziani. Il cameriere mi rivolge la parola. "Da dove viene?" Stessa domanda in tutto il mondo... I monaci me l'avevano chiesto anche in Tibet.

"Da Londra."

"Oh! Londra? Bello!" E porta al tavolo vicino tè alla menta e narghilè. Arrivano altri cinque uomini, il più vecchio dei quali indossa abiti arabi di gran lunga più eleganti e dignitosi delle solite giacche e cravatte occidentali.

Naturalmente mi rendo conto dell'altro lato della medaglia di tutto questo ambiente maschile. Le donne dove sono? A casa a cucinare, a pulire e a curare i figli, temo. Sarebbe bello pensare che anche loro fossero impegnate in conversazioni appassionate e io lo spero tanto per loro... ma temo che la verità sia molto diversa. Molte di loro staranno guardando la tv.

Oltre a me, nel bar c'è solo un'altra donna occidentale. È bionda, benvestita, in modo anche piuttosto vistoso e ovviamente "insieme" a un uomo del posto. Lui sembra molto compiaciuto di sé. Penso che a chiunque di loro piacerebbe una come lei.

Tutti stiamo osservando i turisti impacciati che passano. Fanno acquisti... comprano oggetti egiziani falsi di nessuna utilità e per la maggior parte probabilmente "made in China".

Cosa mi è successo? Perché sto così bene come intrusa? In realtà non mi è mai piaciuto essere conformista e stare nel luogo esatto in cui tutti si aspetterebbero che stessi. Ecco una delle gioie di essere un'estranea in un posto qualunque. Ci si ritrova al di fuori di tutto. In questo bar non sanno cosa farsene di me, e a me piace così. Forse pensano che non sappia che quello non è un posto dove di solito vanno le donne sole. Forse pensano che sia in cerca di un uomo. Che ridere!

"Mi chiamo Said," mi dice il cameriere tornando indietro. Mi guarda come se sperasse che dicessi: "Vuoi sesso, Said? O una moglie? Una bella moglie inglese?". Invece io mi limito a sorridergli e continuo a gettare inchiostro nero sul bianco della carta. Loro fanno a turno per fermarsi a guardarmi, chiedendosi se stia scrivendo di loro. Naturalmente sì.

"Cosa fa lei?" A quel punto mi sono ricordata un po' del mio arabo; sono capace di dire: "Sono una scrittrice", e so anche la parola "libro" – *khitab* – e sono orgogliosa di me. Mi si avvicina un arabo benvestito e mi parla in perfetto inglese: "Buonasera, sta scrivendo?".

"Sì."

"Vive qui?"

"No, sono appena arrivata."

"Benvenuta in Egitto. Spero si trovi bene."

"Grazie. Mi dica una cosa... questa sostanza che fumano tutti... è legale?"

Si mette a ridere. "Certo che sì. È solo tabacco. Il mio è aromatizzato alla mela. Vuole provarlo?"

Perché no? "Sì, volentieri."

Chiede al cameriere di portarmi un bocchino nuovo, avvolto in una protezione igienica. Lo toglie dalla custodia, lo fissa all'estremità del tubo e mi passa il suo narghilè. Per la prima volta nella serata mi sento una turista. Tutti mi guardano sorridendo. Io inalo e ascolto le bolle, è molto più divertente e non fa lo stesso effetto delle sigarette. Non mi succede niente. Non svengo, né niente del genere: mi sento solo come se qualcuno mi avesse riempito i polmoni di mele e nicotina, invece che di ossigeno e azoto. Io non fumo. Inevitabilmente, mi viene da tossire.

"Bisogna abituarsi," mi dice lui educatamente.

"Vale la pena?"

"Per niente."

"Allora lo lascio a lei. Buonanotte. Ha qualche consiglio da darmi per prendere l'autobus?"

"Sì. Non paghi più di una lira egiziana."

Quello era il secondo giorno – due giorni fa ormai –, quando, vi ricorderete, vi stavo scrivendo dal bordo della piscina con un'altra tazza di caffè sotto il sole che cominciava a calare sul mare. Quella mattina avevamo indossato mute semistagne asciutte ed eravamo saltati nella piscina. È strano stare seduti in fondo a una piscina, equipaggiati di bombole d'aria, a guardare il fondoschiena delle tedesche in costume da bagno che si muovono lievemente al ritmo di Elvis Presley che canta *Hound dog*.

In questa parte del corso, l'unica cosa da fare è ricordarsi di respirare con la bocca. Sembra che alcuni facciano fatica a ricordarselo. Dato che un esercizio consiste nel togliersi la maschera e rimettersela, per una piccola percentuale di persone può essere un ostacolo insormontabile.

Ma io ce l'ho fatta, e avevo anche trovato un modo per non rompermi niente nella piscina. Ci muovevamo un po', io e i Mohammed, per allenarci a togliere l'apparecchio per respirare dalla bocca e a rimetterlo, erano tutti esercizi per aumentare la fiducia in caso qualcosa sott'acqua fosse andato storto. Fin qui tutto bene, abbiamo anche imparato i segnali con le mani: pollici in alto come per dire "ok" non significano "ok", ma "voglio risalire". E i pollici verso il basso fuori dall'acqua non significano "non ok", ma "si scende". La posizione tipica dei ballerini con un braccio disteso di fronte al busto che oscilla a destra e a sinistra non significa "guarda quanto sono bravo, so ballare anche sott'acqua", ma significa "ho un problema". E il gesto "om" con l'indice e il pollice che si toccano, che mi avevano insegnato come posizione della mano per la meditazione con il palmo in su, qui significa "ok".

All'ora di pranzo del secondo giorno non mi ero ancora rotta niente, non c'era nemmeno una donna in vista e stavo imparando qualcosa di nuovo, oltre che abbronzarmi. Questa delle immersioni era proprio un'ottima idea.

Nel pomeriggio abbiamo fatto la prima uscita. Ma non è stata una vera e propria immersione in oceano, solo una piccola immersione appena giù dal pontile per allenarsi ancora. Io ho fatto tutto giusto al primo colpo. Prometteva bene. Se riesco a farlo io, ci riuscite anche voi. Questo è certo.

Alla fine della giornata, quando i Mohammed si erano dispersi dalle loro varie mogli, ho detto a Jane: "Non puoi lasciarmi a cenare da sola in hotel con tutti quegli anziani turisti tedeschi. Insomma, i tedeschi mi piacciono, ma questi sono noiosissimi. Per allietare l'atmosfera continuo a parlare di guerra e a cantare pezzi da *The producers*".

"Quando ho raccontato agli altri che eri una scrittrice, uno dei nostri sub ha detto che avrebbe voluto conoscerti. Ti sentiresti molto a disagio a cenare con un estraneo?"

Mmm. Mi sono saltate in mente un paio di domande.

"Be', Jane... potrà sembrare una domanda stupida, ma... è sposato?"

"No."

Ancora un controllino.

"Sta divorziando o si trova nel bel mezzo di una separazione dai contorni non chiari?"

"Non è mai stato sposato."

"Vive con qualcuno che ci resterà malissimo quando saprà che abbiamo cenato insieme?"

"No. Non esce con nessuno."

Quello era un buon inizio. Ma si sa... una volta scottati, ci si pensa due volte alle cose.

"Ed è interessante?"

"È lui. Quello con il pizzetto."

Mi sono guardata attorno e ho visto un uomo con il corpo di una divinità greca che si toglieva la muta. Sembrava un tipo da poter soddisfare l'appetito sessuale di una donna diversa ogni settimana per cinquantadue settimane all'anno.

"È una specie di dongiovanni, vero?"

"Hisham? No. Affatto. Ha avuto una relazione durata tre anni e da quando è finita non è più uscito non nessuno."

"Mi stupisci."

Poi lui si è avvicinato e mi ha teso la mano.

"Ciao."

"Mi serve aiuto per fuggire dall'hotel stasera e ho sentito che tu ti sei offerto per il servizio 'prendersi cura di un'ospite'... O forse è stata Jane a offrirti come volontario?"

"Affatto. Ho sentito che scrivi libri e io adoro leggere..."

Era una messinscena? "Te l'ha detto Jane di dire così?"

Lui aveva l'aria confusa. "Se a te non va, non preoccuparti. Capisco. Forse preferiresti cenare insieme a Jane?"

Sono diventata troppo cinica.

"No, davvero, mi piacerebbe molto. Grazie."

A questo punto devo lasciare la piscina e rientrare, e il resto della storia ve la racconto più tardi.

5.

UNA CENA INTERESSANTE

Domani albicocche

Cielo santissimo. Stasera cena con un uomo dall'aria interessante, non sposato, che non vive con nessuno e che non esce con nessuno, senza nessuna persona convinta di avere una relazione a lungo termine con lui, e un uomo che non fa sesso tutte le settimane con due ventiquattrenni diverse, nonostante ne abbia evidentemente la possibilità.

Se, dopo aver cenato con lui, si sarà rivelato interessante e avrò voglia di cenare un'altra volta con lui, avrò raggiunto uno degli obiettivi che mi ero prefissa. Avrò dimostrato a me stessa e a tutte voi che è possibile.

Hisham è una sorta di prova vivente della teoria della reincarnazione. Sostanzialmente è un russo – un bel giovane fiero di sé seduto in una biblioteca per ore ogni giorno insieme a Karl Marx per scoprire come procedere con la rivoluzione – e un parigino – seduto con Jean-Paul Sartre, intento a comporre tomi di ontologia. Era, è, una persona profondamente esistenziale. "La vita è assurda," diceva spesso, e a me veniva da ridere. Invece dicevo: "Davvero?" e facevo un bel sorriso. Forse lo è se lavori come istruttore di sub e non ti senti a tuo agio nel mondo. La conversazione si è spostata sul mio libro e gli ho detto che avrei consigliato alle donne di darsi alle immersioni.

"Ho visto che i sub sono più che altro uomini."

"Le donne che vengono qui sono di due tipi: alcune vengono

in cerca di uomini, e nel frattempo imparano a fare sub, altre vengono per le immersioni e trovano un uomo. Abbiamo una clausola che dice: 'Se non trovi un uomo, sarai rimborsata'."

Ah... ma forse si riferisce a una cosa frettolosa, che non è quel che cerchiamo noi, giusto? Questo lo possiamo trovare in qualunque pub o club in qualunque città del mondo. Ricordate che eravamo state messe in guardia in particolare verso gli istruttori? Jane aveva parlato di Hisham in un modo tale che il mio amico di coccole di Londra, con tutto il suo cinismo, non ci avrebbe creduto mai.

"Allora... come vanno le tue relazioni di cinque giorni?"

"Non ne ho."

"Come mai?"

"Io una donna la devo conoscere. Cinque giorni non mi interessano."

"Ma sei un uomo. Ho sentito a una conferenza a Londra che per molti uomini per il sesso andrebbe bene una qualunque 'forma di vita che respiri'. Non è un optional, quindi, conoscere la donna in questione?"

"Per me no."

"Vuoi dirmi che lavori qui come istruttore da sei anni e non sei mai andato a letto con nessuna donna dei tuoi corsi?"

"Proprio così. Ho avuto una relazione con una donna, finita non moltissimo tempo fa, ma probabilmente sono l'unico istruttore del Mar Rosso per cui valga tutto ciò."

"Meno male. Altrimenti avrei dovuto riconsiderare tutto quel che pensavo di aver imparato finora."

"L'istruttore ideale individua le potenziali relazioni in un gruppo misto il primo giorno, mette tutti a coppie nel modo più appropriato e tiene l'allieva più carina per sé."

"Per gli uomini dev'essere la professione migliore del mondo, vero?"

"Sì. Tranne quando, come me, si diventa troppo qualificati. Io insegno soprattutto ad altri istruttori e facciamo immersioni di tipo molto tecnico."

Mi sono messa a ridere. "Quindi sono tutti uomini?"

"Esatto. E poi... certe donne europee che vengono qui... Non so come facciano gli istruttori a ricordarsene i nomi, perché dopo cinquantadue settimane sembrano tutte uguali. Al contrario delle ragazze locali, che però non possono fare sesso fino al matrimonio. Quindi la maggior parte si sposano giovanissime."

"E questa cosa viene rispettata? Insomma, le adolescenti davvero non fanno sesso?"

"Sono rispettose. Tranne che nelle famiglie ricche, dove fanno tutto quello che vogliono."

"Quindi tu sei nel posto sbagliato per la tua personalità."

"Sì. Sarei dovuto vivere nel diciottesimo secolo."

"Pensavo ancora prima. Dovresti andare a Parigi. O in Russia."

"Potrei farlo. Ho degli amici a cui ho insegnato a fare sub che fanno parte della mafia russa. Mi invitano spesso ad andare a trovarli."

"Perché non ci vai?"

"Sai, con le donne i russi si comportano peggio degli arabi."

"In che senso?"

"Mettiamola così..." Ha imitato un forte accento russo. "Donne sono solo per scopare."

Io ho riso. "Scusa se parlo a un arabo di se stesso... ma ho sentito che gli arabi trattano le mogli con grande rispetto."

"Certo. La considerano una relazione sacra. Le donne si sposano a vent'anni, cominciano a fare figli a ventuno e a trenta sono già sovrappeso, annoiate e perennemente rinchiuse in casa. Poi l'uomo inizia ad avere altre storie. Tutto questo è normale se è lui a farlo, ma se è lei a essere infedele, crolla il mondo. Vedo la società araba con un certo sarcasmo. Nutro poco rispetto per il cosiddetto status quo, perché non funziona."

"Nemmeno il nostro europeo funziona."

"Come si fa a costruire una relazione vera se vedi la tua futura compagna solo in presenza dei genitori e non ci puoi andare a letto insieme?"

"Hisham, spesso nemmeno i matrimoni d'amore funzionano, sai?"

"L'amore è sopravvalutato."

"Sei buffo."

"Sto citando Al Pacino."

"Se non l'avessi ammesso tu stesso, non avrei mai detto che la pensi così."

"E invece sì. Sono convinto che essere innamorati sia come mangiare grandi quantità di cioccolato. Io adoro il cioccolato e quando lo mangio provo esattamente la stessa sensazione."

"Ti sei mai trovato in quello stato in cui si dice di 'essere innamorati'?"

"Sì, solo una volta. È stato come il cioccolato svizzero."

"Che sintomi avevi?"
"Non saprei."
"Io sì."
"Quindi tu sei stata innamorata? Com'è stato?"
[Crescendo di violini. Gli archi suonano all'unisono in tutta l'orchestra.] Ho tolto la musica di sottofondo. Ho fatto una pausa. Ho sorriso. "Il mondo era come doveva essere. Conosci quella bella espressione 'che tu possa vivere ogni giorno della tua vita'? Era così. Rendeva ogni giorno e ogni singolo secondo reale, vivo, magnetico. Solo per il fatto di sapere che lui c'era. E ogni secondo passato con lui era prezioso. Lo sono ancora adesso. Se comincio a pensare a lui... vedi che sorriso mi spunta in volto? Lo vedi?"
"Sì, certo."
"È il suo. Mi succede così, quando penso a lui."
"A me succede lo stesso quando penso a un eccellente cioccolato."
"Se mi offrissero una settimana in Egitto per imparare ad andare sott'acqua e una in uno scantinato buio pieno di topi con Harry... sceglierei lo scantinato. Proprio come i topi."
"È evidente che sei ancora innamorata di lui."
Oh, mio Dio. Cosa aveva appena detto? Ho stretto i denti per difendermi. "Un momento. Io non stavo parlando di lui. O sì? Sei stato tu a chiedermi dell'amore." Dopo tutti i miei sforzi per dimenticarlo, era una cosa ovvia persino per un estraneo. C'è stata una lunga pausa in cui ho cercato di convincere il sorriso ad andarsene dalla mia faccia. Mi era persino piaciuto parlare di lui. Ho guardato Hisham. "È stato mille volte meglio del cioccolato." Pensavo fosse un commento azzeccato.
"Sei sicura?" mi ha detto lui. "Hai mai assaggiato il tipo giusto di cioccolato?" È un bravo ragazzo. Per un attimo sembrava pensieroso. "Penso che il mio problema sia che confronto tutte le donne che conosco con Sarah, di cui ero innamorato."
"Lo so. E non reggono, vero?"
Ecco l'ironia di tutta la mia ricerca. Parlo di uomini e di come conoscerli ma, da parte mia, in realtà non voglio conoscere proprio nessuno. Di certo non con tutto il cuore e con tutta l'anima. Da qualche parte, in un'altra dimensione, c'è una porta. Ho forzato la porta, ho spezzato il lucchetto e ho tolto il cartello che diceva "Accesso consentito solo a Harry" e, dopo averlo fatto, mi volto e vedo un cartello nuovo appeso alla porta che avevo così accuratamente aperto: "Il mio preferito è Harry". Nonostante tutto, ciò che

voglio è stare con Harry. Fare immersioni con Harry. Stare in questo bar con Harry.

Ma Hisham mi ha guardata e mi ha detto: "Due settimane fa ho ricevuto un'e-mail da Sarah che diceva di aver conosciuto un altro".

Ohi ohi.

"Stronzetta. Come ha potuto?" ho detto io sorridendo con empatia.

Ah, il dolore del fragile cuore umano.

"Io le ho risposto: 'Sono felice per te' ed ero sincero, ma..." La voce gli si è incrinata.

"Lo so. Harry ha detto che sarebbe felice per me se conoscessi un altro. L'avrei pestato, ma eravamo lontanissimi e al telefono... Quindi penso di aver detto solo 'Mmm, mmm' o qualcosa del genere. Tu cosa avresti voluto dirle?"

"Non so. Non le ho detto cosa provavo perché non lo sapevo nemmeno io."

Lo capivo benissimo. Conoscevo alla perfezione ogni singola sfumatura di quella sensazione.

"Mi sarei dovuto arrabbiare o rattristare?" Non capiva... Forse mi stava chiedendo qualcosa... o forse no. Ho continuato ad ascoltare. "Ricordo di essermi sentito come se galleggiassi. In acque molto profonde e buie. Ho ascoltato Chopin."

C'è stata una pausa in cui ci siamo guardati. I due respinti.

"Ma era già tutto finito fra voi?"

"Non proprio. Non ufficialmente."

Non mi sembrava il caso di chiedere altro.

Un'altra lunga pausa e poi ha detto: "Non riesco a credere che sei stata ad ascoltarmi per due ore. Sei un'estranea e io so di non essere ubriaco. Dovresti fare l'investigatore privato. Ti basterebbe sorridere, offrire a un uomo un paio di birre e poi ti direbbe tutto quel che vuoi sapere".

Abbiamo preso un autobus e mi ha riaccompagnata all'hotel. Mi stavo ancora chiedendo se tutto ciò fosse solo un caso. Oppure Wessam e Jane avevano deciso di prendersi cura di me un po' più di quanto il loro lavoro richiedesse?

In ogni caso, avevo raggiunto uno dei miei scopi. Avevo conosciuto un uomo che corrispondeva alla descrizione: "Un uomo veramente single con cui ti viene voglia di uscire a cena e che, dopo aver cenato insieme, hai voglia di rivedere".

Erano passati nove mesi e avevo dovuto cambiare continente. Ma ce l'avevo fatta.

6.

PER COMPENSARE BISOGNA PENSARE

Non sono solo io a pensarla così, vero? Quando si è l'unica donna in un gruppo di uomini bisogna cercare di non lasciarsi mai andare, soprattutto in un paese arabo, dove le mogli normalmente sono tenute a stare in casa. Quel giorno dovevo essere in formissima. Dopo anni di seminari di autoconvincimento sotto varie forme che insegnano, in un modo o nell'altro, che la mente può fare tutto, ho sempre cercato di avere un atteggiamento positivo nei confronti delle barche.

"Allora, Isabel," dico a me stessa con tono allegro e determinato, "solo perché hai sofferto il mal di mare in passato, non significa che ora tu non possa salire su questa barchetta e divertirti." Eppure ho scoperto che anche la positività ha i suoi limiti, o forse sono io a essere un cattivo soggetto. Con una barchetta e il mare mosso non sono mai riuscita a collaborare.

Questa mattina Wessam mi sorride. Il cielo è azzurro, il mare appare come dev'essere stato il giorno dopo che Mosè ha richiuso le acque, non c'era un filo di brezza e io mi sono ritrovata a chiedere le pastiglie per il mal di mare.

"Oggi non puoi stare male. Non c'è vento."

"Certo che posso. Ho un talento incredibile. Non hai idea. Tutti hanno talento per qualcosa, no? Il mio è per stare male in barca."

Ho tirato fuori dalla borsa i braccialetti per la nausea, ho preso due pastiglie e ho recitato la solita formula: "Guarda l'orizzonte. Stai al caldo. Bevi acqua. Non scendere sotto coperta se puoi evitarlo".

Stavamo per andare in mare aperto e io ero eccitata come una bambina. Quella poteva essere la mia prima giornata in barca in cui non sarei diventata verdognola e non avrei desiderato con tutta l'anima la terraferma. L'attrezzatura da immersione era sotto la mia responsabilità ma, anche dopo due giorni appena, sapevo il necessario per fare da sola tutti i controlli di sicurezza del caso. E quel giorno ero l'unica donna a bordo. Non so ancora esattamente perché questa cosa mi faccia così piacere... ma l'importante è che lo sto facendo, e che questo è un ambiente maschile davvero piacevole.

Quel giorno Hisham era su un'altra barca a insegnare subacquea tecnica in francese, ma c'era il mio adorato venditore di tappeti Wessam a prendersi cura di me. Abbiamo preso il largo in un Mar Rosso azzurrissimo ed è successa una cosa strabiliante. Stavo bene. Stavo vivendo un'altra esperienza unica. Ero in mare aperto su una barchetta piccolissima e sorridevo. "Bene, Isabel, non smetti mai di stupirmi. Forse hai ancora qualche speranza," ha detto una parte di me a un'altra.

"Guardate, il reef," ha detto uno dei Mohammed, indicando una macchia verde scuro nell'acqua. Mi sono resa conto che non avevo idea di cosa fosse il reef. Ero convinta che di punti così in mare ce ne fossero su tutto il fondale, invece no, questo reef è come un'isoletta circondata da un fondale sabbioso... proprio come un'oasi nel deserto. In queste oasi crescono il corallo e molte specie di piante acquatiche, nutrimento per i pesci. È un po' come immergersi in un acquario tropicale gigante.

Una volta che si ha tutto addosso, che nel mio caso significava sei chili di pesi per facilitare la discesa e un giubbotto gonfiabile per facilitare la risalita, oltre a una bombola e a tubi e pinne varie (anche se loro insistono sui termini tecnici), camminare non è più così facile come sembra. Ti senti molto goffo, finché entri in acqua e il peso scompare. Da principianti, scendere non è difficile perché c'è un cavo da usare come guida per la discesa.

Solo una cosa può diventare un problema. E io l'avevo scoperto subito. Con il raffreddore le orecchie non riescono a compensare la pressione. Quando si sta bene è facile, come dimostravano tutti gli uomini, basta tapparsi il naso e soffiare piano, così le orecchie compenseranno da sole. Questione di un secondo.

Questo processo, noto appunto come "compensazione", rende l'immersione del tutto confortevole. Quando si riesce a farlo. Siamo scesi attaccati al cavo e Wessam ha fatto il segnale di "ok?" e io ho pensato: "Chissà se è normale sentire le orecchie così?" però non lo sapevo, quindi ho continuato a scendere. Sentivo le orecchie strane, ma ho deciso di ignorarle. Attorno a me i pesci continuavano le loro attività quotidiane.

Un Dio deve esistere e Lui, o Lei, deve anche avere un gran senso dell'umorismo. Alcune di queste creature hanno una forma meravigliosamente ridicola. Piccole vite minimaliste a strisce bianche e nere sono una cosa, ma un pesce pappagallo? Se avete presente Barbara Cartland, immaginate che sia un pesce. Troppi colori, troppi rosa e violetti assurdi... un pesce malvestito. Ma in un certo senso la moda subacquea ha un suo grado di libertà. Sono tutti coloratissimi, con un maquillage e una pettinatura ridicoli, con ciuffi fluttuanti tutto attorno, ma sono anche tutti molto "easy".

Cos'è successo alle nostre città, dove ci vestiamo sempre di nero e tutti uguali? Vogliamo forse nascondere il nostro vero colore? La nostra brillantezza? Non vogliamo farci notare? Vi dirò che un paio di cose abbiamo da impararle dai pesci: un puntino in mezzo a un blu elettrico, una virgola su un bel malva, non esitano a portare l'arancio, adorano il giallo e accostano con gioia diverse tonalità di verde. Vivono all'insegna della diversità. Sguazzano dicendo: "Guarda me! Guarda me!".

Noi, uomini e donne di città, stiamo seduti in autobus dicendo: "Non notarmi, non parlarmi". E l'unico contrasto che osiamo è bianco e nero. Cosa ci è successo?

Wessam qui giù è una gioia per me. Fuori dall'acqua è un pagliaccio, sempre pronto a ridere e a scherzare. Sott'acqua è un'altra persona. Concentrato e professionale. Adoro che fuori dall'acqua lo prendo in giro perché non ha il girovita. Si è appena sposato e in soli sei mesi sta già seguendo la tradizione araba di diventare un abile degustatore. Si comincia a mangiare troppo subito dopo la cerimonia.

"Mia moglie è bravissima a cucinare," si lamenta lui.

"E tu sei bravissimo a mangiare," lo prendo in giro io.

Ma sott'acqua lui è nel suo elemento e io sono la sua allieva. Osserva ogni mia mossa, in caso faccia qualche stupidaggine. Anche a questa modesta profondità, la mia vita è nelle sue mani. Se sbagliassi qualcosa, per esempio se schiacciassi troppo il pulsante che fa gonfiare il giubbotto, potrei schizzare in superficie e farmi male. Quindi lui tiene d'occhio questa straniera, così rumorosa fuori dall'acqua e, grazie al cielo, così silenziosa qui sotto.

Mi tocca il braccio e mi fa segno di guardare in basso. Nella sabbia c'è una razza maculata bellissima, tonda e piatta. Una specie di piatto decorato al contrario e con la coda. Finora le ho viste solo in fotografia, o negli acquari... che gioia meravigliosa è questa. Le faccio dei cenni con le mani. Mi ignora e continua a fare quel che stava facendo. Cioè mangiare ciò che trova nella sabbia, che è poi, credo, la sua unica occupazione giornaliera.

Alla fine Wessam mi fa il segnale con i pollici in alto che significa, come ricorderete (le lezioni di sub incluse nel libro sono gratuite, tutto compreso nel prezzo di copertina), che è ora di tornare in superficie. Raggiungiamo il cavo e facciamo quella che si chiama "risalita controllata", molto lenta, per dare alle orecchie, ai polmoni e all'azoto nel sangue il tempo di riequilibrarsi. A cinque metri dalla superficie ci fermiamo per una "sosta di sicurezza", tre minuti di attesa ascoltando le orecchie stapparsi e lamentarsi. E poi eccoci fuori.

Caspita. Ho appena fatto la mia prima immersione oceanica.

Allora... Non preferireste fare questa cosa con l'uomo che amate, invece di guardarlo guardare altri uomini che giocano a calcio? E non vi piacerebbe conoscere il vostro nuovo compagno, perfettamente abbronzato, proprio qui?

La seconda immersione del giorno non è andata così bene. Sono stata troppo ambiziosa, così è scoppiata una guerra fra me e le mie orecchie. Mentre i Mohammed scomparivano sotto di me, io ero intenta a lottare nel semplice processo della compensazione. Stavo cercando di fingere di non avere il raffreddore. Proprio come in passato avevo finto di non stare davvero male in barca. Ma Miss Posso-Fare-Tutto-Quel-Che-Mi-Metto-In-Testa era di nuovo nei guai.

Scendere dovrebbe essere una cosa facile. In certe circostanze, naturalmente. Quando si fanno le immersioni si scende un po', si compensa e poi si scende ancora. Se non si riesce a compensare con le orecchie, si risale finché le orecchie si placano e poi si riscende. Ma non funzionava. Penso di aver avuto l'orecchio sinistro completamente otturato dal raffreddore. Eppure non volevo cedere. Così ho passato dieci minuti ad andare su e giù sempre combattendo con le mie orecchie.

"Allora? Vi muovete a stapparvi?"

"Fa male!"

"Vedete di compensare e poi non farà più male. È facile."

"Ahi. Torna su!"

"No. Adesso andiamo giù. Con le immersioni è così. Si va giù."

"No. Su!"

"Insomma, cazzarola. E va bene. Salgo un po'. Ecco... va meglio?"

"Non lo sappiamo."

"Vi decidete a stapparvi?"

"No."

E in tutto ciò Wessam mi fa continuamente il segnale "ok?" e aspetta che io risponda "ok". Non esiste un segnale per "io sto bene ma le mie orecchie non seguono le mie istruzioni". C'è solo il gesto per "ho un problema" (quello della danza). Ma se lo faccio, risalirà anche lui. Quindi mi limito ad alzare le spalle. Questo nella lista dei segnali subacquei non c'è.

Attorno alla testa di Wessam si materializza un'aureola di punti di domanda. Decido di provare un metodo per compensare che non è nel manuale. Mi tolgo il respiratore dalla bocca, mi tappo il naso e deglutisco. Sembra funzionare, ma lui sta facendo dei chiarissimi gesti per dire: "Non farlo". "Non togliere il respiratore," mi dice puntandomi contro un dito come se fossi un bambino dispettoso e indicando il respiratore che ho in bocca. Non dovrei farlo perché poi devo trattenere il respiro e la regola d'oro della subacquea è che sottacqua non si trattiene il respiro.

A questo punto, voglio sottolineare questo processo semplicissimo. Le istruzioni sono chiare. Se si ha il raffreddore non bisogna fare sub, perché le orecchie ne soffrono. Quindi ci si limita semplicemente a non immergersi finché il raffreddore non è passato. A meno che si soffra di una certa stupidità. Allora si prova lo stesso.

Sto tentando tutto quello che mi viene in mente per far collaborare le mie orecchie. Ho trattenuto il fiato per un sacco di tempo cercando di compensare. Ma alla fine, dopo almeno undici minuti, ce l'ho fatta e siamo seduti sul fondale sabbioso con tante pennellate di colore che ci osservano.

Poi Wessam mi prende per mano per muoverci un po'. Dobbiamo nuotare proprio attorno al reef. L'unico problema è che, dopo quegli undici minuti di panico per il raffreddore, non sono nello stato ideale per godermi l'immersione. Non avendo respirato in modo naturale per tutto quel tempo, adesso mi sento strana e con la testa pesante. Non so più se ho troppo ossigeno nel sangue o troppo poco, ma so di non sentirmi del tutto rilassata, come invece dovrei.

"Respira lentamente e normalmente per un po' e starai bene," mi autoconsiglio. “No. Non va. Le orecchie non stanno ancora bene e ormai hai spezzato l’equilibrio del respiro, stupidina che non sei altro,” dico a me stessa. “Dovresti sentirti a tuo agio e rilassata. Invece non lo sei. Risali. L’immersione dev’essere piacevole, altrimenti meglio non farla.”

Ho guardato Wessam e, prendendo il coraggio a due mani, ho ammesso la sconfitta. Ho incrociato le braccia nel segnale che significa “fine dell’immersione”. Lui sembrava perplesso, ma ha rifatto il mio gesto per confermare e io ho annuito. Mi ha portata su.

Una volta arrivati in superficie mi ha chiesto: “Cos’è successo? Eravamo sul fondo”.

“Lo so, ma non mi sentivo a posto.”

“Non dovevi togliere il respiratore. Perché l’hai fatto?”

“Lo so. Non riuscivo a compensare.”

“Perché?”

“Non so.” Sì che lo sapevo, ma non volevo ammetterlo. “Non ero rilassata.”

“Allora hai fatto bene a chiudere l’immersione. Non ti preoccupare. Domani ci riproviamo.”

Così mi sono guadagnata qualche punto per essere stata ragionevole. Ma con le mie orecchie ero furibonda.

Quella sera sono uscita di nuovo a cena con Hisham. Pensate! Un uomo single con cui ho voglia di uscire più di una volta, e non me lo sto inventando. L’ho ascoltato mentre mi raccontava la sua vita, l’infanzia nella Beirut colpita dalla guerra e le frustrazioni legate al presente a Hurghada.

“La sera non esco mai perché so che non ce n’è motivo. A Hurghada non conoscerò mai qualcuno con cui avrò voglia di parlare.” (Vi suona familiare?)

“E cosa fai la sera?”

“Ascolto Chopin. Torno a casa stanchissimo e ne ho abbastanza di ascoltare conversazioni di esseri umani banali e insignificanti. Così metto Chopin.”

“Dimmi come lo ascolti.”

“Prima di tutto bisogna trovare un accendino funzionante, che per me è piuttosto difficile visto che non fumo.”

Simpatico, vero?

“Poi si spengono tutte le luci e si cerca di ricordarsi dove sono le candele. Si accende l’accendino per trovarle e poi le si accende. E si accende anche Chopin.”

"Lo ascolti seduto o sdraiato?"
"Una via di mezzo."
"Ah. Una posizione semireclinata?"
"Sarebbe?"
"Una via di mezzo. Quali sono i tuoi pezzi di Chopin preferiti?"
"La *Polonaise*. E la *Marcia funebre*."
"Dopo una brutta giornata?"
"No. Per molti è triste, ma per me è piena di gioia. Poi c'è la *Barcarolle*, e Mozart, e Vivaldi. I miei due pezzi preferiti di Mozart hanno temi simili e anche il numero delle opere è molto simile, ma non mi ricordo mai qual è quale."
Mi ha guardata, ancora una volta confuso dal fatto che stesse parlando così tanto. "A un certo punto devi farmi tacere, in modo che io possa ascoltare te. Come fai a farmi parlare così? Mi piacerebbe proprio saperlo."
"Mi interessa. Ho un vero e proprio interesse per le persone."
"È una cosa rara."
"Me l'hanno già detto. Ho un'altra domanda."
"Dimmi."
"Cosa ci fa un uomo single e interessante come te in una città del genere?"
"Posso passare alla prossima?"
"Sì. Ma perché non vuoi rispondere?"
"Perché è da due anni e mezzo che mi faccio la stessa domanda ogni giorno e non ho ancora trovato la risposta."
"Lascia che ti insegni un trucchetto. So che non sai la risposta. Ma se avessi saputo la risposta, quale sarebbe stata?"
Ha sorriso.
"Per le immersioni. Sono qui per le immersioni. La bellezza delle immersioni supera tutto. Si impara a entrare in un mondo silenzioso. A volte, quando si respira piano si riesce a sentire il pesce pappagallo mordicchiare il corallo."
"Perché lo fanno? Lo mangiano?"
"Alcuni coralli sì. E poi ci sono le tartarughe che lo spezzano con il muso."
"Le tartarughe non hanno denti?"
"Non credo. E sono vegetariane, come te. Sono senza denti. A differenza di te. Mangiano piante marine."
Ascoltando questo giovane libanese parlare delle meraviglie del mare mi sentivo così bene e così felice del fatto che lui non fosse

interessato a calcio, computer, soldi e ad ammazzare creature innocenti.

"Ti piace insegnare?"

"Sì. Adoro mostrare alle persone un mondo che non conoscono. Oggi stavo insegnando a un francese e ci siamo seduti sul fondo a guardar passare un banco di pesci vetro. Vedevo che doveva impegnarsi per non sorridere troppo, altrimenti gli sarebbe entrata l'acqua nella maschera. I miei amici che lavorano in città e fanno un sacco di soldi non hanno quel che ho io. Io non ho soldi e loro hanno tutto... ma io ho il mare ogni singolo giorno e loro no."

"Programmi per il futuro?"

"Vorrei aprire una scuola di sub a Marsa Alam. Ma non è facile. Ho un potenziale socio, che sosterrà i costi, e io ci metterò l'esperienza subacquea."

"Mi piace l'idea. Quindi mentre lui lavora in una città per preparare la sua metà, tu sei stato qui a fare sub per preparare la tua?"

"Proprio così."

Eravamo in un piccolo ristorante a conduzione familiare. Alla fine della cena hanno portato un narghilè alla mela per lui e un tè alla menta per me. Ero lì seduta e lo guardavo. Non capivo perché un tale spettacolo per gli occhi, trentenne, sarebbe potuto essere interessato a una donna... be'... diciamo un po' più grande di lui. Non ha nemmeno voluto vedere il mio passaporto, visto che, molto ragionevolmente, non aveva alcun desiderio di vivere in Europa.

E poi, ancora, non capivo perché una come me, certamente meno spettacolare di lui, sarebbe potuta essere interessata a lui per qualcosa di diverso da una bella conversazione. Così abbiamo preso l'autobus per l'hotel e l'ho ringraziato per quella seconda, magnifica cena.

Quella sera ho chiuso gli occhi e ho visto bolle che salivano in alto, sagome in tuta scura e pesci. Ero felice, ma le mie orecchie no. Sarei andata avanti a ignorarle ma ormai le sentivo lamentarsi troppo. L'orecchio sinistro mi faceva sentire che ero viva amplificando ogni singolo battito del cuore. Pum-pum, pum-pum. E il destro mi faceva male. Dovevo cedere.

"Wessam... le mie orecchie non sono in forma," ho detto alle otto del mattino dopo mentre i Mohammed si preparavano per il secondo giorno in barca. Ero invidiosissima. Sapevo cos'avrebbe detto.

"Bene. Vai dal medico. Quando starai meglio, faremo un'altra immersione. D'accordo?"

Accidentaccio. Maledette orecchie. Merda schifosa. Un bel sorriso...

"Certo, Wessam. Farò così." (Pum-pum, pum-pum.)

"Ti porteremo dal medico."

"Grazie, molto gentili." (Pum-pum, pum-pum.)

"Il dottore ti dirà così." Wessam mi ha guardato nell'orecchio, e poi dritto in faccia e mi ha detto: "Niente immersioni". Poi ha aggiunto: "Lo dicono a me e io rispondo: 'Lei è pazzo. Io sono un istruttore di sub, come faccio a non immergermi?'. Allora il medico mi guarda ancora nell'orecchio e dice: 'Bene. Niente immersioni... per un anno'".

Cosicché, quando il dottore mi ha guardato l'orecchio e mi ha detto: "Ha l'orecchio medio infiammato... niente immersioni... per tre giorni", sono rimasta piacevolmente sorpresa.

Quando l'ho detto a Wessam, si è meravigliato: "Com'è successo? Come hai fatto a infiammarti l'orecchio medio?".

"Be'," ho dovuto ammettere, "avevo un po' di raffreddore, e non volevo dirtelo perché sapevo che mi avresti detto 'Niente immersioni'."

"Così adesso devi stare a terra per tre giorni. Chiamami domenica."

Tre giorni a bordo piscina, a riposo. Scommetto che adesso state desiderando di essere tutti scrittori, vero?

Due giorni dopo, sono uscita a cena con Hisham per la terza volta. Sembrava aver avuto qualche difficoltà con alcune delle donne che aveva conosciuto. Proprio come io avevo vissuto tempi duri con alcuni/moltissimi uomini. Allora ho inventato un gioco. Tornando, dopo cena, ho proposto di completare la frase: "Una cosa che non mi piace delle donne (o degli uomini) è...". Abbiamo parlato per due ore.

Hisham: "Una cosa che non mi piace delle donne è il modo in cui molte strillano quando si rivedono dopo una separazione di due giorni. Sono troppo false".

Isabel: "Una cosa che non mi piace degli uomini è che moltissimi di loro sembrano aver perso il gusto per la semplice conversazione".

Hisham: "Una cosa che non mi piace delle donne è come hanno trasformato lo shopping in uno sport".

Isabel: "Una cosa che odio degli uomini è come hanno trasformato lo sport in una religione".

Hisham: "Una cosa che odio delle donne è come si ostinino a fingere l'orgasmo pensando che agli uomini sia d'aiuto".

Mi sono messa a ridere. Gli ho detto della famosa statistica secondo cui il 90 per cento degli uomini dice che nessuna donna ha mai finto l'orgasmo con loro perché non riescono a capire la differenza, mentre l'80 per cento delle donne dice di aver finto l'orgasmo. Incredibile.

Isabel: "Una cosa che odio degli uomini è che spesso il loro orgoglio è così strettamente legato al fatto di fare l'amore che le donne finiscono per fingere l'orgasmo solo per compiacerli. Altrimenti, se sono oneste, rischiano di lasciare l'uomo a pensare o che ha fallito lui, o che lei ha qualcosa che non va".

Come specie in generale non sembriamo aver imparato granché sul sesso pur essendo libere e tutto il resto, vero?

Hisham: "Una cosa che odio delle donne è che sono interessate a oro, diamanti e soldi".

Isabel: "Una cosa che non mi piace degli uomini è che molto spesso sembrano comportarsi come se i soldi fossero l'unica misura del successo di un essere umano".

Scoprirete che questo è un gioco che può continuare per ore.

Hisham: "Una cosa che odio delle donne sono i giochetti che fanno. Non sono mai dirette. Mai oneste".

"Tranne quando lo sono."

"Cosa?"

"Tranne quando lo sono. Io non faccio mai giochetti. Sono del tutto onesta. Questo non mi ha mai portata da nessuna parte, e da poco, così facendo, ho perso l'uomo che amavo. Ma sono sempre onesta. Interamente e scioccamente onesta."

"Capisco."

Isabel: "Una cosa che non mi piace degli uomini è il modo in cui sembrano sempre appartenere a qualcun altro".

"Ma non questa sera."

"No. Non questa sera."

E siamo tornati a piedi all'hotel a braccetto, chiacchierando come adolescenti, poi l'ho fatto salire di nascosto in camera (la legge egiziana lo proibisce) e abbiamo preso un caffè. Tutto qui. Ci siamo seduti sul balcone e abbiamo guardato il mare bevendo caffè. Hisham ha detto: "Al centro non ci crederanno mai che abbiamo solo parlato. Se glielo raccontassi, sono certo che non mi crederebbero".

"Perché no?"

"Qualunque uomo che riuscisse a entrare nella stanza di una donna ci farebbe sesso. E in caso contrario, fingerebbe di averlo fatto."

"Quindi la verità non è credibile?"

"Esatto."

"Non è strano che queste cose ormai siano normali? Ci siamo appena conosciuti e dovremmo già essere qui a scopare come conigli."

"Tutti se lo aspettano. Ecco perché le regole dell'hotel dicono che non dovrei essere qui."

"Quindi anche l'hotel se l'aspetta?"

"La legge è così in tutto l'Egitto. Non possiamo stare insieme qui dentro, a meno che non siamo sposati."

Non mi stupisce che gli arabi abbiano la reputazione di essere ossessionati dal sesso. Ovviamente, quando è proibito diventa più pericoloso e quindi più eccitante.

"Se fossimo ad Amsterdam a nessuno importerebbe, tutti fumano strane sostanze e si fanno di tutto e a Londra in moltissimi club la gente si droga, cosa che, stando a quanto mi dicono alcuni amici, spesso impedisce di avere un'erezione."

"Qui è il sesso la cosa più desiderata."

Ci siamo guardati. E abbiamo guardato il letto. Io ero incredibilmente affascinata da lui e lui non sembrava disinteressato a me. Eppure, nessuno dei due era pronto per un'intimità del genere. Gli ho sorriso e ho detto: "Sono davvero felice di averti conosciuto, Hisham. E di essere qui a bere caffè con te".

"Anch'io."

E poi abbiamo fatto una cosa che sapevamo che nessuno avrebbe creduto possibile e, forse, che nemmeno voi crederete. Abbiamo accostato le labbra come pesci pappagallo. Poi lui è andato a casa, e io a dormire.

7.

LA PRESSIONE GIUSTA PER L'ASSETTO NEUTRO

Oggi ho visto un pesce leone! Naturalmente è tutta un'altra cosa che guardare lo sport, qui ci sono degli uomini e ho *anche* visto un pesce leone!

Così, dopo due giorni di riposo forzato al sole, seduta a bordo piscina a scrivervi inghiottendo medicinali contro il raffreddore e antinfiammatori, oggi mi hanno permesso di tornare in acqua. Non nego che questa mattina fossi molto nervosa. È un po' come leggere tutto ciò che potrebbe andare storto su un aereo prima di salirci.

Sapevate che – pronti per una digressione in tipico stile Losada? – quella storia che fanno vedere sugli aerei su come gonfiare il giubbotto di salvataggio è tutta scena? Quante volte è capitato che un aereo sia atterrato al sicuro sull'acqua? (Pensateci.) Nell'intera storia dell'aviazione la risposta è: zero. Non è possibile. Eppure, rifanno la sceneggiata tutti i giorni in tutto il mondo solo per farci sentire meglio e farci pensare: "Bene, basta avere il giubbotto e sono salvo".

Il manuale di addestramento che ho letto io non fa promesse del genere. Nel tentativo di rallegrare il lettore dà tutti i dettagli di quel che può andare storto, dice: "Gli incidenti per la decompressione sono rari nella subacquea hobbistica".

Ah, sì? Sono rari? Allora è tutto ok. Mi rendono noto che trattenendo il respiro potrebbero esplodermi i polmoni. E compensando mentre si risale mi si potrebbero perforare i timpani. Se qualcosa andasse storto e l'azoto facesse delle bolle nel sangue, potrei rimanere paralizzata. Certo non si risparmiano sui particolari. Scommetto che altri sport non hanno un manuale che dice: "Cadendo da una montagna/da una collina/da un posto molto alto si può morire", oppure: "Avete intenzione di comprare un'AUTO??? Siete impazziti? Sapete quanta gente muore sulle strade ogni giorno?".

Ma quando si impara ad andare sott'acqua, vogliono essere certi che tutti sappiano tutto. Dire che sono "molto attenti alla sicurezza" non rende l'idea. Ciò significa che, oltre al respiratore in bocca, avevo anche il cuore in gola quando questa mattina ho fatto la mia discesa in acqua.

Si dà il caso che avessi un istruttore diverso. Wessam, il mio adorato venditore di tappeti, era al Cairo per lavoro ed ero stata affidata a Hisham. Altro enorme problema... come starsene a far niente al sole, sul serio. D'altro canto, adesso stavo facendo esattamente ciò che mi era stato detto al Dive Show a Londra. Uscivo con il mio istruttore, in un certo senso, nonostante la mia determinazione ad attenermi ai consigli ricevuti. (Immagino che due uscite a cena contano un po' come uscire sul serio, anche se abbiamo solo parlato, vero?) Ma noi eravamo usciti a cena prima e lui era diventato il mio istruttore dopo. Conta lo stesso?

Così ho avuto la possibilità di vedere Hisham in acqua. Penso che per un sub esperto guardare la prima immersione di qualcuno, come stava facendo lui con me, debba essere molto significativo. Proprio come ci dice qualcosa vedere un uomo ballare, cucinare o guidare l'auto in città. Avevo riso di lui perché c'era un sole splendente e si era messo una muta stagna. È una cosa dolcissima vedere un uomo infilarsi maglione e calze per andare a fare sub. Mi sono quasi chiesta se sotto la muta avesse ancora il pigiama e, durante tutta la giornata, continuava ad aggiungere altri strati o a toglierli. La muta stagna mi ha stupita, ma di certo così non aveva perso dignità mentre io vagavo per la barca in bikini desiderando che alcune parti di me fossero più piatte e altre meno.

"Andiamo!" ha detto, calmissimo, mentre io mi chiedevo perché fosse così difficile mettermi le pinne. Poi ha detto: "Tieni la mano destra su maschera e respiratore e la sinistra sulla cintura dei pesi e poi fai un passo in avanti". Splash, splash ed eccoci in acqua. Questa volta nessun problema alle orecchie: ho deglutito e si sono stappate tranquillamente, così ho mantenuto il segnale di "ok" per tutta la discesa fino alla sabbia.

C'erano ancora degli esercizi che dovevo fare per ottenere il brevetto: togliere la maschera, usare una bussola subacquea, togliere il respiratore ricordandomi di espirare nello stesso tempo... Tutta roba piuttosto semplice. E poi ci siamo dati all'esplorazione.

Non ricordo i nomi di tutti i pesci. Nuotavano attorno a me dentro e fuori dai tantissimi coralli colorati e prima che avessi il tempo di ricordarmi che quello era grosso e blu con i puntini neri e l'altro era piccolo e verde con le strisce gialle, avevo già visto altre decine di esserini galleggianti che passavano.

Dovevo imparare quello che si chiamava "assetto neutro", cioè stare in acqua senza andare né giù, per non danneggiare i coralli, né su. Quindi mentre mi impegnavo, gonfiando un po' il giubbotto per alzarmi leggermente o sgonfiandolo per scendere un po', osservavo Hisham sospeso a mezz'acqua come appeso a fili invisibili, esattamente come i pesci.

Io mi ritrovavo di continuo troppo in basso vicinissima a degli anemoni meravigliosi e dovevo muovere le gambe per evitarli. Lui nell'acqua si muoveva appena. Oppure lasciava che fossi io a decidere dove andare. Una o due volte ero così intenta a osservare una Tridacna gigante che, quando ho alzato lo sguardo, lui non c'era più. Ho guardato a destra e a sinistra senza vedere nessuna sagoma scura, solo pesci. Ho pensato: "Deve far parte dell'esame. So bene cosa fare. Il libro di teoria diceva di cercarlo per un minuto e se non lo trovavo di fare una risalita controllata e poi cercare in superficie". Poi ho guardato di nuovo ed era là, proprio alle mie spalle, che indicava un musino intimidito nascosto dietro una roccia.

Non vi preoccupate, non voglio descrivervi tutti i pesci che ho visto. Voglio solo che prendiate l'uomo che amate e andiate insieme a vederli. Oppure, in mancanza di un lui, andate con un'amica. Oppure ancora, nei casi estremi, da sole. Scriverò qualche informazione in proposito sul mio sito. Dopo tutto l'ha fatto anche Doreen, che non riesce a camminare.

Ho visto la barriera corallina e una meraviglia di Sinularia, sono rimasta estasiata dal mio primo incontro con una Goniopora e mi sono fermata a guardare a bocca aperta un'Alcionaria. Ovviamente, mi sto facendo un po' prendere la mano. So che non avete idea di cosa siano. Poi, mentre le guardavo, è arrivato un pesce napoleone. Scrivete "pesce napoleone" in Google e date un'occhiata a questa straordinaria creatura. Eppure, non si tratta solo di vedere gli animali, al contrario del birdwatching in cui si sta lì fermi con il binocolo in mano a dire: "Ehi, che meraviglia!". Nella subacquea si entra in un altro mondo. Per il semplice fatto che si impara a respirare "come i pesci". Infatti ti si avvicinano, ti guardano e se ne vanno, proprio come fanno con gli altri pesci.

Io e Hisham abbiamo fatto quattro immersioni in due giorni, della durata di circa trenta minuti ciascuna. Il tempo era bellissimo, ormai mangiavo in barca, prendevo il sole e facevo altri test ogni giorno. Avevo dovuto dimostrare di saper gonfiare il giubbotto sott'acqua, metterlo e toglierlo galleggiando in superficie, e togliere i sei chili di pesi in superficie, con le onde che mi danzavano contro, senza perderli. Mi sono sentita umiliata quando li ho persi – Hisham sarebbe dovuto scendere a riprenderli –, ma li ha salvati uno dei Mohammed, così la brutta figura non è stata poi così brutta. Stava andando tutto troppo bene. Cominciava a sembrare un telefilm.

Una sera sono uscita di nuovo a cena con Hisham. Non sapevo se raccontarvi questa parte o no. Sarebbe stato molto più semplice tralasciarla, ma voglio essere onesta con voi e questo fa parte della storia... La vita è complicata quando le persone la rendono tale. Stavamo ancora semplicemente parlando e cenando insieme. Io lo ascoltavo e, ogni tanto, con il suo permesso scrivevo alcune delle cose che diceva. Eravamo passati oltre il punto in cui "l'amore era sopravvalutato", ma adesso era come nuotare verso un luogo senza luce dove tutto aveva tonalità dal grigio al nero. Mi stavo addentrando con lui in una filosofia profondamente nichilista.

"La vita è assurda", "la vita non ha senso", "tutto è insignificante"... È passato un cieco e Hisham ha detto: "Perché una persona che non vede non si uccide? Se io fossi cieco mi ucciderei".

"Davvero? Perché una persona è cieca, pensi non abbia motivi per vivere? E i sordi allora? Anche loro dovrebbero uccidersi?" Ho cercato di non risultare troppo infastidita da quell'affermazione.

È passata correndo una bambina, piena di energia, e lui ha detto: "Io non vorrò mai dei figli. Se avessi una bambina così, probabilmente me la violenterebbero o altro e rimarrebbe scioccata per sempre". Ma cosa gli era successo? Quanto aveva influito su di lui il fatto di essere cresciuto in una zona di guerra?

Io ho risposto: "Magari, invece, se avessi una figlia potrebbe anche non essere vittima di nessun abuso e crescere piena di gioia. O anche se le capitasse qualcosa del genere, potrebbe sempre superarlo, diventare medico e dedicare la sua vita a curare con successo migliaia di persone. O magari anche solo far sorridere qualcuno una sola volta".

"Non vorrò mai figli per non farli soffrire. Perché una persona dovrebbe voler far nascere qualcuno in questo mondo? Perché dovrebbe voler vivere così?"

"Per il piacere stesso della vita?"

"La vita è sopravvalutata."

Ho sorriso. Ma lui era mortalmente serio. Mortalmente. Serio e mortale. O forse addirittura morto. Non capivo.

Ha detto: "Non posso lasciare questo posto".

"Certo che puoi. Mi hai detto che hai degli amici in Russia che ti hanno offerto di mandarti un biglietto."

"Non posso accettare aiuto da estranei. Non chiederò mai niente. Quella è carità."

"No, invece, se qualcuno è felice di farti un dono."

"Questo è il tuo modo di vedere le cose. Io non accetterò niente da nessuno."

"Il tuo è solo orgoglio. Devi superarlo."

"Non capisci."

"Come fai a dirlo?"

"Nessuno può capire."

"Questa è una tua convinzione."

"Io non ho convinzioni. Io non credo in niente."

"Anche questa è una convinzione. Anche non poter lasciare Hurghada è una convinzione."

"No. Questa è la realtà."

"Se usciamo da questo ristorante e continuiamo a camminare, domattina non saremo più a Hurghada. A parte questo esempio stupido, sto solo cercando di dimostrare che una convinzione negativa è pur sempre una convinzione. La vita è piena di miracoli. Di possibilità... ma penso che dobbiamo essere noi a crearle. Io..." Mi si è incrinata la voce. Cominciavo a sentirmi Pollyanna che parlava con Jean-Paul Sartre.

"Quale credi sia lo scopo della vita?" mi ha chiesto con un tono che già mi faceva capire che, qualunque cosa pensassi, sarebbe stata sbagliata.

"Be'..." ho esitato. "Io credo che il suo scopo sia insegnarci l'amore incondizionato."

"È assurdo. Mettere insieme le parole 'incondizionato' e 'amore'. Non esiste. L'amore è sempre condizionato."

Cominciavo a sentirmi un registratore.

"Di nuovo, questa è una tua convinzione. Ma per me non è così. Non ho detto che sia facile. Se diamo del cibo a un mendicante, non è perché ci aspettiamo qualcosa in cambio. Qui non ci sono condizioni... è un atto d'amore."

"Non è amore. È pietà."

"Dicono che la pietà sia simile all'amore. È un tipo di amore."

"Non ne vedo lo scopo."

"Dell'amore?"

"Come ho già detto, è solo una reazione chimica, come mangiare cioccolato."

Stava diventando assurdo. Ho cominciato a nuotare di lato nella corrente, come raccomandava di fare il libro di testo se la corrente fosse diventata troppo forte.

"Un momento. Il fatto che mangiare cioccolato produca nel corpo un cambiamento chimico simile all'amore non mette in gioco l'amore stesso. Non è logico."

Cosa stava succedendo? Si stava mettendo in dubbio l'esistenza dell'amore? "Non telefoni a tua madre perché le vuoi bene?"

"No, la chiamo perché mi ha cambiato i pannolini per mesi e mi sento in dovere di farlo."

"Sei pronto ad apparire come uno che ha detto una cosa simile? Posso scriverlo?"

"Certo."

"Non ti fa piacere sentire la sua voce e renderla felice?"

"Il piacere è sopravvalutato. Non ti sembra?"

"No. Non sono d'accordo sul fatto che il piacere sia sopravvalutato, o che l'amore sia solo chimica, o che le persone siano assurde, o che la vita sia sopravvalutata. Io penso sia sottovalutata. Penso che sottovalutiamo le persone e tutto quanto. Prima mi hai detto che la gente sottovaluta il portiere del tuo palazzo e gli parla solo se costretta. Be', io sono convinta che tutti vengano sottovalutati. I ragazzi sulle barche che non sono istruttori ma solo 'equipaggio'. I cuochi, gli inservienti, tutti quelli che nessuno considera. Anche quei cani laggiù avrebbero un altissimo potenziale di amare le persone e arricchire la vita degli esseri umani, ma vengono abbandonati per strada. Persone, animali, uccelli, pesci, piante, coralli e il trascorrere del tempo... Tutto è sottovalutato. Le persone non vengono accudite, non apprezziamo gli altri come dovremmo e non li amiamo come potremmo. 'Amatevi gli uni gli altri.' Secondo Gesù noi siamo qui per questo."

"Io non credo in Gesù."

"Capisco. E nemmeno nei suoi insegnamenti, immagino. Allora in chi credi?"

"In nessuno."

"Allora in quali insegnamenti credi?"

"In nessuno... Gesù, Budda, Maometto... hanno solo reso tutto più complicato."

"Va bene, prendiamo un esempio più recente: Gandhi."

"Non ha fatto niente di buono."

Ma fammi il piacere. Mi sembrava di essere in una scena di *Brian di Nazareth*, in cui qualcuno diceva: "Cos'hanno fatto per noi i Romani?".

"Hisham... queste persone hanno cercato di insegnarci l'amore, proprio come tu insegni ad andare sott'acqua."

"Questa gente dell'amore non sapeva niente."

"Davvero lo pensi? Be', di Maometto, di cui non conosco abbastanza bene gli insegnamenti, non posso dire niente, ma penso a quando Gesù ha detto: 'Pregate per i vostri nemici' come esempio di amore incondizionato. Quando sei inchiodato a una croce, eppure non condanni i tuoi persecutori... Be', a me sembra una buona dimostrazione di amore incondizionato."

"È solo una storia. Queste cose non esistono. Un mucchio di assurdità. Meglio stare soli con Chopin."

Allora, cosa ne pensate? Questo è un uomo che è meglio lasciare solo con Chopin?

8.
VINCERE ED ESSERE VINTA, CON LE PINNE AI PIEDI

Non ero tornata arrabbiata. Solo triste. Triste perché qualcuno che aveva così tante possibilità era determinato a vedere tutto così nero. Indipendentemente da ciò che ha visto. In *Datemi retta, qualcosa si può fare (per cambiare il mondo)* racconto la storia di un monaco che lascia il Tibet dopo anni di torture nelle prigioni cinesi. Ottiene un'udienza con il Dalai Lama e, durante l'incontro, dice a Sua Santità che in tutti quegli anni di prigionia (circa venticinque) aveva visto un solo pericolo. Il Dalai Lama gli chiede in che senso e lui risponde, secondo gli insegnamenti buddisti: "Il pericolo di perdere la compassione per i miei aguzzini". Ci sono tanti esempi di persone sopravvissute alle sofferenze più orribili e che hanno assistito alla grande crudeltà umana, eppure tuttora convinte della bontà dell'uomo. Gli arabi hanno un detto: "Se non puoi essere un faro, sii almeno una candela". E mi rattrista enormemente vedere le persone sprecare energie nell'oscurità.

Ma il mattino dopo, indipendentemente da quanto Hisham vedesse nero il presente dell'umanità, c'era il sole e faceva caldo, e lui doveva farmi un esame di teoria. I Mohammed l'avevano fatto mentre io stavo seduta a bordo piscina, e adesso ero in aula da sola con il mio foglio davanti. Le immersioni pratiche le avevo fatte tutte. Adesso dovevo soltanto passare questo esame. Non ero tranquilla. C'erano domande di matematica...

"Qual è l'intervallo di superficie minimo richiesto fra un'immersione di venti metri in ventinove minuti seguita da un'altra di quattordici metri in trentanove minuti?"

E anche se era a scelta multipla e avevo una tabella come aiuto, mi stavo già scervellando. *Dovevo* passare l'esame... a questo punto mi sentivo una paladina delle forze della bontà umana nel mondo intero. Anche Hisham voleva che lo passassi. "Chiedi a me, se non capisci qualche domanda."

Mi sono concentrata: quaranta domande. Non avevo idea del voto minimo per passare, ma dovevo fare del mio meglio. Ho consegnato il foglio e sono andata a sedermi sulla barca a bere caffè e a chiacchierare con Jane.

"Allora hai finito?"

"Sì. Dopodomani si torna a Battersea."

"Le immersioni sono riuscite ad affascinarti?"

"Completamente. Sono perfette per i single che vogliono fare qualcosa di diverso e vivere avventure magiche e per le coppie che vogliono passare del tempo insieme e condividere una passione. Non è una vacanza poi così costosa e comunque vale la pena risparmiare per farla."

"E Hisham ti ha affascinata?"

"Cosa?"

"Me lo sono chiesta... Lui sembra interessato, e di solito non lo è."

Eravamo sedute al sole su quella barchetta a guardare il mare. "Non lo faccio mai," ha detto lei, "questa cosa di prendere un caffè seduta al sole."

"Jane, se vivessi qui, uscirei sicuramente con Hisham per un po', perché è meraviglioso, a volte però ha anche pensieri molto oscuri e non sono certa di volere sul serio..."

Cosa non voglio? Discutere sull'esistenza dell'amore incondizionato?

"Tuttavia," ho continuato, "non vivo qui. Non ho intenzione di trasferirmi in Egitto e Hisham non vuole vivere in Europa... Ma, Jane, sono stata felicissima di averlo conosciuto. È un brav'uomo e una carissima persona. Peccato che non creda nella gente, nella bontà e nell'amore."

"Allora in cosa crede?"

"Solo nei pesci."

Immagino dovesse aver capito che stavamo parlando di lui. Si è avvicinato con i suoi pantaloni beige e la giacca verde morbida, i capelli ricciuti che splendevano sotto il sole. A Londra l'avrebbero pagato per sfilare in passerella. Ha sorriso. Nonostante il suo sistema di non convinzioni, credeva in me.

"Congratulazioni. L'hai passato."

"Davvero? Non ho confuso tutto?"

"Be', non hai fatto tutto giusto, dovremo rivedere qualche domanda di matematica con le tabelle e i grafici, ma hai dato l'80 per cento delle risposte giuste e questo basta per passare."

"Fantastico... Complimenti!" Jane era fiera di me. Che carina. Poi è arrivato Wessam, tutto sorridente. "Allora... grazie alle mie eccellenti lezioni, ho sentito che ce l'hai fatta."

"Certo. Ho avuto due istruttori meravigliosi. Non avrei mai osato non farcela."

"Adoro il lieto fine," ha detto Jane. "Bene, sarà meglio tornare al lavoro adesso." Lei e Wessam sono rientrati in ufficio, lasciando me e Hisham seduti a guardarci.

"Mi dispiace per ieri sera. Ti ho rovinato la serata. Domani ho il giorno libero."

"Bene. Mi farebbe piacere vederti."

E così, ebbene sì. Abbiamo passato la giornata a fare quello che riesce meglio a un ragazzo e una ragazza attratti l'uno dall'altra. Io l'ho fatto sorridere. Tantissimo. E anche lui ha fatto sorridere me. Adesso ho un'altra persona nel mondo che cercherò di amare in modo incondizionato... Che lui ci creda o no.

Ormai sono tornata a Battersea. Oggi c'è il sole e mi sono appena resa conto di cosa ho sbagliato in tutto questo. Ho fatto confusione su una delle nostre definizioni. Pensavo di avere tutto così chiaro, e invece a un certo punto devo aver confuso le parole "single" e "disponibile", vero? Ho dimenticato che stavo cercando un uomo *disponibile.* Con tutti quegli uomini sposati attorno, ho cominciato a pensare di essere in cerca di un uomo single... e invece ne volevo uno disponibile. Disponibile deve significare geograficamente disponibile (preferibilmente nel mio stesso continente) ed emotivamente disponibile (che non preferisca stare solo con Chopin).

Conosco un uomo oltre a Hisham che non è più sposato e che amo con tutto il cuore... e a cui lo dico da almeno vent'anni. Eppure non fa niente. Quello preferisce stare solo con il suo cane. Ne conosco un terzo che dice di amarmi ma che preferisce stare solo con le sue piante. Questi sono uomini emotivamente non disponibili. Un uomo geograficamente non disponibile è una cosa... ma chi si metterebbe ad attraversare il mondo per uno emotivamente non disponibile?

So cosa state pensando, perché ho già letto alcune vostre lettere in proposito. Siete divise in due: chi pensa “Dai, Isabel! Vai! Lascia tutto... Ha solo bisogno di un po’ d’amore” e chi pensa “Isabel, non devi salvare nessuno... Se vuole stare con Chopin, lascialo con Chopin e, se mai vorrà stare con te, farà in modo che succeda”.

Avete tutte ragione. Solo che lui non farà in modo che succeda, perché crede che non sia possibile e, in questo modo, ci creiamo la nostra realtà. Io credo che tutto sia possibile, lui no. La felicità è possibile... ma non per lui. Eppure, potrei essere felice anche con qualcuno che non crede nella felicità... perché io ci credo. Ma sceglierei mai una cosa del genere? Non penso, e voi?

Quindi, dove mi porta tutto ciò? Dove *ci* porta? È impossibile conoscere un uomo con cui uscire volentieri a cena più di una volta. Inoltre, ho scoperto un mondo in cui chi ama l’avventura si incontra su una barca e va a fare sub. È un ambiente maschile e magico... Ma se decidete di esplorarlo, andate in alta stagione. Non uscite con l’istruttore. E se andate a trovare Hisham... dategli un bacio da parte mia.

PARTE QUINTA

Una precisazione: il femminismo spirituale

1.
LA SOLUZIONE: UN TANGO CON LO STATUS QUO

Allora: negli ultimi nove mesi ho riflettuto un bel po' su questa situazione degli uomini. Sono stata sul campo e ho osservato, giusto? Sono certa che i critici mi accuseranno di qualunque cosa, ma non potranno accusarmi di non aver cercato (a parte nei nightclub, ma grazie a Neil Strauss e a *The game* non ne ho sentito il bisogno).

Ho alcune notizie belle e altre brutte. All'inizio pensavo che il fatto che le donne si lamentino di continuo che non ci siano uomini interessanti e disponibili fosse solo una credenza limitante. Invece non lo è... Davvero non ce ne sono molti. Questa è una bella notizia, perché spero di aver dimostrato che non siete pazze. Se siete una donna single e avete problemi a conoscere uomini interessanti e disponibili, non stupitevi. Se conoscete donne meravigliose che pensano di essere single perché hanno qualcosa che non va, vi prego di regalare loro questo libro, in modo che sappiano che non è colpa loro. Non hanno bisogno di frequentare seminari o sedute terapeutiche. Davvero. Ma tutto ciò lascia le donne single con un grosso punto interrogativo: se *davvero* volessimo trovarne uno (soglia dei trentanove e tre quarti in vista), cosa dobbiamo fare?

Mia figlia se n'è uscita con una delle soluzioni migliori e più logiche: cambiate paese. Ci sono enormi possibilità di guadagno per chiunque volesse creare un'agenzia matrimoniale internazionale per donne. Gli uomini possono trovarsi mogli thailandesi o russe quando vogliono... ma dove sono le agenzie per le donne? Potrebbe esserci qualcuno che si divertirebbe un sacco a crearne una decidendone i criteri... Dopo tutto, non si baserebbero solo sull'aspetto. Giusto? Io non lo farò, ma di certo qualcuno sì... Ricordate: l'avete sentito qui per la prima volta. Che ne dite della Cina?

Le agenzie matrimoniali britanniche devono fare qualcosa di nuovo... non hanno abbastanza uomini. E sapevate che quando due persone si conoscono tramite un'agenzia, non sono disposte ad ammetterlo? Non è assurdo? Mary Balfour della Drawing Down the Moon non ha mai potuto usare una sola coppia per farsi pubblicità perché gli uomini non vogliono esporsi. "A volte le donne lo farebbero anche," dice, "ma gli uomini no." I gay sfilano per strada con i cartelli e i single non vogliono ancora uscire allo scoperto?

La situazione peggiora nelle nostre città e le donne interessanti sopra i quarantacinque/quaranta/trentanove e tre quarti/trentacinque/trenta continuano a fare carriera e a vivere vite interessanti e soddisfacenti senza uomini. Ieri sera sono uscita a cena con degli amici. Eravamo cinque donne single e una coppia. Ieri sui giornali si parlava di donne di New York che si sono fatte congelare gli ovuli. A soli trent'anni, pare siano convinte che non troveranno mai un uomo che vorranno come padre dei loro figli. E ho sentito la stessa cosa anche a Londra.

Nella vita, fare scelte radicali può essere una soluzione. Devono essere divertenti e fatte con allegria... come le immersioni. Ieri ho ricevuto la seguente e-mail su dove trovare gli uomini:

```
Sono stata in un campo base sull'Everest per due mesi e ho scalato l'Himalaya. C'erano dieci donne e circa duecentocinquanta uomini. Un giorno ho notato che c'era un uomo con le ciglia lunghe e adesso è il padre di mio figlio.
```

Ecco cosa intendo per soluzioni radicali. Vivendo per due mesi con duecentocinquanta uomini avrà di certo aumentato le proprie possibilità, no? E, se decidete di viaggiare, mi ha detto un polacco che in Polonia gli uomini sono meravigliosi e in Croazia ho notato che gli esemplari di sesso maschile non sembrano sempre annoiati come in Inghilterra. Potrà sembrare una follia, ma la situazione qui, come sappiamo, non sta cambiando affatto. A meno che non siamo noi a cambiarla. Come? C'è solo una cosa che tutte dobbiamo fare. Una soluzione ce l'ho.

Dopo mesi di riflessione sto per adottare un cambiamento di tono, sembrando meno seria. Spero mi perdoniate, ma penso sia necessario. Parlo prima di tutto per me stessa. Allora, fate un respiro profondo: siete sedute comode? Allacciate le cinture. La soluzione per tutto questo caos deve per forza essere radicale. Pronte?

Dov'è l'onestà?

Nel 1970, femministe come Germaine Greer lottavano perché le donne stessero in piedi da sole senza dipendere dagli uomini finanziariamente o emotivamente. Finanziariamente abbiamo fatto progressi. In qualità di scrittrice, mi invitano spesso a gruppi di lettura completamente femminili in cui sento dire che sono le donne a mandare avanti la famiglia dal punto di vista economico. Non è affatto insolito. Ma le donne hanno davvero raggiunto l'indipendenza emotiva? Siamo meno bisognose da questo punto di vista? O, tanto per citare una frequente lamentela degli uomini, meno piagnucolose?

Nello stesso periodo storico in cui sono state approvate leggi che rendevano la discriminazione sul lavoro un reato, è stato messo in atto un altro cambiamento. "Religione" è diventata una brutta parola e "spirituale" un cliché. La gran parte delle donne fra i dieci e i settant'anni probabilmente si considerano spirituali, ognuna con la propria definizione del termine (sopra i settanta, le donne potrebbero anche accettare di essere chiamate "religiose").

Ma le donne sono davvero più "spirituali"? dove ci ha portate tutta questa spiritualità? cosa significa tutto ciò? ci ha insegnato a diventare persone migliori? ci ha aiutati ad amarci di più l'un l'altro? Forse, in un certo senso, sì. Ma è questo il punto in cui credo che teoria e pratica debbano incontrarsi. Mi piacerebbe potermi appellare a una certa integrità radicale e considerare l'impatto che avrebbe su di noi e sugli uomini che ci circondano.

Ho detto alla fine della storia sui mariti appassionati di golf e cricket che l'unico potere che abbiamo è seguire Gandhi nel suo famoso insegnamento: "Sii tu il cambiamento che vuoi vedere nel mondo". È questo il punto in cui spiritualità, relazioni e felicità umana convergono. Dobbiamo essere onesti con noi stessi. Non è facile. Io ho mentito. Ho avuto a che fare con uomini che sono stati infedeli alla moglie. E chi ne ha beneficiato? Non io, non le mogli e, in termini spirituali, certo non i mariti. Gli uomini possono beneficiarne sul breve termine, ma quando escono per farsi una donna e poi tornano a casa a pulirsi la coscienza non stanno certo scoprendo la qualità e la profondità delle relazioni, giusto? Ahmed dice che la nostra è una società poligamica negata. Da quel che ho visto, non sembra certo contribuire a renderci più felici.

Immaginiamo un modo diverso di vivere. Pensate se, lentamente ma con determinazione, proprio come ci siamo rette sulle nostre gambe finanziariamente e ci siamo guadagnate una posizione sul lavoro, le donne decidessero che non vogliono più sopportare le bugie, né mentire ad altre donne. La nostra nuova "spiritualità" è solo un sistema di convinzioni che ci fanno star bene con noi stesse o può avere un impatto sul livello di felicità umana attorno a noi? Per esempio, se tutte le donne che hanno una storia con un uomo sposato (e purtroppo i numeri sono alti, credetemi) dicessero "Basta, se questo significa che mentirai a tua moglie", cosa succederebbe? Se più donne fossero radicalmente oneste, ci sarebbero molti più divorzi. Molti meno matrimoni infelici, lunghi e "temporeggianti" e forse, alla fine, molti più matrimoni felici.

Lo straordinario Neil Strauss, autore di *The game*, ha raggiunto un livello considerevole nel suo libro. Aveva così tante donne da essersi creato un vero e proprio harem. Usciva con otto donne e la sua attività sessuale comprendeva spesso rapporti a tre, ma (ed ecco un'altra conclusione che non mi aspettavo di raggiungere leggendo un libro del genere), stranamente, si è guadagnato la mia ammirazione perché non ha mai mentito a nessuna; ognuna sapeva di tutte le altre. Nessuna rischiava di rimanerci male, perché lui non le ingannava mai. Spiegava come stavano le cose e loro dovevano semplicemente scegliere se accettare o no. Nessuna restava mai delusa. A un certo punto ha conosciuto una donna che voleva fosse unica, così ha telefonato alle altre otto dicendo loro che era finita. Anche quella volta non ha mentito. Se un uomo sa essere chiaro con otto donne, pare che nelle relazioni umane non sia impossibile dire la verità.

Quella che devo trarre è una conclusione tremenda, ma il motivo principale per cui non esiste quasi nessun uomo disponibile è che troppe donne sono disposte ad accettare le delusioni e ad avere storie con altri. Care tutte (amanti e mogli), stiamo incentivando queste cattive abitudini consumistiche degli uomini. E ho l'impressione che nessuno ne tragga beneficio. Spero di poterlo dimostrare, come diceva Tolstoj: "L'unica cosa necessaria nella vita, come nell'arte, è la verità".

Innanzitutto, perché alle donne capita così spesso di sentirsi dire bugie? Se vostro marito o il vostro fidanzato mente, perché succede? Sarà perché hanno paura di essere respinti e di vedere molti dei loro averi gettati in malo modo fuori dalla finestra, accompagnati da un'elegante varietà di espressioni pronte ad alimentare i pettegolezzi dei vicini per gli anni futuri? o sarà perché hanno paura che li trasciniate in tribunale e che poi si ritroveranno a vivere in un buco seminterrato e potranno vedere i figli una volta al mese, se sarete magnanime? o hanno solo paura che li lasciate? o c'è in gioco qualcosa di ancora più profondo?

Margaret Mead scrive nel suo libro *Male and female* che, se osservassimo i nostri parenti più prossimi del mondo animale, i primati, potremmo notare che non è il maschio a procurare il cibo alla femmina. Anche quando è incinta e cammina a fatica, la femmina continua a cavarsela da sola. Il maschio lotta per il diritto di possederla sessualmente e di proteggerla, ma non si prenderà cura di lei. Non sono convinta che le donne abbiano mai capito questa cosa.

Ancora una volta – e nonostante la fiducia che abbiamo nella parità –, quando si tratta di tenersi stretto un uomo, a volte le donne fanno di tutto e si inventano qualsiasi cosa per evitare che se ne vada. Conosco tre uomini che stanno con le mogli perché sono incredibilmente dipendenti (per esempio, non sanno guidare, non usano il computer, sono alcolizzate o soffrono di un milione di problemi psicologici) e loro non sanno come fare ad andarsene. Hanno storie con donne più indipendenti, raccontano di come sono infelici con le donne che hanno a casa, così le single si impietosiscono e allargano le gambe. Dopo tutto non siamo poi così spirituali, vero?

Il buddismo, per esempio, ci insegna a cercare la maturità dentro di noi, senza "dipendere" dagli altri nel senso negativo del termine. Come si fa a raggiungere la maturità spirituale ed emotiva? Penso si tratti di riconoscere la nostra libertà, le nostre scelte e responsabilità personali. Seguire un percorso spirituale significa capire come vivere una vita gioiosa, servire gli altri e non essere dipendenti. E, come direbbe un uomo, smettere di piagnucolare, lamentarsi, lagnarsi, influenzare, umiliare e manipolare gli uomini.

Mi dispiace essere così dura. Ma nell'ultimo anno ho passato molto tempo con gli uomini e c'è così tanto dolore che noi aggraviamo convincendoci che loro debbano avere un ruolo nella nostra realizzazione personale. Invece non ce l'hanno. Non ce lo possono avere. Non sanno come si fa e non tocca a loro. Il loro compito è amarci perché scelgono di farlo, perché noi siamo donne integre e meravigliose... E qui dobbiamo vedercela da sole.

Non sto incolpando le donne per il fatto che molti uomini ci dicano bugie (come vedrete fra un po', quando parlerò direttamente agli uomini), ma sto osservando oggettivamente il nostro ruolo e le nostre responsabilità.

Kahlil Gibran paragona una relazione sana a due alberi che crescono l'uno di fianco all'altro, senza intrecciarsi con il pericolo di soffocarsi a vicenda. Se state insieme per necessità più che per scelta, siete diventati entrambi pigri. Lui vi dà per scontata e voi date per scontato lui. Se lui si fa una donna più giovane "portandovi rispetto" e se voi chiudete un occhio per diversi motivi, be'... potrà anche essere conveniente, ma non sarà certo felicità domestica, no?

La nostra spiritualità ne risulta profondamente distrutta. Quando cominceremo a raggiungere l'indipendenza emotiva, diventeremo il tipo di donne a cui gli uomini non dovranno più mentire. Gli uomini ci ameranno, quindi, senza sentirsi in trappola o costretti. L'indipendenza emotiva ci permetterà anche di amare gli uomini liberamente e, se necessario e se è ciò che vogliono, di aiutarli a diventare liberi.

Consideriamo l'onestà un prodotto della spiritualità e della responsabilità personale e pensiamo a dove può portarci nelle relazioni umane.

Il Centro nazionale di statistiche mostra che molto spesso sono le donne a dare il via al divorzio. Invece di trovarlo deprimente, mi stupisco nel concludere che, per aumentare la quantità totale di felicità umana e per il bene di tutti (soprattutto dei figli), penso siano necessari più divorzi. Ma divorzi di un genere nuovo, senza cattiveria, dolore e bugie. Per farlo dovremo diventare persone più coraggiose, più sagge e più affettuose.

So che molte coppie si arrendono troppo in fretta, ma non parlo di matrimoni famosi in cui le celebrità si sposano per scopi pubblicitari, o di matrimoni casuali della durata di un anno. Penso che la maggior parte di coloro che si sposano facendo la promessa di diventare una cosa sola finché morte non li separi lo faccia perché davvero lo desidera.

Se supponiamo che la maggioranza delle persone voglia far funzionare il proprio matrimonio, vediamo cosa succede quando falliscono e una coppia smette di volersi bene. Persino la sola presenza dell'altro diviene fastidiosa. Purtroppo, a molti di noi bastano 0,1 secondi per farsi venire in mente qualche matrimonio infelice.

Sarà possibile per una donna lasciar andare un uomo e fare in modo che tutto il suo amore lo accompagni sempre? Non dico che sia facile. Non è facile vivere soli. Ma non è facile nemmeno vivere con un uomo che ha smesso di comunicare, o che vorrebbe essere altrove. Dobbiamo divorziare con compassione – ebbene sì, credo di poter dimostrare che è possibile – e con amore. La vera definizione di spiritualità deve avere a che fare con la pratica di un amore incondizionato e senza riserve.

Via le foglie di fico

Se vogliamo costruire relazioni di qualità, dobbiamo fare in modo che si basino sull'onestà con noi stesse e con gli altri. Ricordo di aver assistito una volta a una conferenza in cui si parlava del vero significato della nudità di Adamo ed Eva. E non si tratta dell'assenza delle foglie di fico. Si tratta di avere il coraggio di mostrare chi siamo veramente. Di essere, come dicono le Scritture, "nudi senza provare vergogna". Di essere veri. Non vi spaventa un po'? Non lo trovate anche un po' sexy? e meraviglioso?

Parlando di verità, cari uomini e care donne, se non volete più stare con qualcuno... dovete semplicemente dirglielo. È facile e difficile nello stesso tempo. Certo, non è il caso che lo aggrediate. Ci vogliono un po' d'amore, di gratitudine, di compassione. Non è impossibile.

Mi rendo conto che potreste pensare che io non capisca, o che ciò che dico non sia applicabile alla vostra situazione. Che sto dicendo un sacco di castronerie e che non ho esperienza. Quindi ecco a voi due storie: la mia e un'altra.

Il mio divorzio non è stato facile. Non avevo una famiglia alle spalle e mia figlia aveva solo due anni e mezzo. Quando mio marito e padre di mia figlia se n'è andato, mi sono sentita a terra. Eppure, questo non ha distrutto la mia fiducia. Eravamo insoliti. La cosa più importante che avevo sempre offerto in tutto il matrimonio, e che avevo chiesto a lui, era un'apertura totale. E lui ha mantenuto la promessa.

Dopo sette anni di matrimonio mi ha detto: "Ho conosciuto un'altra. Ho bisogno di andare via e di passare un po' di tempo insieme a lei per capire che strada devo prendere". Se non fossimo stati già d'accordo su quella storia dell'onestà, o se lui avesse avuto meno rispetto per me, o se fosse stato meno integro, probabilmente avrebbe fatto come la maggior parte degli uomini e avrebbe scelto l'opzione più facile, cioè la menzogna. Avrebbe continuato a vederla... io sarei stata sempre più infelice, così come la sua amante, e nostra figlia avrebbe passato gli anni più importanti della sua vita circondata da adulti che avrebbero preferito essere altrove.

Tra noi due, invece le cose sono andate in modo un po' insolito. Io gli ho detto: "Dove vai?".

Si sarebbero trasferiti nella casa vuota di un amico comune. Per due settimane. Ogni sera sapevo dov'era. Stavo seduta a ricordare il giorno del nostro matrimonio; eravamo andati in chiesa e lui aveva dichiarato davanti a tutte le schiere degli angeli e degli arcangeli che sarebbe stato con me. Pensavo sarebbe tornato in lacrime per il rimorso.

In effetti ha versato qualche lacrima quando è tornato, ma penso cercasse anche di nascondere la vivacità con cui si muoveva.

"Com'è andata?" gli ho chiesto.

"È stato straordinario."

Non ho voluto sapere i dettagli. Ma almeno ero contenta che non mi stesse mentendo.

Dopo, ho passato un periodo lungo e difficile a esaminare il suo tormento con compassione. In un certo senso mi amava ancora, e di certo amava sua figlia. Era diviso a metà. Guardandolo pensavo: "Sono contenta di non trovarmi nei suoi panni". Il mio ruolo era facile, tutto ciò che dovevo fare era soffrire, ma lui sentiva la responsabilità per la vita di quattro persone. Io non l'ho scongiurato in alcun modo. Lui parlava con lei e la ascoltava singhiozzare al telefono. A volte era lui a singhiozzare, e a volte ero io. Difficilmente nostra figlia può non aver avvertito niente di tutto ciò.

Qualcosa doveva cambiare, così lui si è trasferito da un amico dicendo che non voleva vedere nessuna di noi per almeno tre mesi. Io ero convinta che sarebbe tornato. Invece non è tornato mai più. Diciotto anni dopo sta ancora con lei e ormai non passa giorno in cui non mi ritrovi a ringraziare quelle schiere di angeli e arcangeli per avergli fatto fare una scelta. È stato coraggioso, ha seguito il cuore e si meritava la felicità che ha trovato. Piano piano sarei impazzita vivendo insieme a lui, ma all'epoca non lo sapevo. Con lei ha in comune ogni cosa, con me niente. A lui piace stare a casa a guardare la tv, e a lei anche. A me piace uscire e vivere qualche avventura.

Ma il motivo per cui vi sto raccontando più informazioni personali dello stretto necessario è solo per puntualizzare una cosa: lui non mi ha mai mentito. Si può fare.

Quante volte abbiamo sentito uomini e donne addoloratissimi dire: "Non mi importa tanto che lui/lei abbia una storia [sigh sigh] con un altro/un'altra [sigh sigh sigh]. Sono le bugie! [grida straziate] Mi sento così stupido/a, umiliato/a, tutti lo sapevano tranne me [convulsioni tapine]".

Spesso, sentirsi dire bugie fa più male dell'infedeltà stessa. Inoltre, capita di frequente che molte coppie rigirino il coltello nella piaga. Rendono l'agonia ancora peggiore. Diffondono colpe e recriminazioni, quello che è stato lasciato (sempre più spesso la donna) esclama "Davvero non mi ami più?!" e l'uomo, con rabbia, dolore e senso di colpa risponde "No! Non ti amo più!". Naturalmente non è vero. Non secondo qualunque definizione di amore. Cosa significa "amare"? Esistono tanti libri sull'argomento, ma alla fine in una relazione a lungo termine amare significa prendersi cura di qualcuno. Davvero possiamo vivere con qualcuno per dieci, venti, trent'anni e poi smettere di prenderci cura di lui/lei? Solo se siamo costretti a indurire il cuore per giustificare certe azioni.

Chi viene lasciato spesso elimina il "senso di colpa" con follie, isterismi, ritirando fuori storie vecchie di anni: "Adesso capisco quella volta che hai sorriso a quella ragazza sull'autobus, il 27, probabilmente te la scopavi pure, porco che non sei altro. Non mi hai mai amata, bastardo..." eccetera. Dove abitavo prima sentivo questi litigi attraverso le pareti.

È possibile imparare a continuare ad amare qualcuno, pur lasciandolo? Si può imparare a continuare ad amare qualcuno, ma lasciandolo andare? O, come nel mio caso con Harry, lasciandolo rimanere? Si può anche solo cominciare a scoprire cosa si intende per amore incondizionato?

Conosco una donna di Bath – ed è una storia vera – che viveva con il marito e due figli. A un certo punto lei si è accorta di essersi innamorata di un'altra donna e hanno cominciato ad avere una relazione sessuale, di cui non riusciva assolutamente a parlare al marito. Che lui e la nuova "amica" andassero molto d'accordo peggiorava enormemente le cose. Tuttavia, allo stesso tempo non riusciva nemmeno a confessare alla sua nuova amante lesbica che andava ancora a letto con il marito. Ancora una volta, qualcosa doveva cambiare. Doveva dire la verità.

Alla fine l'ha detto a entrambi. E – ascoltate qui, questo è un esempio di maturità maschile – il marito, per quanto scioccato, era più che altro preoccupato per le conseguenze sui figli. Così hanno pensato di fare in modo che nessuno rimanesse ferito. Il marito ha acquistato la casa confinante con la loro e ci si è trasferito. La donna è rimasta nella casa coniugale dove si è trasferita l'amante lesbica, che contribuiva dal punto di vista economico per rendere possibile l'acquisto della nuova casa. Nel frattempo (e io adoro questo particolare), hanno ricavato una porta di comunicazione fra le due case in modo che i figli potessero andare da una all'altra senza uscire. Hanno anche abbattuto la recinzione del giardino per farne uno più grande. Sono rimasti una sola famiglia, ma allargata. Con un marito simile, non mi ha sorpreso che ben presto lui abbia conosciuto un'altra donna che si è trasferita nella nuova casa con lui. Al momento della pubblicazione di questo libro, vivono felicemente così. I figli hanno quattro genitori che si vogliono tutti bene. Ve lo immaginate? Cos'ha reso possibile questa storia? Il coraggio della moglie di essere onesta e il coraggio del marito di avere compassione e comprensione. Senza gelosie, esitazioni o atteggiamenti possessivi da parte di nessuno. Evviva!

L'eterno triangolo: tre soluzioni

Forse quest'idea di onestà vi farà ridere. Ma, in realtà, come ho già detto, le donne stanno procedendo proprio in questa direzione. Chiedono onestà, la offrono, a volte la esigono. Penso che le donne debbano diventare ancora più mature e cambiare il modo di trattare gli uomini... Così staremmo tutti meglio.

"Questo significa che quel bastardo di mio marito può andare liberamente a scoparsi la Sheila di turno, vent'anni meno di lui, mentre io me ne sto a casa con il gatto?" Vedo già le mie affezionate lettrici pronte a farmi fuori. D'accordo... Allora lasciate che innanzitutto risponda a voi direttamente.

La donna lasciata

Guardiamo le cose un po' più da vicino. Innanzitutto, a meno che non lo buttiate fuori all'istante, adesso come adesso lui ha tutto ciò che vuole. Sapete qual è il suo piatto preferito e come gli piacciono le uova, sapete la data del compleanno di sua madre e gli perdonate le piccole offese. Davvero come essere umano trarrà giovamento dal fatto che gli serviate le uova come piacciono a lui, all'occhio di bue senza girarle? Anni fa, nel suo bestseller *Voglia di bene* Scott Peck tentava di definire l'amore come il desiderio di vedere la crescita dell'altra persona. In questo contesto si intendono la crescita emotiva, psicologica, e la crescita dell'empatia, della capacità di apprezzare gli altri, una crescita spirituale o, se non credete in tutto ciò, semplicemente il tentativo di migliorarsi come essere umano e di riuscire ad amare di più.

La verità è che vostro marito si ritrova a stagnare nell'ambiente protetto che gli avete creato. Ha bisogno di uscire ad affrontare la tempesta, una volta o l'altra. Imparerà molto come persona e apprezzerà di più le cose senza di voi. Le donne si lamentano che l'uomo, con l'età, non diventa più saggio: è colpa nostra, se è così. Guardate cosa gli succede se lo buttiamo fuori perché vada a vivere insieme all'amante.

Mettiamo per un attimo che Sheila abbia venticinque anni e lui sia, diciamo, un po' più vecchio. È una situazione tipica. Lei potrebbe voler solo fare sesso tutte le sere e anche tutte le mattine, facendolo molto felice, ma rendiamole la giustizia che merita. Dopo tutto non è poi così stupida, visto che si è scelta un uomo che anche voi avevate scelto tempo prima. Solo che non gli stira le camicie, dicendogli che può farlo lui o pagare qualcuno che lo faccia. Magari gli cucina un pasto per dimostrargli che ne è capace, ma poi gli dice: "Adesso tocca a te... cosa mi prepari di buono?". Rifiuta di servirlo: "Oggi è il tuo turno di pulire la casa". È piena di richieste e aspettative, lui diventerà il suo progetto. Ho sentito donne dire: "Ha bisogno di un restauro". Gli cambierà i vestiti, le abitudini alimentari, gli hobby... Tutte quelle cose che voi avevate imparato ad accettare, lei le prenderà a calci: "Cosa?! Non usi il filo interdentale?! Che schifo!". Se lui dovesse parlare di Morecambe e Wise, lei dirà "Chi?". Non ha nemmeno mai sentito parlare di *The Goon Show*, pensa che *Dad's Army* sia una stupidaggine e non sa che Bill e Ben sono due vasi di fiori dei cartoni animati degli anni sessanta. Insomma, tutto quel sesso a lui costerà caro.

Comunque la farà ridere e all'inizio gli piacerà tutto quell'interesse per la camicia che indossa... catturerà la sua attenzione e adorerà che lei penda dalle sue labbra e che lo consideri così intelligente. Ma purtroppo dovrà crescere. Comincerà a rendersi conto di aver scambiato una partner di pari livello con qualcuno che somiglia più a una figlia. Non è così semplice. E c'è anche un altro fattore. Se le sarà infedele, lei non ci metterà niente a chiudergli la porta in faccia. Tutte le altre Sheila della sua vita hanno dovuto ritirarsi in buon ordine. Molti dei suoi amici sono dovuti diventare amici anche di lei. I suoi vecchi amici sposati ce l'hanno con lui. Sia uomini che donne gli rimproverano di essersene andato, simpatizzando con la povera donna lasciata da sola (e aumentandone spesso la sensazione di essere una vittima). A meno che i suoi vecchi amici siano incredibilmente illuminati, nessuno farà una festa per il divorzio suo e della ex moglie. In realtà sono gelosi, ma non lo ammetteranno mai. Nemmeno con se stessi.

Nel frattempo, Sheila ha graffiato la macchina, ha finito i soldi e vuole che lui vada con lei a lezione di yoga. Prima nessuno avrebbe potuto convincerlo a farsi vedere a una lezione di yoga, ma adesso ci va, ripetendosi: "Dopo tutto non è poi così male" e chiedendosi se dopo lo yoga potrà bere una birra o se gli sarà vietato. "In questo modo ti riempirai il corpo di tossine, tesoro... proprio dopo averlo curato così bene." Che ridere.

Vi siete fatte un'idea? Ha ancora molto da imparare. Deve aprire la propria mente a idee nuove e prenderle sul serio. Deve ascoltare lei in un modo in cui non aveva mai ascoltato voi. Non può sorvolare su niente. Insomma, deve trovare il modo di renderla una versione più giovane e sexy di voi. È felice davvero... E voi potreste volerlo ancora ricordare nelle vostre preghiere!

Dicevamo... "la donna lasciata". Qualche possibilità per la brillante cinquantenne (talvolta trentacinquenne)? Sapete qual è l'espressione più usata in questi casi? "Fate buon viso a cattivo gioco." Non vi deprime ancora di più? È ciò che T.S. Eliot dice di ottenere "vivendo e in parte vivendo". Questa è una strada che sconsiglio di percorrere. Nelle Scritture c'è un verso che dice di essere caldi o freddi ma mai tiepidi, "perché se sei tiepido, sto per vomitarti dalla mia bocca". È come vivere da morti. Non fatelo.

Poi c'è la possibilità della disperazione. Guardare la tv, cominciare a bere, a fumare, non fare il pap-test, mangiare troppo, non fare esercizio fisico. La disperazione non dev'essere per forza drastica... non deve farvi arrivare al punto di buttarvi dal quarto piano come ha fatto la settimana scorsa a Londra una bella donna di cinquantadue anni. Può essere anche molto più sottile: "Perché sfiancarsi a fare attività fisica?", "A me fumare piace" (e alcune aggiungeranno: "È tutto quello che ho"). Sforzatevi di vedere qualcuno, ma non troppo. Siate sempre tristi, così lui si sentirà in colpa per sempre. Punitelo ammalandovi e disperandovi: punite tutti. Sconsiglio anche questa possibilità.

Poi c'è l'opzione che consiglio, la terza, e qui mi rivolgo alle donne di tutte le età che sono state lasciate. Avete appena ricevuto in dono la libertà. Inginocchiatevi e ringraziate quei famosi angeli e arcangeli e qualunque altra entità spirituale nella cui esistenza crediate. Poi fate un inventario delle cose che non andavano nella vita insieme a lui, magari durata addirittura trent'anni. Di tutti i compromessi che avete fatto per fargli piacere. Di tutte le cose a cui avete rinunciato. Vogliamo parlare del vostro amore per la pittura o per la poesia fino a quel giorno in cui lui ha fatto un commento denigratorio? Potete indossare quel che volete, vedere chi volete, mangiare ciò che vi piace. Potete programmare i prossimi cinquant'anni della vostra vita, facendo in modo di ottenere tutto ciò che non avevate potuto ottenere prima, così che ogni cambiamento sarà per il meglio. E accertatevi che ogni singolo giorno senza sesso sia un'avventura. Così facendo avrete scarsissime possibilità di farvi sfuggire le opportunità che vi capiteranno in questo senso. Il mondo è vostro! Non ci sarà più lui a dirvi di no e se conoscerete un altro uomo, ormai detterete regole diverse e lui si adeguerà.

Per alcune non sarà facile. La *comfort zone* si è molto ristretta. Evitare di correre rischi è diventata un'abitudine. La paura regna sovrana. Bene, mie care, la quarta opzione è stare a casa e trasformarsi. La donna che farà così non apporterà nessun cambiamento alla propria vita, né in meglio né in peggio, e diventerà una creatura rarissima. Prima o poi tutte avremo ottant'anni e dovremo starcene in casa, dato che le gambe non ci porteranno più da nessuna parte. Se riuscirete a trasformarvi senza nessun aiuto, tanto di cappello. Ma di certo non avreste in mano questo libro. Leggereste invece le *Upanishad*, la Torah commentata o santa Giuliana di Norwich. Isabel Losada non farebbe al caso vostro. Va da sé che consiglio vivamente di considerare con serietà l'aspetto spirituale prima degli ottant'anni, ma per chi è ancora lontana da quest'età suggerisco un percorso diverso: la trasformazione personale mediante la meditazione per sfondare i confini della *comfort zone*.

Dunque, dov'ero rimasta? Ah sì, l'opzione numero tre: una vita di avventure, scoperte e allegria. Se volete rafforzarvi con la frase detta da un uomo dal nome stranissimo, Chuck Spezzano, "La felicità è la migliore vendetta", è permesso. (Non caldamente consigliato, forse, ma di certo permesso.)

Bene. Allora: come si fa se si ha paura di uscire di casa? La risposta è molto semplice. Basta fare passi piccoli. Ogni giorno ci si spinge un po' più in là. Se avete paura di guidare perché per dieci anni ha sempre guidato vostro marito, prendete qualche lezione di guida. Dovete sapere che la paura e l'entusiasmo sono sensazioni molto simili. Quando avete paura, vuol dire che non vi annoiate. E che siete vive. Ogni volta che qualcuno vi invita da qualche parte e voi avete paura... andateci. Se nessuno vi invita, createvi le vostre avventure e prendete voi l'iniziativa di invitare qualcuno. Se il mio anziano zio, con tanto di pacemaker, è riuscito a lanciarsi con il paracadute per il suo settantacinquesimo compleanno, non ci sono scuse per non provare cose nuove! Se guardate troppa televisione, vi consiglio il trucco del tacchino morto. Mettete il televisore in uno scatolone sopra un armadio e al suo posto mettete un tacchino morto. Vi ricorderà la fine che avreste fatto voi continuando così. Non credo che avrete ancora voglia di guardare la tv. Avete bisogno di nuovi amici, probabilmente un po' più giovani di voi, visto che i vostri amici sposati si saranno ormai grosso modo sistemati e – adesso che ci pensate – forse anche un po' instupiditi. (Pensate che anche voi eravate così! Ma quell'epoca è finita.) Loro sono annoiati e stanchi. Voi no. Voi siete libere. Il vostro ex non approvava che faceste certe cose? Bene! Allora si comincia proprio da lì!

Fate un elenco dei vostri sogni e numerateli da uno a cento. E vi prego di non lamentarvi perché non avete abbastanza soldi. Un giorno avremo esattamente quel che possiede un tacchino morto, quindi non c'è momento migliore di adesso per imparare a considerare l'inutilità di possedere cose. Imparare a vivere di sogni senza soldi è una bella sfida. Ma meglio essere felici in una vecchia casa che tristi in un appartamento di lusso. Non c'è bisogno che sia io a fare la vostra lista dei sogni. Volete viaggiare senza spendere una fortuna? Che ne dite di insegnare inglese per un po' in una scuola per orfani in Tibet? Se vi piacerebbe, mandatemi un'e-mail, dato che conosco un'organizzazione che si occupa di questo.

Volete conoscere un mondo diverso? Fare qualcosa che non avreste mai immaginato? Che ne dite delle immersioni? "Troppo vecchia" non funziona, diceva Doreen. "Troppo goffa": secondo Doreen non lo siete affatto. "Ho paura dell'acqua": be', anche Doreen aveva paura. Non ci sono scuse. Penso che lo Scuba Trust insegni ad andare sott'acqua a persone con problemi fisici molto più gravi dei vostri. Fra voi e il mondo ormai non c'è più nessun ostacolo (tranne la vostra mente). E la vostra mente è riprogrammabile. Sul serio. Createvi splendide avventure, fate piccoli passi e poi congratulatevi con voi stesse cammin facendo. Un cammino in giro per il mondo. Non pensate ai motivi per cui qualcosa risulta impossibile. Considerate nuovi modi per rendere tutto possibile e, se avete figli, accertatevi di sentirli dire: "Non hai idea di cosa stia facendo adesso mia madre". Dateci dentro. Cominciate a vivere.

L'altra

Adesso mi piacerebbe parlare con le donne che vanno a letto con gli uomini sposati. So bene cosa vi dice lui dell'inutilità di sua moglie. Avete presente quella "moglie che non mi capisce" di cui vi parla lui? È la stessa donna con cui ho appena finito di parlare io. Finché tutti pensano che sia inutile e lui continua a dirle bugie, di certo non potrà cominciare a vivere la sua vita, giusto? E siete voi (e io, dato che anch'io ho avuto questo ruolo) a negarle quell'opportunità.

Neil Strauss mi ha scritto in un'e-mail:

> La fedeltà: la cosa più saggia che ho imparato da un artista del rimorchio è che in una relazione sono necessarie tre cose: "onestà, fiducia e rispetto". Senza, non può esserci amore né una vera relazione. E il potere distruttivo del mentire a qualcuno non sta nell'atto in sé, ma nel modo in cui sabota l'onestà e la fiducia in una relazione.

Si tratta di non giungere mai alla piena qualità della relazione che potremmo avere. Pensate stia mentendo anche a voi? Sapete che potete cambiare le cose? Potete lasciarlo. Lo scrivo per molte donne che conosco e che si trovano in questa posizione.

Non volete sul serio che le cose vadano così, vero? Lui non si prende cura di voi. Quello che volete davvero, e che ogni donna vuole e si merita, è una relazione di qualità. Siete certe che il sesso possa bastare a compensare il fatto che dopo lui vi lasci da sole e torni a casa da sua moglie? (Ora non sto scrivendo per quelle donne che invece apprezzano questo comportamento... quello è un altro discorso.) È interessante che Harry una volta mi abbia chiesto se mi piacesse ancora di più proprio perché non era disponibile. Perché dovrei volere un uomo che sento come la mia anima gemella ma con cui non posso andare a fare immersioni? Pensa che io sia pazza? La vita è troppo breve.

Perché dovreste volere un uomo a cui non potete dare il buongiorno e che non è lì con voi nel cuore della notte? Che non potete guardare dormire. Perché dovreste scegliere circostanze in cui non potete nemmeno organizzare una vacanza? O telefonargli quando volete. Perché dovreste scegliere di stare con una persona quando non potete conoscere i suoi amici? O festeggiare con lui il suo compleanno. E non potete nemmeno presentarlo a vostra nonna (a meno che non mentiate anche a lei).

L'obiezione che mi sento fare a questo punto da parte di molte è: "Ma tu non capisci. Io lo amo". Allora, proviamo con il test Losada. Per favore, solo come esercizio per me, siate più chiare con voi stesse, provateci. Togliete il verbo amare per un attimo, dato che nessuna di noi lo usa in modo appropriato, e metteteci un'altra parola. Di certo non intendevate dire che desiderate la sua crescita spirituale, immagino. Quindi cosa volevate dire? Che tenete a lui? che lo adorate? che avete bisogno di lui? che "non potete vivere senza di lui"?

Ora consideriamo tutto ciò al contrario. Non potete vivere senza di lui. Ci pensate tutte le volte che sentite quella canzone: "*I can't liiive... if living is without you uu uuu, I can't giiive... I can't give any moore*".

E invece potete. Potete vivere senza di lui. Non potete vivere senz'aria o senza cibo. Siamo sinceri. Potete *sentirvi* come se non poteste più vivere senza di lui. O potete non volerlo. Io ci sono passata. Non voglio vivere senza Harry. Ma dire che non posso non è vero. Non voglio sembrare poco compassionevole, ma l'immagine su tutti i giornali della donna che si è uccisa è ancora viva nella mia mente. Dev'esserci stata di mezzo una storia d'amore. Sono pochissime le donne intelligenti che si uccidono per denaro. Sono pronta a scommettere che era convinta di non poter più vivere senza di lui, chiunque fosse.

Ma pensate cos'avrebbe potuto fare. Sarebbe potuta andare in Tibet a insegnare in quella scuola di cui vi parlavo. Se avesse avuto una malattia terminale, avrebbe potuto lavorare in qualche struttura d'accoglienza. Ragazze, possiamo vivere eccome senza questi uomini!

Pensate che le femministe di un'intera generazione siano morte solo per farci avere il diritto di voto e andare avanti a piagnucolare: "Non posso vivere senza di lui"? Vi capita di sentirvi a terra perché l'uomo sposato in questione non ha chiamato? Chi ha il potere in pugno, qui? VOI! Ditegli: "Adesso basta. Basta bugie. O dici a tua moglie cosa succede e divorziate, o non mi vedrai mai più. E voglio vedere l'atto di divorzio. Io ti amo e voglio solo che tu le dica la verità per il bene di tutti. Nessuno è felice, così".

E lui dirà: "Sei impazzita? Io sono felice. Tu sei felice. Lei è felice. Perché vuoi distruggere tutto?". Vi accuserà di egoismo. Oppure, se avrà la fortuna di poterlo fare, dirà: "Non potrei mai fare una cosa simile ai bambini". Vi accuserà di mettere il vostro egoismo davanti alle vite dei suoi figli. Un Tom è persino arrivato a dire a una donna che conosco: "La piccola felicità che abbiamo non ti basta?".

Cari uomini, credetemi, non sono contro di voi; anzi, voi mi piacete e mi rivolgerò a voi più in là, e parlerò anche di figli.

Ma adesso sto parlando all'"altra". Stavo dicendo ciò di cui lui vi accuserà se gli chiederete di vedere un atto di divorzio, vale a dire di essere "irragionevole". Se vi ama (o se ama la qualità del sesso che gli offrite), non vi accuserà praticamente di niente. Scoprirete che conosce tutti i vostri punti deboli. Vi farà sentire in colpa o cercherà di farvi cambiare idea scherzando. O, ancora peggio, vi dirà: "Bene, è evidente che non ti interesso più. Allora non ci vedremo più". Non c'è niente di peggio che sentirsi fraintendere, quindi state attente. Non cedete: volete vedere quell'atto di divorzio. Se invece la moglie vi chiama dicendo: "Non mi importa che fai sesso con mio marito", allora è un'altra storia. Mandatemi un'e-mail e ne parleremo, perché qui non posso passare in rassegna tutte le singole possibilità e questa di certo non capita spesso.

Evidentemente è un rischio. Se quel che lui vuole è il sesso e non voi, troverà facilmente una donna meno "esigente" che provvederà. E voi avrete capito com'è realmente. Capirete se è un Tom, un Dick o un Harry. In qualunque caso, fino a ieri gli avete permesso di servirsi di voi a proprio piacimento. Adesso il problema è come vivrete senza di lui. Qui è la stessa cosa che ho scritto in un paio di paragrafi per la donna lasciata. Se siete fortunate, siete un po' più giovani di lei. Conosco una persona la cui madre sta finalmente buttando fuori di casa il marito. La tradisce con la segretaria da vent'anni. Lei ne ha sessanta... di certo sarà più dura per lei che per voi.

Vi aveva detto che avrebbe lasciato la moglie? Forse non era proprio così. Nel frattempo, benvenute a bordo. Non fate più parte del problema, fate parte della soluzione. Diciamo che siete femministe spirituali, d'accordo? Consideriamola una nuova possibilità. Una forma spirituale di femminismo in cui le donne sono oneste perché hanno imparato molto sulla spiritualità, sulla meditazione e sulla responsabilità personale, tanto da riuscire a stare in piedi da sole o a sedersi da sole a meditare... senza scontrarsi con altre donne a cui vengono dette un sacco di bugie. E perché gli uomini li amano veramente.

Adesso vi sento strillare: "E i figliii?!?".

E i figliii?!?

Certo... i figli. I figli hanno bisogno di sicurezza, di una "casa stabile" e di sapere che i loro genitori li amano. Alcuni psicologi direbbero che per loro è più importante vedere che i genitori si amano fra loro. Ma, a parte questo, hanno bisogno di sapere di essere amati. La parola "divorzio" segna la tragica fine della vita di molti figli. Questa è la paura maggiore dei genitori. Vogliono bene ai loro "bambini" (in questi casi sembra che vengano sempre chiamati così, che abbiano tre anni o diciassette), magari hanno avuto a loro volta genitori divorziati e farebbero di tutto pur di evitare ai propri figli questa sofferenza. O almeno così dicono. Conosco molti uomini che, pur essendosi resi conto che il proprio matrimonio era finito quando i figli avevano due anni, hanno deciso di "tenere duro" fino a che non ne avessero compiuti diciotto. Si sentono donne che dicono: "Non mi importa cosa fai, basta che io non lo venga a sapere". E rimangono insieme "per il bene dei figli". Fingono come quando si gioca ai mimi. Anche per dieci anni o più. E questo giochetto della famiglia felice è tutto "per il bene dei figli". Ma è davvero così? Questo è un cliché inflazionato che anch'io ora mi sento di utilizzare.

Una breve digressione. Quando mia figlia era piccola, avevo un amico single che stava crescendo da solo i suoi tre bambini, proprio mentre io ero da sola con la mia. Purtroppo non ci siamo innamorati, ma eravamo molto amici e spesso portavamo i bambini a giocare insieme. Non avevamo soldi, ma facevamo dei picnic e delle gite in autobus. Avevamo anche creato un coretto con lui, io, mia figlia e i suoi due figli più grandi. Giocavamo al parco e compravamo un gelato, e ogni volta che uscivamo, la gente ci faceva i complimenti per la nostra famiglia. "Che meraviglia vedere una bella famiglia felice," dicevano. Si accorgevano che non facevamo finta. Non abbiamo mai avuto il coraggio di dire loro la verità. Volevamo ci credessero. Non è bellissimo e triste allo stesso tempo?

So bene che non è facile mandare avanti una famiglia, e che le coppie non possono essere sempre felici come lo eravamo noi. Ma i figli non sono stupidi. Pensate che un bambino di tre anni, o anche meno, non senta se l'atmosfera in casa è davvero felice? Magari non avranno le parole per dirlo, ma lo capiscono. Pensate non sentano la tristezza? Pensate non si rendano conto che qualcosa non va? Pensate davvero che un bambino non riesca ad avvertire l'energia nell'aria, come gli adulti? Solo che è peggio, perché loro non ne comprendono i motivi. Osservano le facce dei genitori, assorbono come spugne ogni singolo suono che esce dalle loro bocche, ogni singola sfumatura del loro umore. E i figli sono infelici, ma non sanno perché. Via via che diventano grandi sono sempre più confusi, perché molti genitori del genere dicono ai figli che sono felici; i bambini pensano che il loro ambiente sia normale e che quindi è in loro che dev'esserci qualcosa di sbagliato.

Se l'Uomo pantofola fosse rimasto, non avrei mai detto a mia figlia: "Odio tuo padre". Certo che no. Ma non avrei nemmeno imparato a rimboccarmi le maniche, a prendermi le mie responsabilità e a trasformarmi nella persona che adesso lei descrive come il soggetto che la ispira di più.

Come fanno i bambini a crescere felici, se gli adulti che hanno attorno non si prendono cura l'uno dell'altra? Come fanno a crescere felici e con un buon modello per le loro relazioni future, se il padre mente alla madre (o viceversa) e lei (o lui) lo sa ma fa finta di non saperlo? E intanto giustificano questo scempio con "il bene dei figli". Non vi viene un po' l'ansia leggendo queste cose?

Vi è mai capitato di sentire un adolescente dire ai genitori: "Mamma e papà, so che non vi amate più da quando ero piccolissimo, e mi rendo conto che avete sacrificato gli anni migliori della vostra vita e sofferto per anni solo per il mio bene, e adesso vorrei ringraziarvi"? Sempre che un adolescente parli così.

Chiedete a qualunque bambino in grado di capire cosa vuole per i suoi genitori e l'unica cosa che vi dirà è che siano felici. Davvero felici. Non per finta. Immaginate l'atmosfera. Una casa piena di vera gioia. Di vero rispetto reciproco, in cui di ogni momento viene fatto tesoro, in cui ogni respiro, ogni secondo ha valore, perché ogni istante è prezioso. Com'è la casa in cui vorreste far crescere i vostri figli?

"Noi lo nascondiamo bene," dice la voce di una donna che conosco. Così insultate l'intelligenza dei vostri figli. Bisogna scriverle, queste cose, dato che è così difficile dirle in faccia alle persone. Tutti fanno del proprio meglio nelle circostanze in cui si trovano. Ma io non credo che mentire e "fare i santarellini" sia una buona cosa per i figli. Quale modello di relazione "normale" vorreste che imparassero i vostri figli, consapevolmente o meno?

Bene, quindi siete d'accordo con me sul fatto che per un bambino crescere nell'atmosfera tesa di un matrimonio infelice non sia granché, eppure lo fate lo stesso. Certo pensate sia sempre meglio che "sconvolgere la vita di un figlio" a causa di quella parolona che comincia con la "D". Un uomo una volta mi ha detto di aver letto uno studio secondo il quale i bambini crescono meglio in un matrimonio che resta tale anche se gli adulti litigano, piuttosto che se i genitori divorziano. Che pessimismo.

Stiamo rivalutando il divorzio, ricordate? Siamo adulti responsabili, che continuano a prendersi cura gli uni degli altri e che si trattano con amore e rispetto. Perché i figli sono così colpiti dal divorzio? Solo perché i genitori ne escono devastati, perché si dicono cose orribili, lottano per i figli o fanno scegliere a loro.

Giusto la settimana scorsa, un uomo nel bel mezzo di un'udienza di divorzio mi ha chiamata e mi ha detto: "Sto lottando contro la mia ex moglie". Non ha detto "sto negoziando". Temo che gli adulti abbiano ancora molto da lavorarci sopra. Ma immaginiamo una situazione in cui gli adulti si comportino da adulti e permettano ai bambini di fare i bambini. Cosa succederebbe? Un genitore va via dalla casa di famiglia e si trasferisce in un'altra. O magari la casa coniugale viene venduta e si comprano due appartamentini. O magari si vende l'appartamento e uno dei genitori affitta una stanza.

Se nessuno si fa prendere dal panico e mamma dice: "Papà a casa sua prenderà un cane e noi a casa nostra prenderemo un pappagallino", dove cadrà l'attenzione del bambino? "Quale cane?" dirà. Non dico che i figli non vorrebbero avere entrambi i genitori nella stessa casa che si coccolano sul divano... Ma se non succede, almeno facciamo in modo che abbiano due case felici. È compito di entrambi gli adulti accertarsi che siano felici, qualunque cosa significhi. Non hanno più nessuno da incolpare. Cosa insegniamo ai nostri figli se tutto ciò a cui possono aspirare è un po' di misera rassegnazione?

Sembrerà strano, ma io sono convinta che al bambino potrebbe far bene. Capita spesso che i padri che si trasferiscono passino più tempo con i figli di quanto non facessero prima della separazione, o viceversa se i figli vivono con il padre. Imparano molto sulle emozioni e sono costretti a esprimerle e a parlarne in un modo del tutto sconosciuto in quelle famiglie che fanno il "gioco del silenzio". Il nostro caro amico professor Simon Baron-Cohen ha stilato un elenco di 412 emozioni diverse. Molti genitori non sanno come parlare di emozioni con i figli, e spesso i padri non sanno nemmeno come sostenere una conversazione emotivamente significativa. Eppure non c'è niente di male nell'essere tristi o impauriti, a patto che si esprimano tali sensazioni. Il punto è che, dopo aver vissuto in una famiglia che fa il gioco del silenzio, un figlio potrebbe persino trovare sollievo se qualcuno ammettesse di essere triste.

I brutti periodi spingono i bambini verso altri migliori, la tristezza ci fa capire quando siamo davvero felici, la paura ci insegna cos'è il coraggio, la rabbia ci chiarisce le idee sulla vulnerabilità, la sofferenza ci insegna gentilezza e compassione. Non c'è niente di male in tutte queste cose... Fanno parte di ciò che un bambino deve imparare nella vita. Hanno lo stesso valore dell'istruzione, a patto che gli adulti sappiano gestirli. È proprio il non conoscere paura e tristezza a impedire lo sviluppo degli individui.

È semplice: date un nome all'emozione che voi o vostro figlio state provando, parlatene un po' e ascoltate. Questo "ascolto attivo" (come lo chiamano gli esperti) fa maturare emotivamente e i figli non hanno più paura dei propri pensieri e delle proprie sensazioni. Ma per trasmettere a vostro figlio, o ai vostri figli, tali benefici, dovete evitare di apparire vendicativi e di farvi sopraffare dall'ira. La rabbia può andar bene, ma non potete dire "Tuo padre ci lascia!" e scoppiare in lacrime, facendo capire ai figli che vi sta crollando il mondo addosso. I genitori devono sedersi insieme senza rancori e spiegare che uno dei genitori sta per trasferirsi, ma che non andrà lontano. (Al di là del muro, nel caso della famiglia di Bath di cui vi ho raccontato prima.)

Naturalmente ci sono anche altri benefici. Nelle due case ci saranno regole diverse, quindi i figli dovranno imparare a essere flessibili. In questa casa guardano la tv, in quest'altra no. In questa possono stare alzati fino a tardi, ma devono mangiare strani cibi. In questa casa si possono mettere i piedi sui divani, ma bisogna riordinare tutto più spesso. In questa ci sono sempre un sacco di ospiti adulti che si aspettano che loro stiano seduti tranquilli a tavola a chiacchierare, ma poi si può disegnare per tutto il tempo che si vuole.

Avranno due tipi di educazione, e se tutti sono affettuosi, o affettuosi il più possibile con tutti, i figli arriveranno a ottenere quasi tutto ciò di cui hanno bisogno: una comunità. Punti di vista diversi sono un arricchimento. E se loro vedono i genitori felici e se hanno un cane in una casa e un gattino nell'altra, come può la loro vita risultare distrutta? Infatti non è così. E chissà se avrebbero preferito che i genitori non si fossero separati? Probabilmente sì. Ma starebbero meglio se avessero fatto il gioco del silenzio, con due genitori che nascondevano le emozioni e non esprimevano quello che provavano davvero? Non credo proprio.

Finalmente, due parole per gli uomini. Scommetto che credete che io pensi che i cattivi siete voi. Il problema alla base di tutto questo caos. I bugiardi, i vigliacchi. Invece non lo penso. Come sapete – e spero di essere stata chiara fin dall'inizio – a me gli uomini piacciono e, stranamente, mi sembra di capirli. Non so... forse in una vita precedente ero un uomo, o forse è perché per mia figlia sono stata sia madre che padre. Forse è perché ho passato un sacco di tempo con gli uomini per questo progetto, o forse perché sono eterosessuale? Qualunque sia il motivo, non sono affatto arrabbiata con gli uomini.

Nonostante la scarsità di uomini interessanti, single e disponibili, in realtà non vedo così tanta differenza fra voi e noi. È diverso il corpo e, secondo Simon e tutte le ultime ricerche, è diverso anche il cervello. Forse voi avete una capacità diversa di classificare i vari aspetti della vita, forse non siete ascoltatori molto attenti e probabilmente siete bravissimi a leggere le cartine. Eppure, sono convinta che il cuore sia uguale. La paura è uguale per gli uomini come per le donne, dolore, tristezza, gioia sono uguali. Anche se il sesso è diverso, gli uomini vogliono ancora amare ed essere amati, vogliono sentirsi apprezzati. Penso che attualmente gli uomini stiano facendo del proprio meglio, esattamente come le donne. Ma il fatto che non sia furente con loro non significa che non abbia niente da dire.

Mi rivolgo a quegli uomini che hanno una moglie e un'amante, o due, o tre, a tutti i Tom, i Dick e gli Harry, e a qualunque uomo si trovi coinvolto in un matrimonio o in una relazione alla quale non tengono più. Il mio messaggio è molto semplice: la vita è breve. Siate onesti. Andatevene.

Se avete letto fin qui, dovrebbe esservi chiaro che vostra moglie non è quell'essere inutile che credete. E se anche davvero lo fosse, di certo voi non la state aiutando a cambiare. Conosco un uomo, che vive in Irlanda, che ha una moglie alcolizzata da dieci anni. Hanno un figlio, così, pensando di evitare un problema al figlio, lui non se n'è mai andato. Sa bene di non poter salvare la moglie, né cambiare il suo comportamento, ma invece di cercare una soluzione ha semplicemente ignorato la questione ed è sempre andato a letto con altre donne. Più lei peggiora, più lui si sente intrappolato. Per questa donna sarebbe stato tutto più facile, se lui l'avesse lasciata dieci anni fa.

Conosco un altro uomo molto infelice con una moglie di sessant'anni. Sono infelici almeno da dieci... se lui l'avesse lasciata quando ne aveva cinquanta, per lei le cose sarebbero state mille volte più semplici. Ne conosco un terzo piuttosto giovane che ha deciso di rimanere dentro il proprio matrimonio defunto "ancora una decina d'anni"... per il "bene dei figli". Ma fatemi il piacere!

Cos'è che vi rende così? La paura? il disinteresse? la pigrizia? la vigliaccheria? il senso di colpa? i soldi? O, come dice il professor Simon, la perdita di uno status sociale? Sapete cosa penso io? Indipendentemente da quanto insistiate che il motivo è l'amore per i figli, o il fatto che "tenete davvero a vostra moglie", io sono convinta che quella che non volete cambiare è l'immagine che avete di voi.

Non sto dicendo che tutti gli uomini in questa situazione siano "cattive" persone, certo non peggiori di qualunque donna. Ma penso esista un livello di autodelusione sconvolgente. Sono pronta a scommettere che quell'uomo di cui ho parlato qualche capitolo fa, quello con i trofei di golf finti, si ritiene "un buon marito". Un amico ha inventato un'espressione magnifica che va oltre quella di "bugie bianche", ed è "bugie compassionevoli", cioè quando si mente per proteggere l'altro. Questo significa deludere se stessi al cento per cento! Come fa quell'uomo a essere un "buon marito" e un "buon padre"? E l'altro, che ha deciso di rimanere altri dieci anni con la moglie "per il bene dei due figli"? Ragazzi! Chi pensate di prendere in giro?

Cosa vi è successo? Non sapete più la differenza fra felicità vera e una vita piena di delusioni? Per favore, non trattate le donne come bambini... che è quello che state facendo. Più vi prendete la responsabilità per loro, più diventano deboli e dipendenti. Davvero siete convinti che vostra moglie impazzirà, se ve ne andrete? (Certo, magari sì... per sei settimane.) Come mai le statistiche dicono che preferireste essere colti sul fatto piuttosto che mettervi seduti e ammettere: "Ho conosciuto un'altra e voglio andarmene. Mi dispiace"? Perché è così difficile?

Un mio amico ha detto una volta: "Se ha una moglie che cucina per lui e una ventitreenne boliviana in grado di tirare fuori una pallina da golf da una canna dell'acqua solo succhiando, perché dovrebbe voler cambiare le cose?". Come abbiamo visto, molti uomini non hanno una grande stima per gli altri uomini e spesso considerano se stessi un'eccezione.

Ma a costo di sembrarvi fuori moda... Sono ancora convinta che, pur avendo la possibilità di un harem di diciannovenni o di una relazione frizzante con una donna della vostra età (orrore, orrore!), la maggior parte di voi, alla fine, vorrà una compagna vera e propria. Possibile che tutti gli uomini che affermano che il sesso fatto per amore è più interessante di quello fatto con un'estranea stiano mentendo? Non credo. Con un'estranea è una cosa nuova? Certo. È più eccitante? Forse. È meglio? No.

Uno dei motivi per cui esistono così pochi uomini interessanti e disponibili è che nessuno di voi ha il fegato per andarsene. Aspettate l'arrivo di una donna più giovane disposta a fare sesso con voi nonostante siate ancora sposati. E anche a quel punto non fate niente, forse perché non volete che la responsabilità del divorzio sia vostra? Che cosa patetica!

Poi mentite per coprirvi le spalle... Ragazzi, sul serio potete fare molto meglio. Attualmente non conosco nessuno a cui venga in mente un uomo single che abbia lasciato la moglie senza che fosse coinvolta una terza parte. Pensate a questa frase: "Le donne mettono fine al matrimonio per se stesse, gli uomini lo fanno per un'altra". Non è bello, vero?

Come faccio a difendervi, cari miei? Potete fare di meglio, proprio come le mogli e le altre. Potete imparare ad amare vostra moglie e a lasciarla. Potete smettere di mentire a lei e anche alla vostra amante. Se dovete scaricare tutte le responsabilità sulle donne in questo modo e creare circostanze in cui siano loro a prendere tutte le decisioni più difficili, allora potevate anche starvene a casa con la mamma.

Tenete presente la canzone che fa "*Make a new plan Stan, Slip out the back Jack, Don't need to be coy Roy*", siate gentili e andatevene con amore e compassione. Se lei vi urla dietro e vi insulta, non sorprendetevi, ma non rispondete a tono. Dite solo: "È vero, ho mentito. Ma adesso non mentirò più".

Non fatele la guerra in tribunale. Se non riuscite a trovare un accordo economico, cercate un bravo mediatore. Mettete i figli al primo posto. Siate generosi. Quella è la stessa ragazza a cui avete fatto la corte non così tanto tempo fa. Trattatela come la trattavate allora e vedrete che potrebbe stupirvi. Naturalmente non vi sto dando questi consigli perché possiate passare da un letto all'altro. Trovate il vostro posto, ovunque sia... sentitevi liberi.

Ecco qui. Questi sono i tre lati del triangolo. Se vogliamo che tutto ciò cambi, chiunque si trovi coinvolto in una di queste situazioni (o conosca qualcuno che lo è) ha il potere di cambiare le cose. Chiunque decida di essere onesto, sincero e di amare gli altri senza condizioni fa parte del cambiamento. Nessuno rimarrebbe deluso e nessuno mentirebbe più, potremmo aiutarci a vicenda, essere aperti con i figli e tutti costituiremmo "quel cambiamento che vogliamo vedere nel mondo". Vi sembra un ideale troppo utopico? Non lo è, anzi è semplice. Chiedo solo più onestà.

E quando saremo in grado di realizzare i cambiamenti di cui ho parlato – quando un'amante chiederà la verità oppure se ne andrà, quando una moglie smetterà di essere dipendente e aiuterà l'uomo infelice ad andarsene, quando un uomo imprigionato in una relazione finita dirà la verità, se ne andrà e imparerà a vivere da solo –, a quel punto ci saranno meno matrimoni infelici e senza senso in cui "si muore un po' ogni giorno" (Sondheim). Se ognuno di noi riuscisse a "diventare il cambiamento che vorrebbe vedere", l'immagine di una famiglia felice non sarebbe più una cosa straordinaria da commentare e in giro ci sarebbero uomini interessanti e disponibili, per me, per le centinaia di donne single di Londra che conosco, per le milioni di lettrici di questo libro e per ogni donna single e intelligente sopra i trentacinque anni in qualunque parte del mondo occidentale.

EPILOGO

Che fine hanno fatto Hisham e Harry? Per quanto diversi, sono entrambi due lezioni di vita, ed evidentemente io sono un'allieva dall'apprendimento lento.

Quando sono tornata dall'Egitto ho pensato molto a Hisham, al suo amore per il mare e per la musica e alla sua antipatia per la razza umana. Ho scoperto di volergli mandare della musica. Così ho cercato attentamente e ho scelto un bellissimo cd doppio di Yo-Yo Ma che interpreta le suite per violoncello di Bach. È un suono profondo, cupo, duro, ma sereno. Sapevo che a Hisham sarebbe piaciuto. L'ho avvolto in una bella carta fucsia con un fiocco dorato e l'ho mandato in Egitto con una lettera. So che è arrivato sano e salvo all'ufficio postale locale perché hanno comunicato a Jane, del Divers' Lodge, che era arrivato un pacchetto e che Hisham doveva andare a firmare per ritirarlo. Ma ecco cosa succede quando si vuole amare qualcuno che non vuole amore. Lui non ha mai ritirato il pacchetto. Ha detto a Jane che non aveva nessuna intenzione di andare fino alla posta. Jane mi ha scritto un'e-mail per chiedermi se poteva ritirare lei il cd e io le ho detto di sì, ma alla posta non glielo lasciavano prendere e lei non riusciva a convincere Hisham ad andare fin là. Da quel che so il cd è ancora là, incartato e infiocchettato. E anche Hisham è sempre là. Non essere disposto a ricevere un regalo significa aver raggiunto un altissimo livello di non disponibilità.

E Harry?

Be', con Harry ho parlato proprio di questo libro un mesetto fa e lui mi ha chiesto se stessi uscendo con qualcuno. Non desidera più stare in contatto con me e non desidera nemmeno che io gli voglia bene. Ha detto: "Così rovini i ricordi". Mi vuole nel suo passato. Ahi, ahi.

Io gli ho detto: "Ma, Harry, ho finito il libro, e quando guardo il cielo penso ancora a te". E lui: "Io non voglio che la storia finisca così, con te che pensi ancora a me e io qui e tu lì... Non è così che dovrebbe finire".

Sono d'accordo. Ma Harry non capisce. Io non scrivo fiction... a parte quando lo faccio.

[Musica di sottofondo: sinfonia di archi] Ciak... Si gira...

E così l'ho fatto arrabbiare perché non riuscivo a dimenticarlo. Ma il suo problema era che, nonostante la rabbia, nemmeno lui riusciva a dimenticare me. Un giorno ho sentito bussare alla porta a vetri... Ho guardato fuori ed eccolo là. Il mio Harry, con un sorriso grande come quello dello Stregatto di Alice.

Ho aperto la porta. "Ciao. Tè? Caffè? Rimani un po'? O vai via subito?"

"Ehm... rimango, penso. Se per te va bene..."

"Certo."

"Mia moglie e mio figlio non sono molto felici, ma si riprenderanno. Mio figlio vuole sapere se il weekend prossimo può stare qui da noi a Londra. Potrebbe vedere un po' la città. Vivrà un po' anche qui. Che ne dici?"

"Ma certo."

[Pausa.]

Ci siamo guardati negli occhi. Io sorridevo con le guance bagnate di lacrime. Era come una fiaba.

"Allora questo è il mio lieto fine, Harry?"

"Sì, penso che lo sia."

"Come hai fatto?"

"Ho solo detto la verità. A tutti. E mia moglie è fantastica... vuole che io sia felice. Ho sempre detto che avrei voluto cambiare vita. Lei lo sapeva. E tu? Tu sei stata così onesta, così vera... così reale."

"Grazie. Allora, dov'eravamo rimasti? Tè o caffè? Un biscotto al cioccolato?"

E il finale vero? Be', la cosa che più mi piace della vita è che non si sa mai. Giusto? Si è sparsa un po' la voce della mia determinazione a uscire con uomini non sposati, quindi adesso ogni tan to se ne presenta uno. La settimana prossima ho un appuntamento con un uomo non sposato. Magari usciremo a cena una sola volta o, se non parlerà di sport, potremmo anche vederci ancora. Mia figlia in questo momento vive a casa con me e abbiamo un nuovo inquilino, un italiano che si lava, paga l'affitto ed è meravigliosamente semplice.

Io mi sento libera, e lavorare a questo progetto mi ha sicuramente aiutata ad apprezzarlo. La gioia di essere single è che potremmo conoscere una persona straordinaria in qualunque momento. Domani stesso potrei partire o lasciarmi portare in giro per il mondo per una splendida avventura.

Rachel Billington, la scrittrice, questa mattina alla radio ha detto che la frase che odia di più è: "Bisogna andare avanti". "Avanti dove?" si chiedeva. E io mi sono messa a ridere. Sono perfettamente d'accordo. Harry potrà anche volermene perché lo amo ancora. Ma io non me ne voglio. Magari l'uomo con cui uscirò la prossima settimana mi farà ridere e sarà anche disponibile, e io mi ritroverò presto a chiedermi cosa vedevo di così bello in Harry. O forse no. Ma il segreto della mia felicità è sempre stato quello di apprezzare ogni cosa – un dolore, una perdita, un cuore spezzato, un fallimento e un successo – e di continuare sempre ad amare, nonostante tutto.

La mia agente mi ha appena mandato un'e-mail in cui dice di aver cenato con due uomini interessanti e disponibili. Io ho risposto con le mie vicende e con quelle più divertenti di molte mie amiche single. Chissà. Vediamo se gli uomini avranno il coraggio di rispondere. Gli uomini interessanti e disponibili sono difficili da trovare, è vero, ma là fuori esistono muratori affidabili e adolescenti a cui piace alzarsi presto. Tutto è possibile. Quindi siate oneste, siate felici, praticate la meditazione e continuate a cercare. Il mondo è nostro.

Appendice 1

La storia continua...

Ecco dove entrate in gioco voi.

Il gioco dei Dieci luoghi

Mi piacerebbe fare un elenco dei dieci posti migliori in cui conoscere uomini interessanti nelle città dove vivete voi, dando così qualche punto di riferimento alle altre donne che ci vivono. Dove andrebbe un uomo interessante e disponibile nella vostra città?

Se insieme a un'amica (o anche da sole) avete voglia di andare a visitare dieci posti diversi della vostra città (esclusi pub e club vari), mandate i vostri Dieci luoghi a: tenplaces@isabellosada.com.

Speriamo di riuscire a pubblicare on line più liste possibili, in modo che ognuno le possa confrontare con la propria!

Uomini! e onestà...

Se avete qualunque altro commento da fare sul libro, o idee su luoghi o modi in cui pensiate si possano trovare uomini interessanti e disponibili, mandatele a men!@isabellosada.com.

Per favore, non scrivete: "Sono ovunque, basta uscire di casa". Questo lo so...

Se avete idee su nuovi tipi di divorzio o commenti sul concetto di spiritualità femminista, mandatemi un'e-mail all'indirizzo women@isabellosada.com.

Se volete contattarmi personalmente, sappiate che cerco di

rispondere a tutte le e-mail. È un'altra forma di pazzia. Potete scrivermi tramite la pagina dei "Contatti" sul sito *www.isabellosada.com*.

Se mi scrivete e non vi rispondo, per favore dimenticatevi di me oppure ritentate.

Con affetto,

Isabel Losada

Londra, 2007

Appendice 2
Letture consigliate

Ecco alcuni dei libri che ho letto mentre lavoravo a questo progetto. L'elenco non è né esaustivo né accademico (molti accademici parlano a vanvera e poi si limitano a elencare tutti i libri sull'argomento, che per la maggior parte non hanno nemmeno letto).

Io questi li ho letti davvero, quindi, nell'ordine in cui mi vengono in mente, eccovi alcune letture consigliate sul tema, in caso vi venisse voglia di studiare questo mistero più da vicino:

HEATHER FORMAINI, *Men: the darker continent*. Pubblicato per la prima volta nel 1990, è pieno di brutte notizie, le peggiori disponibili. Se avete ancora qualche incertezza sul fatto che gli uomini siano colpevoli di tutti i problemi del mondo, Heather Formaini vi toglierà anche la più sottile ombra di dubbio. Sono caduta in depressione e ci sono rimasta una settimana... e anche se gli uomini mi piacciono ancora, lei è tremendamente convincente.

NEIL STRAUSS, *The game: undercover in the secret society of pick-up artists*. Quando ho letto una recensione sono rimasta così scioccata dal concetto di "artista del rimorchio" che ci ho pensato due volte prima di ordinare questo libro in libreria, per non concedere a Neil Strauss una sola copia in più venduta. Il libro in effetti è scioccante, ma anche divertente, psicologicamente affascinante, ben scritto, e spiega i motivi per cui non ho incluso bar e nightclub nella mia ricerca. Lui è un bravissimo scrittore e merita tutto il successo che il libro ha avuto. Direi che è una lettura fondamentale per le donne (*The Game. La Bibbia dell'artista del rimorchio*, Rizzoli, Milano 2006).

John Gray, *Men are from Mars, Women are from Venus*. Troppo lungo e datato, spiega le cose con una grande quantità di esempi ovvi, come fanno tutti i libri di psicologia americani, arrivando a volte a infastidire. Tuttavia, se lo leggete con un briciolo di discernimento e di ironia, troverete qualche intuizione meritevole (*Gli uomini vengono da Marte. Le donne da Venere. Imparare a parlarsi per continuare ad amarsi*, Sonzogno, Milano 2004).

Raj Persaud, *Simply irresistible: the psychology of seduction. How to catch and keep your perfect partner*. Questo è il libro sul quale si è basato il dottor Raj per la conferenza a cui sono stata facendo il gioco dei Dieci luoghi. Se volete leggere qualcosa in più sugli argomenti trattati in quella serata, questa raccolta comprende tutti i suoi scritti sull'attrazione fra uomo e donna.

Simon Baron-Cohen, *The essential difference*. Questo vi aiuterà sul serio a capire meglio gli uomini e alla fine ci sono anche le tabelle per scoprire quanto siete empatiche o se invece siete sistematiche (*Questione di cervello. La differenza essenziale tra uomini e donne*, Mondadori, Milano 2004).

Nancy Friday, *Men in love: men's sexual fantasies. The triumph of love over rage*. Non dite che non vi avevo avvertite... Io ho retto solo fino a pagina 316, ma penso sia una lettura fondamentale nel tentativo di capirci meglio. E poi vi farà pensare al sesso per settimane!

Steve Jones, *Y: the descent of men*. Parla per lo più di genetica e cromosomi. Interessante se avete una mentalità scientifica. Fra le altre cose, dice che in Cina ci sono ottanta milioni di uomini sotto i trent'anni senza alcuna speranza di sposarsi. (Quindi, se non avete ancora scelto che facoltà seguire all'Università, imparate il cinese e cominciate a fare le valigie... poi avviate un'agenzia matrimoniale e ben presto sarete miliardarie.)

Germaine Greer, *The Female Eunuch*. Un classico, pubblicato per la prima volta nel 1970. Non avendolo mai letto, l'ho considerato un bagaglio indispensabile per questo progetto ma, con mia grande sorpresa, non era poi così antiuomini, piuttosto anti-status quo, e per questo mi è piaciuto molto. Inoltre, contiene argomentazioni brillanti ed è allarmante vedere come alcuni dei problemi che la Greer aveva individuato allora siano tuttora irrisolti (*L'eunuco femmina*, Mondadori, Milano 1999).

MARIAN SALZMAN, IRA MATATHIA e ANN O'REILLY, *The Future of Men*. Pubblicato nel 2005, questo libro analizza le strategie per vendere qualcosa agli uomini sul mercato. Quindi, se avete un'attività qualunque per cui vendete qualcosa agli uomini, ve lo consiglio (*Il futuro del maschio*, Corbaccio, Milano 2007).

ALLAN e BARBARA PEASE, *Why men don't listen and women can't read maps: how we're different and what to do about it*. Una lettura semplice e leggera. Così avrete una scusa per non dover più guardare la cartina in auto... passatela a lui e chiedete indicazioni ai passanti. Il libro del professor Simon dice le stesse cose, ma le spiega in modo molto più dettagliato (*Perché le donne non sanno leggere le cartine e gli uomini non si fermano mai a chiedere?*, Sonzogno, Milano 2001).

STEVEN APPLEBY, *Men: the truth*. E se deciderete di comprare uno solo di questi libri, allora dev'essere sicuramente questo, a fumetti.

Appendice 3
Un'e-mail dal nulla

---Messaggio originale---
Da: Hisham
Inviato: 13.47
A: Isabel Losada
Oggetto: Bach

Cara Isabel,

dopo mesi mi scrivi per chiedermi perché non ho mai ritirato il cd. Ok. Per favore, prenditi il tempo di leggere la mia spiegazione, e spero che capirai. Questa sarà un'e-mail lunghissima, almeno per il mio standard... :-)

Il motivo per cui non ho ritirato il regalo che mi hai mandato non era, naturalmente, che non volevo mettermi in fila ad aspettare. Per Bach avrei aspettato un tempo lunghissimo. Volevo solo evitare di farmi coinvolgere emotivamente da te. Quindi all'epoca ho pensato che questo fosse il modo migliore per mettere le cose in chiaro. So che l'hai capito benissimo, ma da allora ho perso quella che sarebbe stata un'ottima amica.

Per quanto riguarda il lato oscuro del mio carattere, che dire? Si sta sorprendentemente alleviando. Negli ultimi sei mesi, che ho passato a lavorare in mare senza sosta, sono cambiato parecchio. Ma tutto è cominciato molto prima. È cominciato quando ho conosciuto una donna che, nella sua follia, era convinta di poter cambiare il mondo...

Be', per me è difficilissimo dire che mi dispiace, mi dispiace di non aver ritirato il tuo regalo, di non aver risposto alle tue e-mail e ai tuoi messaggi, di non averti dato una spiegazione decente delle mie azioni e di qualunque altra cosa io ti abbia fatto.

Ti auguro tutto il meglio possibile e spero davvero di rivederti un giorno per chiederti scusa di persona.

So che tutto ciò è sorprendente, persino io sono stupito da me stesso...

Che il sole splenda sempre sul tuo volto e che il vento soffi sempre alle tue spalle... Non so se la citazione è giusta...

un grande abbraccio
hisham

PS Guarda che sono sempre convinto che l'amore sia sopravvalutato e chimico come la sensazione che si prova mangiando grandi quantità di cioccolato... :-)

PS2 Ancora prima che tu me lo chieda... puoi usare questa e-mail per il tuo libro, se vuoi...

Ringraziamenti

Tutte le persone che compaiono nei miei libri sono reali. In rari casi cambio i nomi per proteggere la loro identità, ma per lo più ciascuno compare così com'è, quindi desidero ringraziare tutti coloro che, in un modo o nell'altro, hanno avuto un ruolo in questo libro.

Ringrazio di cuore Steve Hands e tutti i Kabiray Builders, Mary Balfour della Drawing Down the Moon, la PPL Plumbing Training, Warrs, la Harley Davidson UK, Anthony Simpson, il professor Simon Baron-Cohen, il professor Raj Persaud, il British Sub-Aqua Club, la Divers' Lodge di Hurghada e John Lenkiewicz dell'Institute of Sexuality and Human Relations per il suo appoggio e per il sostegno emotivo che ha dato alle mie conclusioni.

Vorrei inoltre ringraziare Mark Farley di Waterstone's, Julian Rafot della Pan Bookshop e Matthew Perren di Edimburgo per i consigli che mi hanno dato; Daisy, Peggy e Albert per avermi ascoltata, Jenny per la sopportazione e gli ottimi consigli, John e Christy per il grande sostegno.

Devo molto anche a Rosemary Davidson, Jenny Parrott, Alice Lutyens, Camilla Goslett e Jonathan Lloyd, oltre che a Rowan Lawton e Caroline Michel. Grazie anche a Lesley O'Mara per la fiducia che ha sempre avuto nel mio lavoro. Ringrazio inoltre Ed Faulkner, Kate Quarry e tutto lo staff della Virgin Books, sempre pieno di energia e fantasia.

Mia figlia Emily Lucienne è una fonte inesauribile di entusiasmo, incoraggiamento e amore. Grazie a Hisham per avermi permesso di citare le sue parole originali... Una simile disponibilità è rara. Un ringraziamento speciale va, infine, all'uomo che non si chiama Harry. *Ani Ahpbec Jden. Shuf fakterni habibi.*

Indice

Stampa Grafica Sipiel
Milano, aprile 2008